세상의 속도를
따라잡고 싶다면

Do it!

171개 예제로 기본 잡고, 반응형 웹부터 실무 활용 플러그인까지! ×

자바스크립트
＋
제이쿼리 입문

실무 웹 개발의 핵심 기술과 노하우를 모두 담았다!

정인용 지음

▶ 저자 직강 동영상 강의
📄 예제 소스 파일
📝 마무리 문제

이지스퍼블리싱

세상의 속도를 따라잡고 싶다면 **Do it!**
변화의 속도를 즐기게 됩니다.

Do
it!

Do it!
자바스크립트+제이쿼리 입문 — 개정 2판
이 책은 2014년 7월에 출간한 《Do it! 자바스크립트+제이쿼리 입문》의 개정 2판입니다.

개정 2판 발행 • 2024년 12월 12일

개정 1판 발행 • 2018년 4월 6일 13쇄 돌파!

초판 발행 • 2014년 7월 31일 7쇄 돌파!

지은이 • 정인용
펴낸이 • 이지연
펴낸곳 • 이지스퍼블리싱(주)
출판사 등록번호 • 제313-2010-123호
주소 • 서울특별시 마포구 잔다리로 109 이지스빌딩 3층(우편번호 04003)
대표전화 • 02-325-1722 | **팩스 •** 02-326-1723
홈페이지 • www.easyspub.co.kr | **인스타그램 •** instagram.com/easyspub_it
Do it! 스터디룸 카페 • cafe.naver.com/doitstudyroom | **페이스북 •** www.facebook.com/easyspub

총괄 • 최윤미 | **기획 및 책임편집 •** 이소연 | **기획편집 2팀 •** 신지윤, 이소연, 박재연
교정교열 • 박명희 | **표지 디자인 •** 김근혜 | **본문 디자인 •** 트인글터, 김근혜 | **인쇄 •** 보광문화사
마케팅 • 권정하 | **독자지원 •** 박애림, 김수경 | **영업 및 교재 문의 •** 이주동, 김요한(support@easyspub.co.kr)

ISBN 979-11-6303-662-3 13000
가격 25,000원

👍 이 책, 이런 분께 추천해요! 　　　　　　　　　　　　　　　　　　 ＿ □ ✕

**자바스크립트와
제이쿼리를
처음 접하는 입문자**

**기초부터 실무까지
프런트엔드의 기본을
익히고 싶은 분**

**단기간에
자바스크립트와 제이쿼리의
핵심을 정리하고 싶은 분**

자바스크립트 + 제이쿼리의 **기본 개념**과
실무 웹 개발의 핵심을 한 권에 담았다!

웹 개발을 시작하는 가장 빠른 방법!
자바스크립트 + 제이쿼리!

제가 웹을 처음 접할 때만 해도 자바스크립트는 그다지 중요한 언어로 여기지 않았습니다. 하지만 지금은 자바스크립트 없이 웹을 만드는 건 상상할 수 없는 일이 되었습니다. 자바스크립트는 이제 단순한 동적 기능을 구현하는 차원을 넘어 복잡한 애플리케이션부터 편리한 인터페이스까지 만들 수 있는 강력한 도구로 자리 잡았습니다. 또한 제이쿼리를 사용하면 자바스크립트 코드를 더 쉽게 작성할 수 있고 개발 시간을 단축할 수 있습니다. 최근에는 다양한 자바스크립트 라이브러리가 등장하여 자바스크립트 언어만으로 백엔드와 프런트엔드를 모두 개발할 수 있는 시대가 되었습니다. 앞으로 웹 개발에서 자바스크립트의 중요성은 더욱 커질 것입니다.

프런트엔드 개발자를 꿈꾼다면
프런트엔드 전문가에게 제대로 배우자!

이제 웹 개발자는 물론 웹 디자이너와 웹 퍼블리셔처럼 웹 프로젝트에 참여하는 사람이라면 코딩 능력을 갖춰야 합니다. 하지만 자바스크립트를 처음 배운다면 어려운 지점이 많습니다. 변수가 무엇이고 객체의 용도란 무엇일까요? 이 책은 입문자의 눈높이에 맞춰 자바스크립트의 기초 개념부터 실무 활용 방법까지 꼼꼼하게 다루고 궁금해 하는 질문을 친절하게 알려 줍니다. 또한 이번 개정 2판에서는 자바스크립트의 최신 문법과 실무에 적합한 제이쿼리 플러그인을 반영하고 자바스크립트의 비동기 문법을 자세히 소개합니다. 이 책은 여러분이 자바스크립트를 이해하고 실무에서 활용할 수 있도록 기초를 탄탄하게 다지는 데 도움을 줄 것입니다.

실무 프로젝트로 실전 감각까지
확실하게 터득한다!

웹 개발을 하는 데 필요한 자바스크립트의 기초 개념부터 실무 프로젝트 노하우까지 이 책 한 권으로 배워 보세요. 특히 셋째마당에서는 반응형 웹사이트 UI를 개발하는 데 필요한 GNB, 탭 메뉴, 롤링 배너와 슬라이드 배너, 퀵 메뉴, 키보드 접근성 등을 다뤄 자바스크립트와 제이쿼리를 실무에서 바로 사용할 수 있도록 실전 감각을 기릅니다. 그래서 이 책은 자바스크립트 입문자는 물론이고 동적으로 기능하는 웹 제작의 핵심을 빠르게 익히고 싶은 분 모두에게 지름길을 알려 주는 안내서가 될 것입니다. 이 책으로 자바스크립트의 여정을 시작하여 웹의 무한한 가능성을 탐험해 봅시다.

자바스크립트 입문자 여러분의 학습을 응원하며
정인용 드림

웹 퍼블리셔, 프런트엔드 개발자, UX/UI 개발자의 필독서!
웹 개발 입문자에게 이 책을 추천합니다!

자바스크립트 기초 문법과 핵심 기능을 가장 명쾌하게 정리한 책!

제이쿼리를 이해하려면 자바스크립트의 기본 지식을 알아야 하는데, 이 책은 자바스크립트의 기초 문법과 핵심 내용을 가장 명쾌하게 정리해서 쉽게 이해할 수 있도록 설명합니다. 제이쿼리의 기능만 단순하게 나열한 것이 아니라 기본 개념까지 충분히 설명되어 있어서 웹 개발 입문자에게 꼭 필요한 책이라고 생각합니다. 실무에 적용할 수 있는 예제로 알차고 실속 있게 정리한 이 책으로 실무 적응력과 응용력을 키워 보세요!

★ 김상미(메가존클라우드/프런트엔드 개발자)

프런트엔드 개발에 자신감이 생겼습니다!

웹 퍼블리셔, 웹 디자이너, 웹 기획자 등 웹 관련 업무를 담당하는 사람이라면 한번쯤 자바스크립트와 제이쿼리를 들어보거나 공부를 해본 경험이 있을 것입니다. 어려운 내용에 진도가 막히거나 찾던 내용이 없어 책을 덮은 적이 있었다면 이 책을 추천합니다. 실무 프로젝트는 자바스크립트를 어떻게 사용하는지 명확하게 알려 줘 웹 개발 초보자도 프런트엔드 개발에 자신감을 가질 수 있습니다.

★ 홍정화(매디브/웹 퍼블리셔)

단기간에 자바스크립트와 제이쿼리의 핵심을 익힐 수 있습니다!

이 책은 꼭 알아야 할 핵심 기능과 실무에 적용할 수 있는 예제로 구성해서 단기간에 공부를 마치고 실무에 바로 적용하고 싶은 사람도, 핵심만 제대로 알고 싶은 입문자에게도 적합합니다.

★ 서동훈(프리랜서/웹 퍼블리셔)

실제 웹 프로젝트에서 사용하는 기술을 다룬 가장 실용적인 책!

자바스크립트를 소개하는 참고 서적과 바이블 형식의 책은 많지만 입문자가 살펴보기엔 시간도 오래 걸리고 내용도 쉽지 않습니다. 이 책은 자바스크립트와 제이쿼리를 실무에서 활용하려는 초급 개발자에게 필요한 부분만 골라 빨리 파악할 수 있도록 도와주고 실제 업무에도 응용할 수 있게 해주는 맞춤형 참고서입니다. 국내 개발 환경을 충분히 고려하여 입문자와 초급 개발자 수준에 맞춰 설명했고, 실제 프로젝트에서 사용하는 실무 기술 위주로 다루어서 아주 실용적인 책입니다.

★ 주윤욱(노스스타/IT 컨설팅 매니저)

자바스크립트 + 제이쿼리의 기본부터
실전에 필요한 반응형 웹, 실무 활용 플러그인까지!
한 권으로 기초 쌓고 실무 감각까지 키운다!

1   171개 예제로 기본 잡고 '반응형 웹 만들기'로 실전 감각 키우기

초보자들이 막히기 쉬운 개발 환경 준비부터 시작!
171개 예제로 기본 잡고 반응형 웹 페이지의 UI 핵
심 요소까지 내 손으로 직접 만들며 기본과 실전 감
각을 모두 키웁니다.

2   어려운 개념은 도해로, 놓치기 쉬운 부분은 상세한 설명으로 이해하기

프런트엔드 실무와 강의 경력을 모두 갖춘 저자의
노하우를 담아 상상하기 어려운 내용은 도해로 알려
주고 놓치기 쉬운 부분은 상세하게 설명합니다. 실
습 파일과 완성 파일을 함께 제공하니 혼자서도 공
부할 수 있습니다.

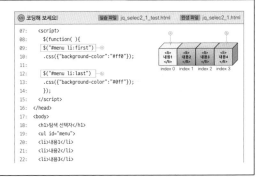

3   〈한 걸음 더!〉로 개념 레벨업 하고 〈마무리 문제〉로 실력 굳히기

전문가가 알려주는 프런트엔드 지식으로 개념을 쌓
고 마무리 문제로 실력을 점검해 보세요.

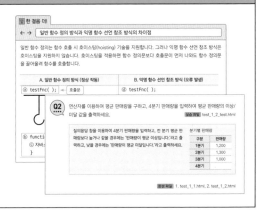

자바스크립트+제이쿼리, 혼자서 어떻게 공부해야 할지 막막한가요? 학습 계획표를 따라 체계적으로 공부해 보세요. 실력에 따라 계획을 세워 공부하고 나면 웹 개발이 무엇인지 이해하고 프런트엔드 개발자로서의 자신감을 가질 수 있을 거예요!

⭐ **초보자를 위한** 30일 진도표 | 혼자서도 체계적으로 공부해요! 🔍

회 차	진도	회 차	진도
1일(/)	01장	16일(/)	07-1~07-2절
2일(/)	02-1절	17일(/)	07-3절
3일(/)	02-2절	18일(/)	07-4절
4일(/)	02-3절	19일(/)	08-1절
5일(/)	03-1~03-2절	10일(/)	08-2절
6일(/)	03-3절	21일(/)	09-1절
7일(/)	03-4절	22일(/)	09-2절
8일(/)	04-1~04-2절(~문자열 객체)	23일(/)	10장
9일(/)	04-2절	24일(/)	11-1~11-2절
10일(/)	04-3절	25일(/)	11-3절
11일(/)	05-1절	26일(/)	11-4~11-5절
12일(/)	05-2~05-3절	27일(/)	12-1절
13일(/)	05-4~05-5절	28일(/)	12-2절
14일(/)	05-6절	29일(/)	12-3절
15일(/)	06장	30일(/)	스페셜

⭐ **중급자를 위한** 15일 진도표 | 강의에도 활용할 수 있어요! 🔍

회 차	진도	회 차	진도
1일(/)	01장	9일(/)	07-1~07-2절
2일(/)	02장	10일(/)	07-3~07-4절
3일(/)	03장	11일(/)	08장
4일(/)	04-1~04-2절	12일(/)	09장
5일(/)	04-3절	13일(/)	10장
6일(/)	05-1~05-3절	14일(/)	11장
7일(/)	05-4~05-6절	15일(/)	12장~스페셜
8일(/)	06장		

_ 🗖 ✕

실습 파일 제공 | 이 책에서 사용하는 소스 파일을 내려받으세요.

이 책에서 사용하는 실습 파일과 결과 파일을 준비했으니 이지스퍼블리싱 홈페이지에서 내려받으세요. 자신이 직접 작성한 실습 파일, 결과 파일과 비교하며 공부하면 학습 효과가 올라갈 거예요!

★ 이지스퍼블리싱 홈페이지: www.easypub.co.kr → [자료실] 클릭 → 이 책 제목으로 검색

저자 직강 동영상 무료 제공 | 프런트엔드 전문가에게 1:1 과외를 받아 보세요.

이 책의 핵심 내용을 담은 저자 직강 동영상 강의를 무료로 제공합니다. 책과 함께 시청하면 자바스크립트+제이쿼리에 더 쉽게 입문할 수 있어요.

★ 유튜브 채널: youtube.com/@easyspub

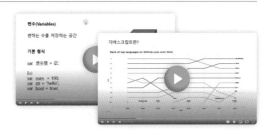

이지스 플랫폼 | 연결되면 더 큰 가치를 만들 수 있어요.

① 온라인에서 친구들과 함께 공부!
★ 네이버 카페 'Do it!' 스터디룸:
cafe.naver.com/doitstudyroom

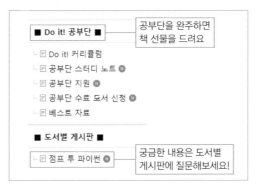

② 이벤트 소식은 이곳에서!
★ 인스타그램:
instagram.com/easyspub_it

③ 독자 설문 참여하면 6가지 혜택!
★ 의견도 보내고 선물도 받고!

왼쪽 QR코드를 스캔하여 이 책에 대한 의견을 보내 주세요.
독자 여러분의 칭찬과 격려는 큰 힘이 됩니다. 더 좋은 책을 만들도록 노력하겠습니다.

❶ 추첨을 통해 소정의 선물 증정
❷ 이 책의 업데이트 정보 및 개정 안내
❸ 저자가 보내는 새로운 소식
❹ 출간될 도서의 베타테스트 참여 기회
❺ 출판사 이벤트 소식
❻ 이지스 소식지 구독 기회

셋째마당 ✰ 자바스크립트 + 제이쿼리 실무 예제   422

12장
반응형 웹 UI 만들기

스페셜 ✰ 크롬 브라우저로 디버깅하기   442

첫째마당

기초부터 시작하는 자바스크립트

첫째마당에서는 자바스크립트가 무엇인지, 어디에 사용되는지 기본 지식을 익히고 자바스크립트 작성에 필요한 프로그램을 알아보겠습니다.

01~03장에서는 자바스크립트를 작성할 때 필요한 기본 문법과 제어문을 공부하고 04~05장에서는 객체의 개념 그리고 메서드와 속성의 개념을 자세히 공부합니다. 06장에서는 자바스크립트의 비동기 방식에 대해 알아봅니다. 첫째마당을 끝내고 나면 웹페이지에서 자바스크립트가 어떻게 동작하는지 정확하게 이해할 수 있을 것입니다.

01 | 자바스크립트 시작하기

이 장에서는 프런트엔드 개발의 개념과 프런트엔드 개발에 사용하는 프로그램 언어인 자바스크립트가 무엇인지, 자바스크립트를 왜 배워야 하는지 알아보겠습니다. 우선 개발에 필요한 편집 프로그램과 작업을 완료한 문서를 확인하기 위한 구글 크롬 브라우저를 설치해 봅니다. 그런 다음 설치한 편집 프로그램의 사용법을 익히고 본격적으로 자바스크립트를 공부하기 전에 간단한 예제를 작성해 보겠습니다.

01-1

처음 만나는 자바스크립트

프런트엔드 개발 이해하기

자바스크립트는 프런트엔드Front-End 개발 언어라고 합니다. 프런트엔드 개발의 의미를 좀 더 쉽게 이해하기 위해 현업에서 어떤 순서로 개발이 진행되는지 프로젝트 개발을 예로 들어 알아보겠습니다.

현업에서 이루어지는 프로젝트의 개발 순서를 그림으로 간략히 살펴보겠습니다.

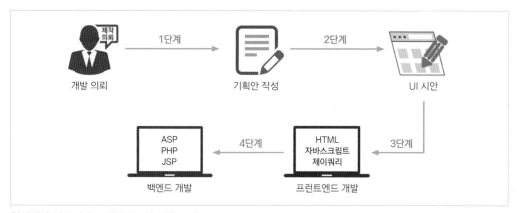

협업에서 이루어지는 웹사이트의 개발 순서

1단계 고객(클라이언트)에게 웹사이트 개발을 의뢰받습니다. 개발 의뢰를 접수한 개발사는 고객의 요구에 맞게 기획안을 작성합니다.

2단계 고객의 요구에 맞게 작성한 기획안을 토대로 디자이너가 화면에 보여줄 UIUser Interface를 디자인합니다. 그리고 완성한 디자인 이미지를 퍼블리셔Publisher에게 전달합니다.

3단계 디자인 파일을 전달받은 퍼블리셔는 그 이미지를 이용해 인터넷 문서인 HTMLHyper Text Markup Language을 작성하고 CSSCascading Style Sheets를 이용해 화면의 모양을 잡아 정적인 웹 문서를 완성합니다.

🔍 정적인 웹 문서란 사용자(웹사이트 방문자)가 어떤 동작을 해도 작동하지 않는 문서를 말합니다.

그런데 완성한 웹 문서는 단순히 웹 브라우저에서 보이기만 할 뿐 동작은 하지 않습니다. 예를 들어 HTML로 만든 문서의 메뉴 바에 마우스 포인터를 올렸을 때 서브 메뉴가 펼쳐지는 동작이 일어나게 하려면 자바스크립트^{Javascript} 또는 제이쿼리^{JQuery}를 사용해야 합니다.

앞에서 설명한 3단계를 프런트엔드 개발이라 합니다. 정리하면 프런트엔드 개발은 HTML, CSS, 자바스크립트, 제이쿼리 등을 이용해 사용자(사이트 방문자)의 눈에 보이는 부분까지를 담당합니다.

4단계 완성한 HTML 문서를 백엔드^{Back-End} 개발자에게 전달합니다. 백엔드 개발자는 ASP, PHP, JSP 등 서버 언어를 사용합니다. 이들은 주로 화면에 보이지 않는 부분을 개발합니다.

예를 들어 프런트엔드 개발자가 만들어 놓은 회원가입 양식 웹페이지에서 사용자(웹사이트 방문자)가 아이디, 이메일, 비밀번호 등 입력란을 모두 작성한 다음, [가입하기] 버튼을 누르면 회원 정보가 데이터베이스에 저장됩니다. 이 과정은 사용자에게 보이지 않습니다.

회원가입 웹페이지

백엔드를 좀 더 알아볼까요? 정상적으로 회원 가입이 되면 사용자는 로그인 페이지로 이동하여 아이디와 비밀번호를 입력하고 [로그인] 버튼을 눌러 로그인합니다. 이때 데이터베이스에서는 사용자가 입력한 아이디와 비밀번호가 일치하는 데이터가 있는지 찾고, 데이터가 있다면 정상으로 로그인 처리를 합니다. 일치하는 데이터가 없다면 경고 창과 함께 다시 로그인하라는 안내문을 나타냅니다. 이렇게 사용자가 입력한 데이터를 데이터베이스에 저장하거나 검사하는 등 눈에 보이지 않는 영역을 개발하는 것을 백엔드 개발이라고 합니다.

웹사이트의 개발 순서 1~4단계를 TV 전자 제품의 제작 과정에 비유하면 눈에 보이지 않는 부속품을 만드는 사람을 백엔드 개발자, 눈에 보이는 외관을 조립하는 사람을 프런트엔드 개발자와 비유할 수 있습니다.

앞으로 배울 자바스크립트는 프런트엔드 개발에 반드시 필요한 언어입니다.

> 🔍 자바스크립트 언어를 이해하는 데는 HTML과 CSS의 기본 지식이 필요합니다. 아직 HTML과 CSS의 기본 지식이 없다면 《Do it! HTML + CSS + 자바스크립트 웹 표준의 정석》으로 HTML과 CSS의 기초를 다지고 시작하기를 권합니다.

자바스크립트 이해하기

자바스크립트는 프런트엔드 개발 언어이며 정적인 웹 문서에 동작을 부여한다고 배웠습니다. 그러면 자바스크립트의 탄생 배경과 표준화가 어떻게 진행되었는지 알아보겠습니다. 그런 다음 자바스크립트의 특징을 간단하게 살펴보겠습니다.

자바스크립트 탄생 배경

1995년 인터넷 브라우저의 점유율은 넷스케이프의 내비게이터^{Navigator}가 가장 높았습니다. 최초의 자바스크립트는 넷스케이프에서 근무하던 브렌던 아이크^{Brendan Eich}가 모카^{Mocha}라는 이름으로 개발했으며 이후 라이브스크립트^{LiveScript}라는 이름으로 변경합니다. 넷스케이프는 자바^{Java}로 유명한 썬마이크로 시스템즈와 제휴하여 이름을 자바스크립트로 변경합니다. 이듬 해에 마이크로소프트도 자바스크립트와 유사한 JScript를 개발하여 인터넷 익스플로러 3.0에 포함해 출시했습니다. 이렇게 여러 개발 회사가 각자 다른 이름으로 스크립트 언어를 개발하여 처음에는 언어의 표준화가 지켜지지 않았습니다. 하지만 마이크로소프트가 윈도우 시스템에서 인터넷 익스플로러 대신 마이크로소프트 엣지를 공식 지원하기 시작하면서 호환성 문제가 크게 개선되었습니다.

자바스크립트의 표준화

자바스크립트 표준화가 절실했던 넷스케이프는 국제 정보통신표준화기구^{European Computer} ^{Manufacturers Association, ECMA}에 표준화를 요청했고, 1996년 11월에 ECMA-262라는 표준 명세가 만들어졌으며 1997년 7월에 ECMA 1 버전이 완성되었습니다.

자바스크립트는 ES1^{ECMA-262 1st edition}부터 기능이 점차 추가되어 현재 ES6^{ECMA-262 6th edition}가 널리 사용되고 있습니다. 하지만 아직 일부 브라우저는 ES5의 기능만 지원합니다. 그래서 ES6를 사용한다면 반드시 브라우저 지원 여부를 체크해야 합니다.

자바스크립트로 할 수 있는 것

자바스크립트를 배우면 어디에 사용하고 무엇을 개발할 수 있는지 알아보겠습니다. HTML5 엔 지오로케이션^{Geolocation}, 캔버스^{Canvas}, 드래그&드롭^{Drag&Drop} 등 풍부한 애플리케이션이 탑재되어 있습니다. 이 애플리케이션들은 자바스크립트에 기반하여 제작되었으므로 사용하려면 자바스크립트를 반드시 알아야 합니다.

지오로케이션을 이용한 부동산 정보 앱(https://www. dabangapp.com/)

HTML5 캔버스를 이용한 게임 앱(https://playcanv.as/p/JtL2iqlH/)

지금도 제이쿼리^{Jquery}, 뷰^{Vue.js}, 리액트^{React}, 앵귤러^{Angular}, 노드^{Node.js} 외에 자바스크립트로 개발한 다양한 라이브러리와 프레임워크, 런타임이 생겨나고 있습니다. 그래서 자바스크립트는 어떤 프로그래밍 언어보다 많이 사용되고 있습니다. 다음은 티오베^{Tiobe}에서 개발자들이 많이 사용하는 프로그래밍 언어 순위를 그래프로 나타낸 것입니다.

🔍 라이브러리는 함수(function)를 기반으로 해서 만든 언어로 유용한 기능이 담겨 있습니다. 함수는 05장에서 자세히 알아보겠습니다.

Nov 2024	Nov 2023	Change		Programming Language	Ratings	Change
1	1		🐍	Python	22.85%	+8.69%
2	3	⌃	C++	C++	10.64%	+0.29%
3	4	⌃	☕	Java	9.60%	+1.26%
4	2	⌄	C	C	9.01%	-2.76%
5	5		C#	C#	4.98%	-2.67%
6	6		JS	JavaScript	3.71%	+0.50%
7	13	⌃	GO	Go	2.35%	+1.16%
8	12	⌃	F	Fortran	1.97%	+0.67%
9	8	⌄	VB	Visual Basic	1.95%	-0.15%
10	9	⌄	SQL	SQL	1.94%	+0.05%

티오베 프로그래밍 언어 사용률 순위

자바스크립트는 원래 클라이언트(사용자) 컴퓨터에서만 작동하는 언어였습니다. 하지만 현재는 노드를 사용할 경우 백엔드 프로그램 언어와 같이 서버에서도 작동합니다. 그리고 자바스크립트는 다음과 같이 사이트 제작, 모바일 웹·앱, 스마트 TV 제작 등 다양한 UI 개발에 사용되고 있습니다.

사이트

모바일 웹

스마트 TV

자바스크립트로 개발한 프로그램

지금부터 자바스크립트 개발에 필요한 프로그램을 설치해 보겠습니다.

01-2
개발 환경 준비하기

이 책으로 자바스크립트 개발을 공부하려면 크롬 브라우저와 편집기 프로그램이 필요합니다. 크롬 브라우저와 편집기 프로그램인 비주얼 스튜디오 코드Visual Studio Code를 설치하는 방법과 프로그램을 사용하는 방법을 살펴보겠습니다. 먼저 자바 스크립트로 개발한 프로그램을 확인하려면 크롬 브라우저 가 필요합니다.

🔍 크롬 브라우저를 이미 설치했다면 2번 단계부터 진행하면 됩니다.

크롬 브라우저 설치하고 개발자 도구 살펴보기

1. 크롬 브라우저 웹 사이트로 이동합니다(https://www.google.co.kr/chrome). [Chrome 다운로드] 버튼을 클릭하여 크롬 브라우저를 내려받아 설치합니다.

2. 설치가 완료된 크롬 브라우저를 실행합니다. 다음처럼 메인 화면의 오른쪽 위에서 메뉴 펼침 버튼 ⁝ 을 누르거 나 단축키 F12 를 눌러 개발자 도구를 엽니다.

🔍 펼쳐진 개발자 도구를 다시 숨기고 싶 을 경우에도 메뉴 펼침 버튼을 한 번 더 누 르거나 단축키 F12 를 누르면 됩니다.

크롬의 개발자 도구를 보면 요소(Elements), 콘솔(Console), 소스(Sources) 등의 패널이 있습니다. 자주 사용하는 요소, 콘솔, 소스 패널의 기능은 다음과 같습니다.

크롬 브라우저의 개발자 도구에서 사용하는 패널의 기능

요소(Elements)	HTML(Element), 요소에 적용된 스타일(CSS)을 검사할 수 있습니다.
콘솔(Console)	자바스크립트 오류 체크는 물론 디버깅을 할 수 있습니다.
소스(Sources)	브라우저가 자바스크립트 소스를 파싱해 오는 과정을 보여 줍니다. 소스 패널도 오류 체크와 디버깅을 할 수 있습니다.

🔍 파싱(parsing)은 저장된 값을 원하는 형식의 값으로 가공해 읽어 오는 것을 말합니다.

> ### 🎁 한 걸음 더!
>
> ← → 디버깅이 뭔가요?
>
> 프로그래머가 실수로 잘못 코딩한 프로그램을 실행하면 오류(error)가 발생합니다. 이런 현상을 '버그(bug)라 하는데, 이런 버그를 검사하고 수정하는 작업을 디버깅(debugging)이라 합니다.

크롬 브라우저의 개발자 도구 패널을 이용해 디버깅하는 방법은 442쪽 '스페셜'에서 좀 더 자세히 소개합니다. 이번에는 자바스크립트를 좀 더 쉽게 작성할 수 있도록 편집기를 설치해 보겠습니다.

자바스크립트 편집기 설치와 사용법

자바스크립트 편집기는 윈도우 시스템에 기본 내장된 메모장을 이용해도 되지만, 메모장으로 작성하면 가독성도 떨어지고 코드를 일일이 입력해야 하므로 실수하기 쉽습니다.

🔍 문서에서 글의 배치와 서체의 종류와 색깔, 자간, 행간 등은 글을 읽을 때 많은 영향을 줍니다. 이런 요소에 영향을 받아 읽는 능률의 정도를 '가독성'이라고 합니다. 눈이 편하고 잘 읽힐 때 '가독성이 높다'라고 합니다.

자바스크립트를 좀 더 쉽고 편하게 편집할 수 있는 편집기로 에디트플러스EditPlus, 노트패드++Notepad++, 아톰Atom, 서브라임 텍스트Sublime Text, 브라켓Brackets, 웹스톰Webstorm, 비주얼 스튜디오 코드Visual Studio Code 등이 있습니다.

이 책에서는 그중에 상대적으로 가볍고 확장 기능이 뛰어난 비주얼 스튜디오 코드를 사용하겠습니다.

🔍 이미 익숙한 편집기가 있다면 그 편집기를 사용해도 됩니다.

비주얼 스튜디오 코드 설치하기

1. 비주얼 스튜디오 코드를 https://code.visualstudio.com/에서 내려받아 설치합니다.

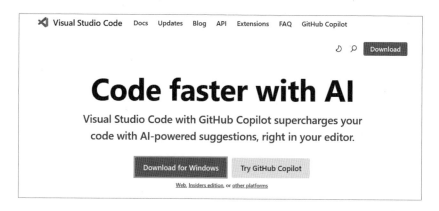

2. '사용권 계약에 동의함' 항목에 체크하고 [다음] 버튼을 눌러 설치를 진행합니다. 설치가 완료되고 [마침] 버튼을 누르면 다음과 같이 비주얼 스튜디오 코드가 실행됩니다.

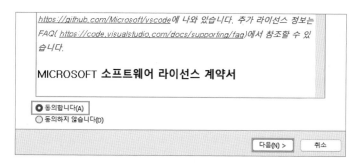

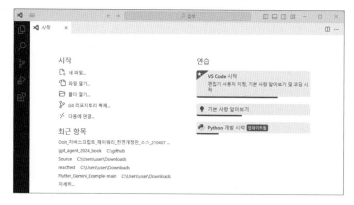

비주얼 스튜디오의 코드 화면 이해하기

다음은 비주얼 스튜디오 코드의 기본 환경 구성입니다. 이 화면은 코드를 입력할 때의 화면

이니 메뉴 설명에 집중하면 됩니다. 화면은 뷰 바View Bar, 사이드 바Side Bar, 편집기 그룹Editor Groups, 패널Panel, 상태 바Status Bar로 나누어져 있습니다. 만약 사이드 바가 보이지 않는다면 뷰 바의 아이콘을 누르면 됩니다.

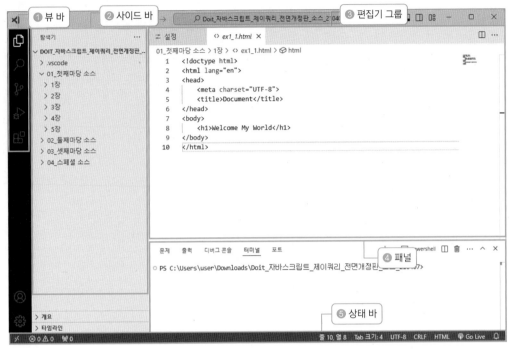

비주얼 스튜디오 코드 화면의 기본 환경 구성

❶ 뷰 바	사이드 바의 기능(탐색, 검색, 깃, 디버그, 확장)을 바꿀 수 있습니다.
❷ 사이드 바	프로젝트 작업을 수행하는 동안 탐색, 검색, 깃, 디버그, 확장 기능으로 바꾸어 사용할 수 있습니다.
❸ 편집기 그룹	코드를 편집하는 영역입니다. 최대 3개까지 창을 분할할 수 있고 동시에 여러 파일을 불러와 코드를 편집할 수도 있습니다.
❹ 패널	출력, 디버그 정보, 오류 및 경고 등이 표시됩니다.
❺ 상태 바	현재 프로젝트와 편집하고 있는 파일의 정보를 제공합니다.

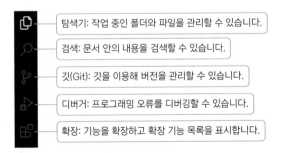

탐색기: 작업 중인 폴더와 파일을 관리할 수 있습니다.

검색: 문서 안의 내용을 검색할 수 있습니다.

깃(Git): 깃을 이용해 버전을 관리할 수 있습니다.

디버거: 프로그래밍 오류를 디버깅할 수 있습니다.

확장: 기능을 확장하고 확장 기능 목록을 표시합니다.

지금까지 비주얼 스튜디오 코드의 화면을 구성하는 기본 요소를 알아보았습니다. 이제 간단한 HTML 문서를 작성해 브라우저에서 열어 보겠습니다. 이때 작성한 파일을 윈도우 탐색기에서 찾아 열지 않고 비주얼 스튜디오 코드에서 바로 열 수 있도록 확장 기능을 설치하겠습니다.

확장 기능 이용해 HTML 문서를 크롬 브라우저에서 바로 열기

1. 먼저 실습 파일을 저장할 폴더를 만듭니다. 이 책에서는 D:\source로 설정했습니다. 이제 비주얼 스튜디오 코드의 화면에서 ❶ [탐색기]를 클릭하세요. 사이드 바에 탐색기가 나타납니다. ❷ [폴더 열기] 버튼을 누르고 생성한 source 폴더를 선택하면 탐색기에 폴더가 생성됩니다. 윈도우 탐색기에서 source 폴더를 탐색기로 직접 끌어와도 비주얼 스튜디오 탐색기에 폴더가 생성됩니다.

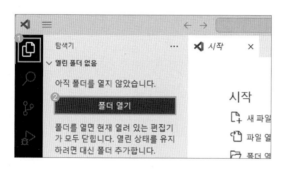

2. 탐색기에서 불러온 폴더에 마우스 포인터를 올려놓고 ▣ 버튼을 클릭하여 새 HTML 파일을 생성합니다. 파일 이름은 'ex1_1.html'로 입력합니다.

🔍 새 문서를 생성하는 단축키는 Ctrl + N 입니다.

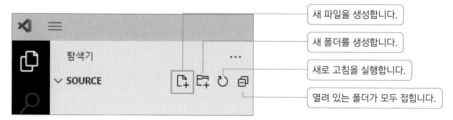

새 파일을 생성합니다.
새 폴더를 생성합니다.
새로 고침을 실행합니다.
열려 있는 폴더가 모두 접힙니다.

새 문서(ex1_1.html)가 열리면 테스트할 문서를 작성합니다. HTML 기본 문서 양식을 작성할 때는 비주얼 스튜디오 코드에 포함된 이멧^{Emmet} 기능을 사용하면 편합니다. 이멧 기능을 사용하면 HTML, CSS를 약식으로 표기하여 작성할 수 있습니다.

3. 이멧 기능을 사용하려면 메뉴에서 [파일 → 기본 설정 → 설정]을 선택합니다. 열린 창의 메뉴에서 [확장 → Emmet]을 선택한 후 'Trigger Expansion On Tab' 항목에 체크합니다.

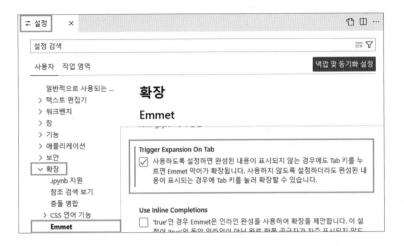

4. 새 문서에 'HTML:5'라고 입력한 다음 Tab을 누르면 다음처럼 HTML5 기본 양식이 자동으로 작성됩니다. 코드 09행이 비어 있는데 여기에 코드를 입력하겠습니다.

5. 다음 코드를 참고하여 09행에 입력합니다. 코드를 입력한 다음에는 Ctrl + S를 눌러 저장하세요.

```
08:  <body>
09:      <h1>Welcome My World</h1>
10:  </body>
```

🔍 지금은 자바스크립트 코드를 작성하는 데 목적이 있지 않고, 비주얼 스튜디오 코드에서 작성한 코드를 크롬 브라우저에서 열어 보는 용도로 HTML 코드를 작성한 것입니다.

← → 비주얼 스튜디오 코드의 화면 색상을 밝게 바꾸고 싶어요!

비주얼 스튜디오 코드의 화면 색상을 바꾸고 싶다면 왼쪽 하단의 [■ → 테마 → 색 테마]를 클릭하여 나타나는 목록에서 'Light+(Default Light)'를 선택합니다. 다음은 그 과정과 결과 화면입니다.

[색 테마] 선택

[Light+ (Default Light)] 선택

[Light+ (Default Light)]를 선택한 결과 화면

이제 크롬 브라우저로 지금까지 작성한 HTML 문서를 바로 열어 보겠습니다.

6. 사이드 바에서 ❶ 확장 버튼 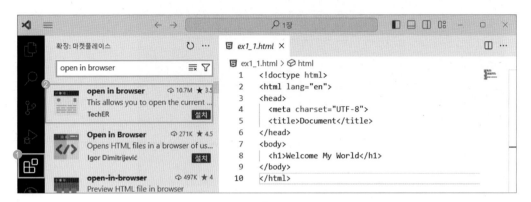을 누르고 검색 창에 'open in browser'을 입력해 검색합니다. ❷ 제작자 이름이 'TechER'인 확장 기능을 선택하고 [설치] 버튼을 눌러 설치합니다. 그러면 자동으로 HTML 문서를 열어 주는 확장 기능이 설치됩니다.

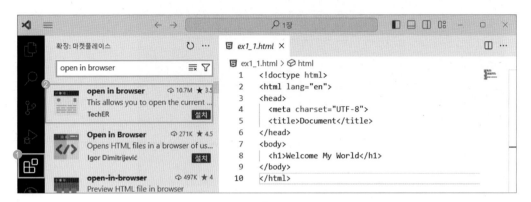

7. 다시 코드를 작성한 문서로 돌아옵니다. 편집 영역에서 마우스 오른쪽 버튼을 누르고 [Open In Default Browser]를 클릭해 기본 설정된 브라우저로 HTML 문서를 엽니다.

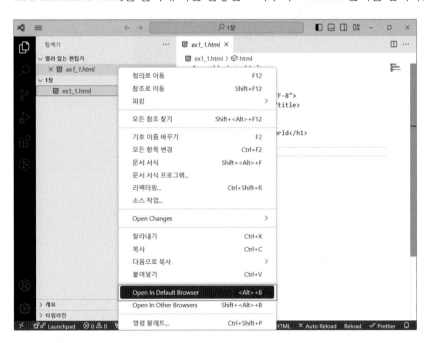

마우스 오른쪽 버튼을 누르고 [Open In Other Browser]를 클릭하면 여러 브라우저 목록이 나타나는데 그중에서 자신이 선택한 웹 브라우저로 HTML 문서를 열 수 있습니다.

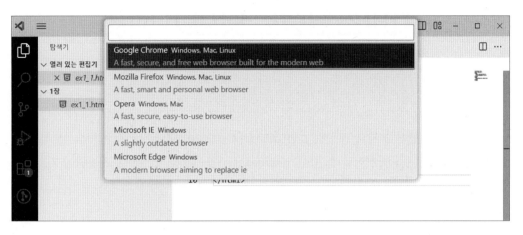

자바스크립트 맛보기 예제

자바스크립트를 본격적으로 배우기 전에 맛보기 예제로 자바스크립트의 전체 모습을 알아보겠습니다. 자바스크립트는 다음 예제와 같이 〈head〉와 〈/head〉 태그 사이에 자바스크립트 선언문을 작성하고 코드를 작성합니다. 맛보기 예제에서는 질의응답 창prompt을 사용하여 키보드로 나이를 입력받고 입력된 나이가 20세 이상인지 아닌지 검사하여 알맞은 문장을 출력합니다.

자바스크립트로 간단한 실행문 작성하기

1. 비주얼 스튜디오 코드에서 Ctrl+N을 눌러 새 문서를 만듭니다. Ctrl+S를 눌러 파일 이름을 'test_example.html'로 저장한 다음, 'html:5'를 입력하고 Tab을 누르세요. 그럼 〈body〉 영역을 제외한 부분이 자동으로 입력됩니다. 이제 코드를 작성해 볼까요?

> </> **코딩해 보세요!**   실습 파일 test_example.html

```html
01: <!DOCTYPE html>
02: <html lang="en">
03: <head>
04:   <meta charset="UTF-8">
05:   <meta name="viewport" content="width=device-width, initial-scale=1.0">
06:   <meta http-equiv="X-UA-Compatible" content="ie=edge">
07:   <title>맛보기 예제</title>
08: </head>
09: <body>
10:   <script>
11:     var age = prompt("당신의 나이는?", "0");
12:     if(age >= 20){
13:       document.write("당신은 성인입니다.");
14:     }else{
15:       document.write("당신은 미성년자입니다.");
16:     }
17:   </script>
18: </body>
19: </html>
```

> 여기에 코드를 작성하세요.

2. 코드 작성을 완료했다면 파일을 크롬 브라우저로 직접 열거나 Alt+B를 눌러 열어 보세요. 그러면 다음과 같은 질의응답 창이 나옵니다. '25'를 입력하고 [확인] 버튼을 누르면 '당신은 성인입니다.'라는 문장이 출력됩니다.

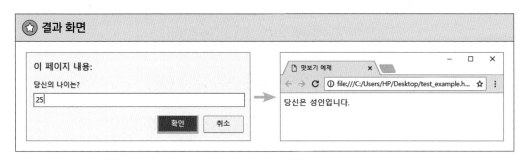

지금은 여기에서 사용한 문법을 알지 못할 수도 있습니다. 맛보기 예제 역시 다 이해하지 못해도 괜찮습니다. 아직 여러분은 자바스크립트 기초 문법을 공부하지 않았으니까요. 기초 문법은 02장부터 천천히 살펴보겠습니다.

☆ 마무리 문제 ☆

Q1
★☆☆
HTML, CSS, 자바스크립트, 제이쿼리로 작업한 눈에 보이는 영역을 통틀어 ①_____ 개발이라 하고 JSP, PHP, ASP, DB로 작업한 눈에 보이지 않는 영역을 통틀어 ②_____ 개발이라 합니다.

Q2
★☆☆
자바스크립트의 가장 큰 특징은 ③_____ 기반 언어라는 것입니다.

Q3
★★☆
크롬 개발자 도구에는 웹 개발에 유용한 패널이 있습니다. 이 중 HTML 요소를 검사하는 ④_____ 패널과 자바스크립트 코드 파싱(parsing) 과정을 보며 오류를 디버깅할 수 있는 ⑤_____ 패널이 있습니다.

① 프론트엔드(Front-End), ② 백엔드(Back-End), ③ 객체(Object), ④ Elements, ⑤ Sources

02 | 자바스크립트 기초 문법

이 장에서는 자바스크립트의 기초 문법을 알아보겠습니다. 선언문, 주석, 변수, 자료형, 연산자 등을 이해한 후 문법을 하나씩 배우며 코드를 작성해 보고, 직접 실행하여 실습도 해볼 것입니다. 자바스크립트 기초 문법은 03, 04장에서 배우는 내용과 둘째 마당에서 설명할 제이쿼리를 사용하려면 반드시 알아 두어야 합니다.

자바스크립트의 기초 문법 알아보기

자바스크립트 선언문

선언문은 자바스크립트 코드를 작성할 영역을 선언하는 것이라고 이해하면 됩니다. 〈script〉라는 태그로 선언문을 시작하는 곳부터 〈/script〉라는 태그로 종료하는 곳까지를 스크립트 영역이라고 합니다.

```
기본형    <script>
             자바스크립트 코드;
         </script>
```

선언문은 〈head〉 태그 영역 또는 〈body〉 태그 영역에 선언하면 됩니다. 우리나라 개발자들은 대부분 〈head〉 태그 영역에 선언하고 있습니다. 우리도 〈head〉 태그 영역에 선언하겠습니다.

다음은 선언문을 작성하는 예제입니다. 비주얼 스튜디오 코드를 실행한 후 [파일 → 폴더 열기]를 선택해 실습 폴더를 엽니다. 그런 다음 statement_test.html 파일을 선택하고 예제를 보면서 문서를 작성해 보세요.

🔍 실습 파일은 이지스퍼블리싱 홈페이지에서 내려받으세요(www.easypub.co.kr → [자료실] → 도서명 검색).

</> 코딩해 보세요!　　실습 파일 statement_test.html　　완성 파일 statement_c.html

```
01:   <!DOCTYPE html>
02:   <html lang="ko">
03:   <head>
04:     <meta charset="UTF-8">
05:     <title>Document</title>
06:     <script>
07:       document.write("환영합니다");          실습 파일을 열어 이 부분을 작성하세요.
08:     </script>
09:   </head>
10:   <body>
11:   </body>
12:   </html>
```

07행 document는 문서 객체이며 문서 출력 메서드인 write( )를 이용하여 데이터를 문서에 출력할 때 사용합니다.

작성한 문서를 저장한 후 ⎡Alt⎤+⎡B⎤를 눌러 Open in Default Browser을 실행하면 오른쪽과 같은 결과 화면이 나타납니다.
🔍 저장한 파일을 크롬 브라우저로 직접 열어도 됩니다.

자바스크립트 주석 처리

자바스크립트 선언문에 코드가 아니라 설명 글을 넣고 싶을 때는 주석 처리를 하면 됩니다. 이때 주석이 한 줄이면 '//한 줄 설명 글'로 작성하고, 주석이 여러 줄이면 '/* 여러 줄 설명 글 */'로 작성하면 됩니다.

기본형	
//한 줄 설명 글인 경우 /* 　설명 글이 여러 줄인 경우 　이렇게 처리합니다. */	<!-- HTML 소스의 설명 글은 이렇게 처리합니다 -->

코드를 작성할 때 이렇게 주석으로 설명을 달아 놓으면 시간이 흘러도 잊어버리지 않겠죠?

내부 스크립트 외부로 분리하기

앞의 예제 완성 파일인 statement_c.html에서 HTML 내부에 작성된 자바스크립트는 마지막에 외부로 분리하는 작업을 해야 합니다. 그렇게 하면 자바스크립트 소스 찾기도 쉬울 뿐만 아니라 누군가가 소스를 손상시킬 염려도 없습니다. 즉, 외부로 분리하는 주된 목적은 프로젝트 관리를 원활하게 하기 위함입니다. 다음은 외부 자바스크립트 연동 코드로 파일을 연결하는 기본형입니다.

기본형　`<script src="JS 파일 경로"></script>`

내부 스크립트를 외부로 분리하려면 따로 파일을 만들어서 저장해야 합니다. 즉, HTML 파일과 JS 파일을 분리하여 HTML 내에서 JS 파일을 연동하면 됩니다. 🔍 JS는 JavaScript의 줄임말입니다.

내부 스크립트 분리하기

1. JS 파일을 만들어 보겠습니다. 먼저 비주얼 스튜디오 코드에서 [파일 → 새 파일]을 선택하거나 단축키 Ctrl+N을 눌러 빈 문서를 엽니다. 문서 이름은 'example.js'로 입력합니다. 그런 다음 다음과 같이 코드를 작성하고 문서를 저장합니다.

```
01:    document.write("환영합니다");
```

2. import_test.html 파일을 열어 앞에서 작성한 example.js를 연동해 보겠습니다. 다음과 같이 코드를 작성합니다. 만약 잘 연동되지 않으면 src값에 파일의 전체 경로를 넣어 보세요.

```
01:    <!DOCTYPE html>
02:    <html lang="ko">
03:    <head>
04:      <meta charset="UTF-8">
05:      <title> 외부 자바스크립트 연동 </title>
06:      <script src="js/example.js"></script>
07:    </head>
08:    <body>
09:    </body>
10:    </html>
```

3. Alt+B를 눌러 확인해보면 내부 스크립트가 분리되었습니다. 이렇게 분리하면 소스를 분석할 때 찾기 쉬울 뿐 아니라 다른 개발자가 잘못하여 소스를 손상시킬 일도 없겠죠.

코드 입력 시 주의 사항

다음은 자바스크립트를 작성할 때 주의해야 할 몇 가지 사항입니다. 지금은 읽어도 이해하지 못할 수도 있습니다. 일단 가볍게 읽고 넘어가세요.

자바스크립트는 대소 문자를 구분하여 작성합니다.

```
날짜 객체 생성: New date( );  (X)
날짜 객체 생성: new Date( );  (O)
```

코드를 한 줄 작성한 후에는 세미콜론(;)을 쓰는 것이 좋습니다. 세미콜론을 쓰지 않으면 다음 예제처럼 한 줄에 코드를 2개 작성할 경우 오류가 발생합니다.

```
document.write("hi") document.write("bye")   (X)
document.write("hi"); document.write("bye"); (O)
```

코드는 한 줄에 한 문장만 작성해야 가독성이 좋습니다.

```
document.write("hi"); document.write("bye");  (X)

document.write("hi");
document.write("bye");                        (O)
```

문자형 데이터를 작성할 때는 큰따옴표(" ")와 작은따옴표(' ')의 겹침 오류를 주의해야 합니다.

```
document.write("책에 "자바스크립트는 대소 문자를 구분해야 합니다"라고 나와 있다.");  (X)

document.write('책에 "자바스크립트는 대소 문자를 구분해야 합니다"라고 나와 있다.');  (O)
document.write("책에 \"자바스크립트는 대소 문자를 구분해야 합니다\"라고 나와 있다.");  (O)
```

코드를 작성할 때 중괄호{ } 또는 소괄호( )의 짝이 맞아야 합니다.

```
document.write("welcome!";  (X)
document.write("welcome!"); (O)
```

변수

변수란?

변수Variables는 변하는 데이터를 저장할 수 있는 메모리 공간입니다. 데이터를 담을 수 있는 그 릇이라 할 수 있죠. 변수에는 데이터가 오직 한 개만 저장됩니다. 그러다 보니 새로운 데이터가 들어오면 기존에 있던 데이터는 메모리 공간에서 지워집니다.

변수에 저장할 수 있는 데이터는 네 종류로 문자형String, 숫 자형Number, 논리형Boolean, 그리고 빈Null, undefined 데이터가 있 습니다. ES6부터 포함된 기능으로 let과 const가 있습니다.

🔍 ES6는 2015년에 발표된 ECMAScript 의 6번째 주요 버전입니다. 여기서 'ES'는 ECMAScript의 줄임말이며, 숫자 6은 버전 을 나타냅니다.

변수 선언

변수를 선언할 때는 다음 기본형과 같이 var 키워드를 변수명 앞에 붙입니다. 변수명에는 한 글을 사용할 수 없으며, 영문과 숫자 그리고 일부 특수 문자(_, $)만 포함할 수 있습니다. 변 수명은 의미에 맞게 만드는 것이 좋습니다. 예를 들어 수학 시험 점수를 저장하는 변수라면 'mathNum'이라고 이름 지으면 되겠죠. 이때 변수명은 단어와 단어를 조합하여 정하고, 2번째 단어의 첫 글자는 대문자로 표기했습니다. 이는 마치 낙타의 등과 같다고 해서 낙타Camel 표기 법이라고 합니다.

기본형	var 변수명; 또는 var 변수명 = 값;

변수를 선언하면 변수명으로 데이터를 저장할 수 있는 공간이 생성됩니다. 다음은 box라는 변 수에 100이라는 값을 대입한 예제입니다. 초기에는 값이 등록되지 않은 상태(undefined)입 니다. box에 100을 대입하면 다음 그림과 같이 변수에 100이 저장됩니다.

```
var box;
box = 100;
```

변수에는 값을 하나만 넣을 수 있습니다. 만약 변수 box에 값을 두 번 넣으면 어떻게 될까요? 다음과 같이 변수 box에 새로운 데이터 30이 저장되면 기존에 저장되어 있던 데이터 100은 삭제되고 새로운 데이터 30이 저장됩니다.

</> **코딩해 보세요!**　　　　　**실습 파일** var_ex1_test.html　　　**완성 파일** var_ex1_c.html

```
01:  <script>
02:    var box;
03:    box = 100;
04:    box = 30;        box에는 결국 30이 저장됩니다.
05:    document.write(box);    //30
06:  </script>
```

앞에서 작성한 문서를 저장한 후 웹 브라우저에서 확인하면 변수 box에 마지막으로 저장된 데이터 30이 출력됩니다.

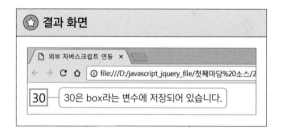

변수에 저장할 수 있는 자료형

변수에 저장할 수 있는 자료형^data type^으로는 문자형, 숫자형, 논리형 그리고 빈 데이터가 있습니다. 앞으로는 ○○형 또는 ○○형 데이터라고 하겠습니다.

문자형

문자형^{String} 데이터는 다음과 같이 문자나 숫자를 큰따옴표(" ") 또는 작은따옴표(' ')로 감쌉니다. 또한 문자형 데이터에 HTML 태그를 포함하여 출력하면 태그로 인식합니다.

```
기본형    var 변수 = "사용할 문자나 숫자";
          예
          var s = "javascript";
          var num = "100";
          var tag = "<h1> String </h1>";
```

숫자형

숫자형^{Number} 데이터는 단어 의미 그대로 숫자를 의미합니다. 만약 "100"과 같이 큰따옴표로 숫자를 감싸면 숫자가 아닌 문자형 데이터입니다. 이 데이터를 숫자형 데이터로 바꾸려면 Number("100")처럼 작성합니다.

```
기본형    var 변수 = 숫자;    또는 Number("문자형 숫자");
          예
          var s = 100;
          var t = Number("500");    // "500" -> 500
```

논리형

논리형^{Boolean} 데이터는 true(참) 또는 false(거짓)가 있으며 기본형은 다음과 같습니다. 주로 데이터를 비교할 때 나오는 결과입니다. 예를 들어 '10이 100보다 크다'는 잘못 비교한 것이므로 false라는 결과를 반환합니다.

```
기본형    var 변수 = true or false; 또는 Boolean(데이터);
          예
          var s = true;
          var t = 10 >= 100;         // false
          var k = Boolean("hello");  // true
```

Boolean( ) 메서드에 데이터를 입력하면 논리형 데이터인 true 또는 false를 반환합니다. Boolean( ) 메서드는 숫자 0과 null, undefined, 빈 문자(" ")를 제외한 모든 데이터에 true를 반환합니다. 다음과 같이 Boolean( ) 메서드에 숫자 '0'을 입력하면 false라는 값을 반환합니다. 그리고 Boolean( ) 메서드에 '홍길동'을 입력하면 true를 반환합니다.

```
var m = Boolean(0)        //false
var k = Boolean("홍길동")   //true
```

다음은 논리형의 값, 비교 연산자, Boolean( ) 메서드를 사용해 변수에 논리형 데이터를 저장한 후 문서에 출력하는 예제와 결과 화면입니다.

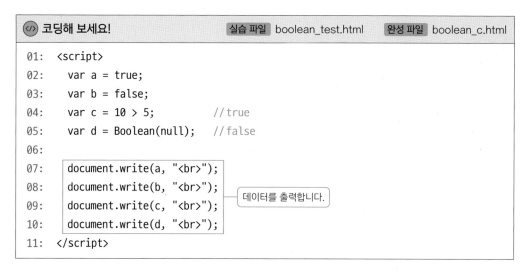

```
01:  <script>
02:    var a = true;
03:    var b = false;
04:    var c = 10 > 5;         //true
05:    var d = Boolean(null);  //false
06:
07:    document.write(a, "<br>");
08:    document.write(b, "<br>");
09:    document.write(c, "<br>");
10:    document.write(d, "<br>");
11:  </script>
```

데이터를 출력합니다.

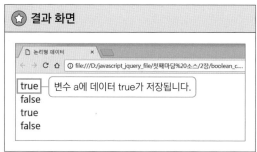

결과 화면

true 변수 a에 데이터 true가 저장됩니다.
false
true
false

빈 데이터

undefined는 다음과 같이 변수 s에 값이 등록되기 전의 기본값이고, null은 변수에 저장된 값이 null인 경우를 가리킵니다. null은 변수에 저장된 데이터를 비울 때 사용하는 값입니다.

```
기본형   var s;     //undefined
         var t = "hello";
         t = null;
```

typeof

typeof는 지정한 데이터 또는 변수에 저장된 자료형을 알고 싶을 때 사용합니다. 기본형은 다음과 같습니다.

```
기본형   typeof 변수 또는 데이터;
```

다음은 typeof를 이용하여 변수에 저장된 자료형을 알아내는 예제입니다.

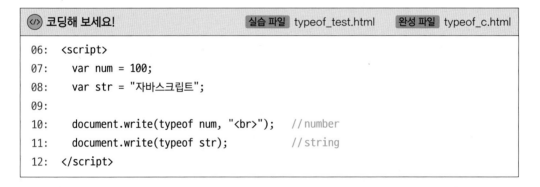

```
코딩해 보세요!              실습 파일  typeof_test.html      완성 파일  typeof_c.html
06:  <script>
07:    var num = 100;
08:    var str = "자바스크립트";
09:
10:    document.write(typeof num, "<br>");   //number
11:    document.write(typeof str);           //string
12:  </script>
```

10~11행 변수에 저장된 자료형을 출력합니다. document.write(데이터, "⟨br⟩")는 화면에 데이터를 출력하고 줄 바꿈합니다.

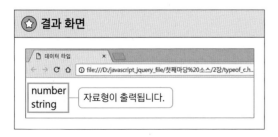

ES6에 추가된 let과 const

ES6에서는 변수에 let과 const가 추가되었습니다. 이 기능을 이용하면 변수가 유효한 범위를 지정할 수도 있고 같은 범위 안에서는 변수를 다시 선언할 수 없게 만들 수도 있습니다. 예시로 자세히 알아보겠습니다.

let

변수를 선언할 때 var 대신 let을 이용하면 변수가 사용할 수 있는 범위를 블록({ }) 내로 제한할 수 있습니다. 또한 같은 범위 내에서 변수의 재선언을 방지할 수도 있습니다.

🔍 변수가 사용할 수 있는 범위를 블록({ }) 이라고 하며 스코프라고도 합니다. 블록은 조건문(if), 반복문(for) 그리고 함수(function) 선언 등에서 사용합니다. 자세한 내용은 03 장을 참고하세요.

기본형 │ let 변수 이름 = 초깃값;

만약 var로 이름이 동일한 변수를 2번 이상 선언하면 이전에 선언한 변수는 제거되고 마지막 선언한 변수만 남습니다. 하지만 let을 사용하면 같은 범위 내에서 변수를 중복 선언하면 오류로 처리되어 오류가 발생합니다. 따라서 let을 활용하면 범위 내에서 변수를 중복 선언하는 실수를 막을 수 있습니다.

var를 이용해 동일한 변수명을 중복 선언할 경우 마지막에 선언한 값(20)만 변수(num)에 할당됩니다.

```
var num = 10;
var num = 20;    (O)
```

let을 이용해 동일한 변수명을 중복 선언하면 오류가 발생합니다.

```
let num = 10;
let num = 20;    (X)
```

다음과 같이 let을 사용해 변수를 한 번만 선언하고 값만 변경하면 변수(num)에 새로운 값 (20)이 정상으로 할당됩니다.

```
let num = 10;
num = 20;        (O)
```

const

const는 특정 범위 내에서 상수를 할당할 때 사용합니다. 즉, const로 선언한 변수는 한 번 값이 할당되면 재할당할 수 없습니다.

기본형 │ const 변수 이름 = 초깃값;

다음과 같이 const로 값이 할당된 변수는 재할당할 수 없습니다. 재할당을 시도하면 오류가 발생합니다. 또한 상수를 선언할 때 변수 이름은 주로 대문자로 표기합니다.

```
const PI = 3.14;
PI = 20;              (X)
```

다음은 var, let, const의 사용법을 보여 주는 예제입니다.

</> 코딩해 보세요!　　　　　　　　실습 파일 var_ex2_test.html　　　완성 파일 var_ex2_c.html

```
06:  <script>
07:    var num_1 = 100;
08:    var num_1 = 200;       // 중복 재선언(O)
09:    document.write(num_1,"<br>"); // 200
10:
11:    let num_2 = 10;
12:    num_2 = 20;            // 중복 재선언(X), 재할당(O)
13:    document.write(num_2,"<br>");   // 20
14:
15:    const num_3 = 50;      // 중복 재선언(X), 재할당(X)
16:    document.write(num_3,"<br>");   // 50
17:  </script>
```

07~9행 var로 선언한 변수는 같은 범위 내에서 중복 선언할 수 있으며, 마지막으로 선언한 값이 최종 할당됩니다.

11~13행 반면 let으로 선언한 변수는 같은 범위 내에서 중복 선언할 수 없으며, 값을 재할당 하면 오류가 발생합니다. 하지만 중복 선언하지 않고 값을 재할당하면 정상으로 동작합니다.

15~16행 const로 선언한 변수에는 상수가 할당되며, 값이 한 번 할당된 후에는 재할당이나 중복 선언할 수 없습니다.

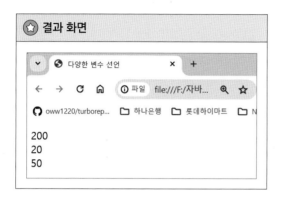

변수 선언 시 주의 사항

다음은 변수를 선언할 때 주의해야 할 사항입니다.

변수명 첫 글자는 $, _(언더바), 영문자만 올 수 있습니다.

```
var 1num = 10;     (X)
var $num = 10;     (O)
```

변수명 첫 글자 다음은 영문자, 숫자, $, _(언더바)만 포함할 수 있습니다.

```
var @num = 10;      (X)
var num100 = 10;    (O)
```

예약어(document, location, window 등)는 변수명으로 사용할 수 없습니다. 여기에서 예약어란 자바스크립트에서 미리 사용하기로 약속한 단어를 말합니다.

```
var document = 10;      (X)
var num = 10;           (O)
```

4. 변수명을 지을 때는 되도록 의미를 부여해 작성하는 것이 좋습니다.

```
var num = "hello";      (X)
var num = 10;           (O)
```

5. 변수명을 사용할 때는 대소 문자를 구분해야 합니다.

```
var num = 10;   document.write(Num)     (X)
var num = 10;   document.write(num)     (O)
```

02-3

연산자

연산자란?

초등학교 때 덧셈, 뺄셈, 곱셈, 나눗셈과 같은 연산을 해본 적이 있죠? 컴퓨터에서도 다양한 연산자로 계산 작업을 합니다. 자바스크립트 프로그래밍에서 사용하는 연산자에는 산술, 문자 결합, 대입(복합 대입), 증감, 비교, 논리, 삼항 조건 연산자가 있습니다. 예를 들어 자신의 평균 체중을 구할 때 빼고 곱하는 작업 등은 산술 연산자를 이용합니다. 그리고 이렇게 빼기, 더하기, 곱하기, 나누기, 비교 등을 하는 일련의 작업을 연산 작업이라 합니다.

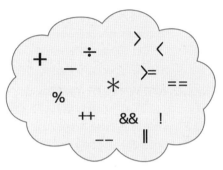

자바스크립트에서 사용하는 연산자의 종류

그러면 다양한 연산자를 하나하나 자세히 알아보겠습니다.

산술 연산자

산술 연산자에는 산수 시간에 배운 더하기(+), 빼기(-), 곱하기(*), 나누기(/), 나머지(%)가 있습니다. 산술 연산자로 연산을 하려면 연산 대상 데이터가 반드시 2개 있어야 합니다. 다음은 산술 연산자의 종류와 기본형을 정리한 표입니다.

산술 연산자의 종류와 기본형

종류	기본형	설명
+	A + B	더하기
-	A - B	빼기
*	A * B	곱하기
/	A / B	나누기
%	A % B	나머지

다음 예제에서 더하기, 빼기, 곱하기, 나누기, 나머지 연산자를 어떻게 사용하는지 확인해 보세요.

```
06:  <script>
07:    var num1 = 15;
08:    var num2 = 2;
09:    var result;
10:    result = num1 + num2;
11:    document.write(result, "<br>");    //17
12:    result = num1 - num2;
13:    document.write(result, "<br>");    //13
14:    result = num1 * num2;
15:    document.write(result, "<br>");    //30
16:    result = num1 / num2;
17:    document.write(result, "<br>");    //7.5
18:    result = num1 % num2;
19:    document.write(result, "<br>");    //1
20:  </script>
```

결과 화면

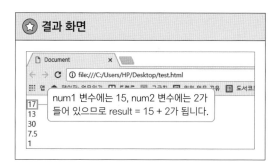

문자 결합 연산자

문자 결합 연산자는 피연산자(연산 대상 데이터)가 문자형 데이터입니다. 여러 문자를 하나의 문자형 데이터로 결합할 때 사용합니다.

다음과 같이 더하기에 피연산자로 문자형 데이터가 한 개라도 포함되어 있으면 다른 피연산자의 데이터는 자동으로 문자형 데이터로 형 변환되고 문자 결합이 이루어져 하나의 문자형 데이터를 반환합니다.

다음은 t1, t2, t3, t4라는 변수에 문자와 숫자 데이터를 각각 넣고 하나의 문자 데이터로 결합하는 예제입니다.

</> 코딩해 보세요! 실습 파일 string_plus_test.html 완성 파일 string_plus_c.html

```
06:  <script>
07:    var t1 = "학교종이";
08:    var t2 = " 땡땡땡 ";
09:    var t3 = 8282;
10:    var t4 = " 어서 모이자";
11:    var result;
12:
13:    result = t1 + t2 + t3 + t4;
14:    document.write(result);    // "학교종이 땡땡땡 8282 어서 모이자" 출력
15:  </script>
```

⭐ 결과 화면

학교종이 땡땡땡 8282 어서 모이자 ── 숫자형과 문자형이 섞이면 문자형 데이터로 저장됩니다.

문자를 쉽게 병합해 주는 템플릿 문자열

템플릿 문자열template string은 ES6에 포함된 기능으로, 문자열에 포함된 변수나 수식을 간편하게 병합하여 하나의 문자열로 만들어 줍니다. 기본 사용법은 병합할 문자열의 앞뒤로 백틱 (⁓)을 넣고 백틱 내에 선언한 변수나 수식은 ${…} 키워드로 감쌉니다.

🔍 백틱은 주로 키보드 왼쪽 위 숫자 키의 가장 왼쪽에 있습니다.

문자열과 변수의 병합 예시는 다음과 같습니다. 변수(str)에는 '저는 홍길동입니다.'가 병합되어 문자열로 할당됩니다.

```javascript
let user = "홍길동";
let str = `저는 ${user}입니다.`;
```

문자열과 수식의 병합 예시는 다음과 같습니다. 변수(sum)에는 문자열과 계산된 수식이 병합되어 '10 + 20 = 30'이라는 문자열이 할당됩니다.

```javascript
let sum = `10 + 20 = ${10 + 20}`
```

다음 실습에서 템플릿 문자열의 사용 방법을 알아보겠습니다.

</> 코딩해 보세요!　　　　　**실습 파일** string_plus_test.html　　　**완성 파일** string_plus_c.html

```javascript
06:  <script>
07:  const year = 2002
08:  const country = "대한민국"
09:  const eventName = "월드컵"
10:  const str_1 = `${year}년 ${country} ${eventName} 개최<br><br>`
11:
12:  document.write(str_1);
13:
14:  const age = 10;
15:  const afterYear = 10;
16:
17:  const str_2 = `현재 나이는 ${age}살이지만<br>
18:  ${afterYear}년 후에는 ${age + afterYear}살이 됩니다.`
19:
20:  document.write(str_2);
21:  </script>
```

10행 '문자열'처럼 백틱 사이에 단순 문자열을 넣으면 해당 문자열로 인식되지만, '${변수}' 형태로 사용하면 블록 내부의 코드가 먼저 실행되어 변숫값을 먼저 불러오고 문자열로 치환됩니다. 문자열에 포함된 〈br〉 태그는 HTML에서 2줄 줄 바꿈으로 적용됩니다.

17행 백틱 사이의 ${…} 코드가 먼저 계산되고 문자열로 치환됩니다. 따라서 '… 후에는 ${age + afterYear}살이 됩니다.'에서 ({…}) 사이의 수식을 먼저 계산한 후 문자열로 변환되어 '… 후에는 20살이 됩니다.'라는 결과를 출력합니다.

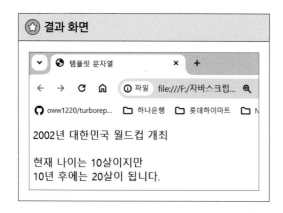

대입 연산자

대입 연산자(=)는 연산된 데이터를 변수에 저장할 때 사용합니다. 복합 대입 연산자(+=, -=, *=, /=, %=)는 산술 연산자와 대입 연산자를 함께 적용하는 것을 말합니다. 오른쪽에 대입 연산자의 종류를 나타내었습니다.

대입 연산자의 종류

종 류	풀 이
A = B	A = B
A += B	A = A + B
A *= B	A = A * B
A /= B	A = A / B
A %= B	A = A % B

다음 예제를 보며 대입 연산자를 알아보겠습니다.

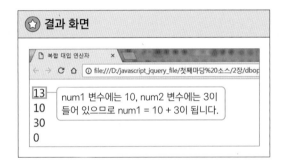

코딩해 보세요!   실습 파일 dboperator_test.html   완성 파일 dboperator_c.html

```
06:  <script>
07:    var num1 = 10;
08:    var num2 = 3;
09:
10:    num1 += num2;   //num1 = num1(10) + num2(3);
11:    document.write(num1, "<br>"); //13
12:
13:    num1 -= num2;   //num1 = num1(13) - num2(3);
14:    document.write(num1, "<br>"); //10
15:
16:    num1 *= num2;   //num1 = num1(10) * num2(3);
17:    document.write(num1, "<br>"); //30
18:
19:    num1 %= num2;   //num1 = num1(30) % num2(3);
20:    document.write(num1, "<br>"); //0
21:  </script>
```

웹 브라우저에서 위의 소스를 실행하면 오른쪽과 같은 결과 화면이 나타납니다.

☆ 결과 화면

복합 대입 연산자

← C ⓒ ⓘ file:///D:/javascript_jquery_file/첫째마당%20소스/2장/dbop

13 ─ num1 변수에는 10, num2 변수에는 3이
10   들어 있으므로 num1 = 10 + 3이 됩니다.
30
0

다음은 여러 개의 문자형 데이터로 저장된 HTML 태그를 복합 대입 연산자를 이용하여 하나의 문자로 결합한 다음, document.write(str);을 이용하여 화면에 출력하는 예제입니다.

코딩해 보세요!   실습 파일 texttable_test.html   완성 파일 texttable_c.html

```
06:  <script>
07:    var str = "<table border='1'>";
08:    str += "<tr>";
09:    str += "<td>1</td><td>2</td><td>3</td>";
10:    str += "</tr>";
11:    str += "</table>";
12:    document.write(str);
13:  </script>
```

08~11행 여러 개의 문자형 데이터가 하나의 문자로 결합되어 변수 str에 저장됩니다. 즉, 한 개의 문자형 데이터로 결합됩니다.

12행 str을 출력하면 문자가 아닌 태그로 인식되어 표가 출력됩니다.

```javascript
var str = "문자1";
str += "문자2";
str += "문자3";
// "문자1문자2문자3";
```

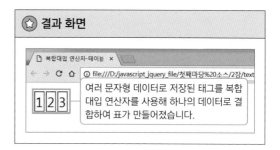

☆ **결과 화면**

여러 문자형 데이터로 저장된 태그를 복합 대입 연산자를 사용해 하나의 데이터로 결합하여 표가 만들어졌습니다.

증감 연산자

증감 연산자에는 숫자형 데이터를 1씩 증가시키는 증가 연산자(++)와 반대로 1씩 감소시키는 감소 연산자(--)가 있습니다. 증감 연산자는 앞에서 배운 연산자와 달리 피연산자가 1개만 필요한 단항 연산자입니다. 증감 연산자는 변수의 앞뒤 어느 위치에 오는가에 따라 결괏값이 달라집니다.

기본형	❶ 변수의 값을 1만큼 감소시킵니다. 변수--; 또는 --변수; ❷ 변수의 값을 1만큼 증가시킵니다. 변수++; 또는 ++변수;

❶ 먼저 ⓐ(B의 값을 1만큼 증가)가 실행되고, 이어서 ⓑ(증가된 B의 값을 A에 대입)가 실행됩니다.

```
        ⓑ
    ┌──────┐ⓐ
var A = ++B
```

❷ 먼저 ⓐ(B의 값을 A에 대입)가 실행되고, 이어서 ⓑ(B의 값을 1만큼 증가)가 실행됩니다.

```
    ⓐ    ⓑ
var A = B++;
```

다음은 증감 연산자를 사용해 변수에 저장된 숫자를 증가시키거나 감소시켜 문서에 출력하는 예제입니다.

```
06:  <script>
07:    var num1 = 10;
08:    var num2 = 20;
09:    var result;
10:
11:    num1--;              //9
12:    document.write(num1, "<br>");
13:
14:    num1++;              //10
15:    document.write(num1, "<br>");
16:
17:    result = num2++;   //result: 20, num2: 21
18:    document.write(result, "<br>");
19:
20:    result = ++num2;   //result: 22, num2: 22
21:    document.write(result, "<br>");
22:  </script>
```

11행 변수 num1(10)의 값이 1만큼 감소되어 num1에 9가 저장됩니다.

17행 먼저 변수 num2(20)의 값이 변수 result에 저장되고, num2의 값이 1만큼 증가되어 num2에 21이 저장됩니다.

20행 먼저 변수 num2(21)의 값이 1만큼 증가되어 num2에 22가 저장되고, num2의 값이 변수 result에 저장됩니다.

결과 화면

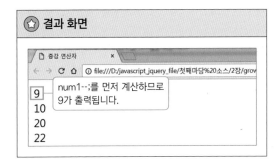

비교 연산자

두 데이터를 '크다, 작다, 같다'와 같이 비교할 때 사용하는 연산자입니다. 연산된 결괏값은 true(참) 또는 false(거짓)로 논리형 데이터를 반환합니다. 다음은 비교 연산자의 종류입니다.

비교 연산자의 종류

종류	설명	비고
A > B	A가 B보다 크다.	
A < B	A가 B보다 작다.	
A >= B	A가 B보다 크거나 같다.	
A <= B	A가 B보다 작거나 같다.	
A == B	A와 B는 같다.	숫자를 비교할 경우 자료형은 숫자형이든 문자형이든 상관하지 않고 표기된 숫자만 일치하면 true를 반환합니다. 예를 들어 숫자형 10과 문자형 "10"은 같은 것으로 인식되어 true를 반환합니다.
A != B	A와 B는 다르다.	숫자를 비교할 경우 자료형은 숫자형이든 문자형이든 상관하지 않고 표기된 숫자만 다르면 true를 반환합니다. 예를 들어 숫자형 10과 문자형 "10"은 같은 것으로 인식되어 A!=B에 false를 반환합니다.
A === B	A와 B는 같다.	숫자를 비교할 경우 반드시 표기된 숫자와 자료형도 일치해야만 true를 반환합니다. 10과 "10"을 비교했을 경우 표기된 숫자는 같지만 하나는 숫자형 10이고 하나는 문자형 "10"이므로 false를 반환합니다.
A !== B	A와 B는 다르다.	숫자를 비교할 경우 반드시 표기된 숫자 또는 자료형이 일치하지 않을 때 true를 반환합니다. 예를 들어 10과 "10"을 비교했을 경우 표기된 숫자는 같지만 하나는 숫자형 10이고 하나는 문자형 "10"이므로 이때는 true를 반환합니다.

비교 연산자 ==와 !=는 피연산자의 자료형이 비교 연산자의 실행 결과에 영향을 미치지 않습니다. 다음 예제의 경우 변수 k에는 숫자형 데이터 10이 저장되었고, 변수 m에는 문자형 데이터 "10"이 저장되었습니다. 그리고 두 변수 모두 숫자형 데이터 10과 같은지 비교했고 결과는 둘 다 true를 반환합니다.

```javascript
var k=10, m="10";
k == 10    //true
m == 10    //true
```

하지만 비교 연산자 가운데 ===과 !==는 피연산자 자료형에 따라 결괏값이 달라집니다.

다음 예제의 경우 변수 k에는 숫자형 데이터 10이 저장되었고, k===10은 숫자형 데이터로 둘 다 일치하기 때문에 true를 반환합니다. 하지만 변수 m에는 문자형 데이터 "10"이 저장되었습니다. 문자형 데이터 "10"과 숫자형 데이터 10은 자료형이 다르므로 m===10은 false를 반환합니다.

```
var k=10, m="10";
k === 10    //true
m === 10    //false
```

다음 예제로 비교 연산자를 더 살펴보겠습니다. a, b, c, f라는 변수에 값을 각각 지정하고 앞에서 배운 비교 연산자를 이용해 결괏값을 반환합니다.

코딩해 보세요!　　실습 파일 part2-5-5-test.html　　완성 파일 part2-5-5.html

```
06:  <script>
07:    var a = 10;
08:    var b = 20;
09:    var c = 10;
10:    var f = "20";
11:    var result;
12:
13:    result = a > b;     //false
14:    document.write(result, "<br>");
15:    result = a < b;     //true
16:    document.write(result, "<br>");
17:    result = a <= b;    //true
18:    document.write(result, "<br>");
19:    result = b == f;    //true
20:    document.write(result, "<br>");
21:    result = a != b;    //true
22:    document.write(result, "<br>");
23:    result = b === f;   //false
24:    document.write(result, "<br>");
25:  </script>
```

13행 a(10) 〉 b(20)은 false가 반환됩니다.

19행 b(20) == f("20")은 자료형과 상관없이 숫자만 비교하여 true가 반환됩니다.

21행 a(10) != b(20)은 데이터가 다르므로 true가 반환됩니다.

23행 b(20) == f("20")은 숫자는 같지만 자료형이 다르므로 false가 반환됩니다.

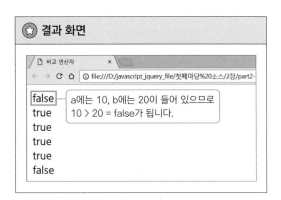

논리 연산자

논리 연산자에는 ||(or), &&(and), !(not)이 있으며, 논리 연산자는 피연산자가 논리형 데이 터인 true 또는 false로 결괏값을 반환합니다. ||(or) 연산자는 피연산자 중에서 하나만 true 이면 true라는 결괏값을 반환합니다. 하지만 &&(and) 연산자는 피연산자 중에서 하나만 false이면 false라는 결괏값을 반환합니다. !(not)은 논리 부정 연산자로, 피연산자가 true이 면 false라는 반대의 결괏값을 반환합니다.

논리 연산자의 종류를 정리하면 다음과 같습니다.

논리 연산자의 종류

종류	설명
||	or 연산자라 하며, 피연산자 중에서 값이 하나라도 true가 존재하면 true로 결괏값을 반환합니다.
&&	and 연산자라 하며, 피연산자 중에서 값이 하나라도 false가 존재하면 false로 결괏값을 반환합니다.
!	not 연산자라 하며, 단항 연산자입니다. 피연산자의 값이 true이면 반대로 false로 결괏값을 반환합니다.

연산자 우선순위

일반적인 산수를 연산할 때처럼 연산자에도 우선순위가 있습니다. 예를 들어 '2+(1*3)=5'를 계산한 결과가 '9'라고 대답한다면 우선순위를 고려하지 않은 것이겠죠?

지금까지 배운 연산자들의 우선순위는 다음과 같습니다.

> **1.** ( )
> **2.** 단항 연산자(--, ++, !)
> **3.** 산술 연산자(*, /, %, +, -)
> **4.** 비교 연산자(>, >=, <, <=, ==, ===, !==, !=)
> **5.** 논리 연산자(&&, ¦¦)
> **6.** 대입(복합 대입) 연산자(=, +=, -=, *=, /=, %=)

예를 들어 이러한 우선순위를 고려하여 ++A * B <= C라는 코드를 실행한다면 먼저 변수 A에 데이터 1을 증가시키고 B를 곱한 다음, 마지막으로 곱한 값을 C와 비교한 후 최종 결괏값을 반환합니다.

다음은 비교 연산자와 논리 연산자를 적용한 예제입니다. 코드 한 줄에 비교 연산자와 논리 연산자가 함께 포함되어 있다면 연산자 우선순위에 따라 비교 연산을 먼저 실행하고, 그다음 논리 연산자가 실행됩니다.

> **</>** **코딩해 보세요!** 실습 파일 prior_test.html 완성 파일 prior_c.html

```
06:   <script>
07:     var a = 10;
08:     var b = 20;
09:     var m = 30;
10:     var n = 40;
11:
12:     var result;
13:     result = a > b ¦¦ b >= m ¦¦ m > n;    //false ¦¦ false ¦¦ false
14:     document.write(result, "<br>");       //false
15:
16:     result = a > b ¦¦ b >= m ¦¦ m <= n;   //false ¦¦ false ¦¦ true
17:     document.write(result, "<br>");       //true
18:
19:     result = a <= b && b >= m && m <= n;  //true && false && true
20:     document.write(result, "<br>");       //false
21:
```

```
22:        result = a <= b && b <= m && m <= n;      // true && true && true
23:        document.write(result, "<br>");            // true
24:
25:        result = !(a > b);                         // !false를 계산
26:        document.write(result, "<br>");            // true
27:    </script>
```

13, 16행 ‖ 연산자는 피연산자 중에서 true가 한 개라도 포함되어 있으면 true를 반환합니다.

19, 22행 && 연산자는 피연산자 중에서 false가 한 개라도 포함되어 있으면 false를 반환합니다.

25행 ! 연산자는 피연산자가 false이면 true를 반환합니다.

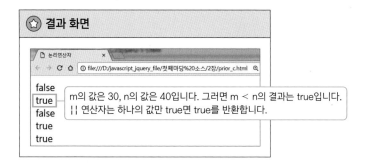

삼항 조건 연산자

삼항 조건 연산자는 조건식(true 또는 false의 결괏값을 반환)의 결과에 따라 실행 결과가 달라지는 삼항 연산자로, 연산을 위해 피연산자가 3개 필요합니다.

삼항 조건 연산자는 연산한 결과 조건식의 만족 여부에 따라 실행하는 코드를 다르게 실행하고자 할 때 사용합니다. 예를 들어 방문자가 입력한 나잇값이 20세 이상이면 '성인'이라 출력하고, 미만이면 '미성년자'라고 출력하도록 할 때 사용할 수 있습니다.

기본형 | 조건식 ? 자바스크립트 코드 1 : 자바스크립트 코드 2;

```
06:    <script>
07:      var a = 10;
08:      var b = 3;
09:
10:      var result = a > b ? "javascript" : "hello";
11:      document.write(result);    //javascript
12:    </script>
```

10행 a(10) > b(3)은 true이므로 'javascript'가 result에 저장됩니다.

결과 화면

□ 삼항 조건 연산자　　×

← → C ↻ ⌂ ⓘ file:///D:/javascript_jquery_file/첫째마당%20소스/2장/three_con...

javascript

총정리 실습 | 적정 체중을 구하는 테스트기 만들기

다음 적정 체중 구하기 테스트는 앞에서 배운 문법을 사용하여 만든 예제입니다. 물론 당장 완벽하게 하나하나 만들기는 어렵겠지만 자바스크립트 기본 문법을 배우고 나면 여러분 스스로 만들 수 있을 것입니다.

우선 시작하기 전에 적정 체중 구하기 테스트 예제의 작동 원리를 간단히 살펴보겠습니다. 예를 들어 철수의 신장이 180cm이고 체중이 74kg이라고 했을 때 체중 상태를 알아보겠습니다.

다음은 적정 체중 계산법입니다.

적정 체중 = (신장 - 100) × 0.9

철수의 적정 체중을 계산하면 다음과 같은 결과가 나옵니다.

신장: 180(cm)
체중: 74(kg)
적정 체중: (180 - 100) × 0.9 = 72(kg)
결과: 적정 체중은 72kg이며, 현재 적정 체중에서 2kg 초과한 것을 알 수 있습니다.

적정 체중 구하기

앞에서 배운 연산자를 사용하여 철수의 적정 체중이 웹페이지에 나타나도록 만들어 보겠습니다. 앞에서 제시한 공식에 입력한 신장과 체중은 사용자에 따라 값이 변하므로 변수에 저장해야 합니다.

1. 실습 파일 weight_step1_test.html을 열어 문서를 작성해 보겠습니다. 신장과 체중은 추후 바뀔 수 있으므로 다음과 같이 변수에 저장합니다. 철수의 신장이 바뀌면 적정 체중도 바뀌겠죠. 그러니 적정 체중도 변수에 저장합니다.

⟨/⟩ 코딩해 보세요!　　　　　**실습 파일** weight_step1_test.html　　　**완성 파일** weight_step1_c.html

```
06:  <script>
07:    var userHeight = 180;    //신장
08:    var userWeight = 74;     //체중
09:
10:    //적정 체중 = (신장 - 100) × 0.9
11:    var normal_w = (userHeight - 100) * 0.9;
12:    document.write(normal_w);
13:  </script>
```

07~08행 각각의 변수에 평균 체중값을 구하는 데 필요한 신장과 체중의 값을 저장합니다.
11행 적정 체중 공식을 이용하여 적정 체중값을 구하고, 변수 normal_w에 저장합니다.

2. 작성한 문서를 저장한 후 웹 브라우저에서 확인해 보겠습니다. 변수와 산술 연산자를 사용해서 만든 문서입니다. 철수의 신장과 체중을 계산하여 적정 체중인 72가 결과 화면에 나타난 것을 확인할 수 있습니다.

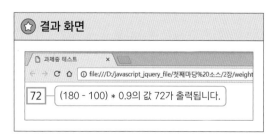

⭐ 결과 화면

72 ── (180 - 100) * 0.9의 값 72가 출력됩니다.

적정 체중 구하는 코드 작성하기

앞에서 살펴본 적정 체중 구하기 예제에서 산술 연산자를 사용했던 것을 기억하나요? 이제 적정 체중값을 단순히 웹페이지에 보여 주기만 하는 것이 아니라 웹페이지를 방문한 사용자가 질의응답 창에 자신의 신장값을 입력하면 적정 체중을 구해 주는 코드를 작성하겠습니다. 사용자에게 질문을 던져 응답을 받아올 수 있는 질의응답 창에서는 prompt( ) 메서드를 사용합니다.

prompt( ) 메서드의 기본 사용법은 다음과 같습니다. 사용자가 입력한 값은 문자형 데이터로 반환합니다.

기본형	`prompt("질문","기본 응답");`

🔍 prompt( ) 메서드를 자세히 알고 싶다면 '04-3절 브라우저 객체 모델'을 참고하세요.

1. 실습 파일 weight_input_test.html을 열어 질의응답 창을 이용해 사용자의 이름, 신장, 체중을 입력받은 후 적정 체중을 구합니다. 적정 체중 오차는 ±5이며 사용자가 입력한 체중이 적정 체중일 경우에는 'OOO 님은 적정 체중입니다.'를, 아닐 경우에는 'OOO 님은 적정 체중이 아닙니다.'를 화면에 출력합니다.

</> 코딩해 보세요!　　　　　**실습 파일** weight_input_test.html　　　**완성 파일** weight_input_c.html

```
06:   <script>
07:     var name = prompt("당신의 이름은?", "");        // 이름 입력
08:     var height = prompt("당신의 신장은?", "0");      // 신장 입력
09:     var weight = prompt("당신의 체중은?", "0");      // 체중 입력
10:
11:     var normal_w = (height - 100) * 0.9;            // 적정 체중
12:     var result = weight >= normal_w - 5 && weight <= normal_w + 5;   // 오차 범위 ±5
13:     result = result ? "적정 체중입니다." : "적정 체중이 아닙니다.";
14:     document.write(name +"님은 "+ result);
15:   </script>
```

07~09행 적정 체중 테스트를 위해 사용자의 이름, 신장, 체중을 입력받습니다.

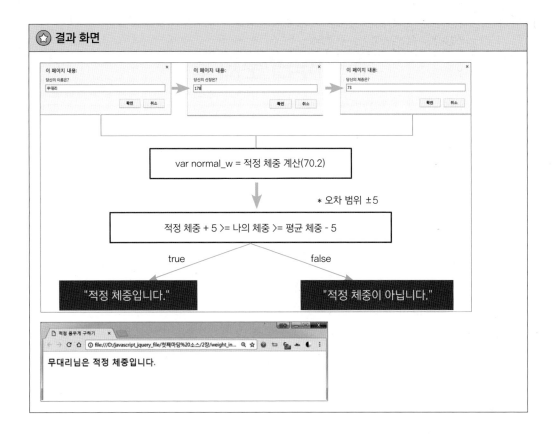

☆ 마무리 문제 ☆

Q1
★★★

진영이의 하루 지출 내역이 다음과 같을 때, 하루 지출 비용의 합계를 구한 후 적정 지출 비용의 초과 여부를 출력하세요.

> 진영이의 하루 지출 내역은 교통비 3,000원, 식비 6,000원, 음료비 3,000원입니다. 삼항 조건 연산자를 사용하여 하루 적정 지출 비용인 1만 원을 초과했을 경우에는 "000원 초과"라고 출력하고, 아닐 경우에는 "돈 관리 잘 했어요!"라고 출력하세요.

실습 파일 test_1_1_test.html

```
06:  <script>
07:    var price1 = 3000;
08:    var price2 = 6000;
09:    var price3 = 3000;
10:
11:
12:
13:
14:  </script>
```

Q2
★★★★

연산자를 이용하여 평균 판매량을 구하고, 4분기 판매량을 입력하여 평균 판매량의 이상/미달 값을 출력하세요.

실습 파일 test_1_2_test.html

> 질의응답 창을 이용하여 4분기 판매량을 입력하고, 전 분기 평균 판매량보다 높거나 같을 경우에는 '판매량이 평균 이상입니다.'라고 출력하고, 낮을 경우에는 '판매량이 평균 미달입니다.'라고 출력하세요.

분기별 판매량

구분	판매량
1분기	1,200
2분기	1,300
3분기	1,000
4분기	

완성 파일 Q1. test_1_1.html, Q2. test_1_2.html

03 | 제어문

앞에서 자바스크립트로 작성한 코드를 실행하여 간단한 실습을 진행해 보았습니다. 하지만 작성한 코드가 어떤 조건에는 실행되고, 어떤 조건에는 실행되지 않도록 제어할 수는 없었습니다. 또 한 줄 코드를 여러 번 반복하여 실행되도록 제어할 수도 없었습니다. 이 장에서는 이런 코드를 제어하는 기능을 살펴보겠습니다.

제어문 알아보기

제어문은 프로그램의 흐름을 제어할 수 있도록 도와주는 문장을 말합니다. 제어문에는 조건을 만족하는지의 여부에 따라 코드를 제어할 수 있는 조건문과 변수에 일치하는 경우의 값에 따라 코드를 제어할 수 있는 선택문 그리고 특정 코드를 여러 번 반복해서 실행할 수 있도록 하는 반복문이 있습니다.

조건문에는 if 문, else 문, else if 문이 있고 선택문에는 switch 문이 있습니다. 그리고 반복문에는 while 문과 for 문이 있습니다. 제어문의 종류를 그림으로 간단히 정리하면 다음과 같습니다.

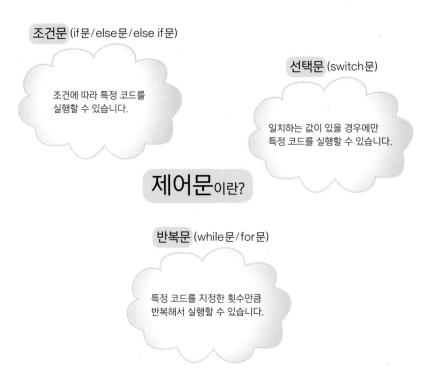

조건문 (if문/else문/else if문)

조건에 따라 특정 코드를 실행할 수 있습니다.

선택문 (switch문)

일치하는 값이 있을 경우에만 특정 코드를 실행할 수 있습니다.

제어문이란?

반복문 (while문/for문)

특정 코드를 지정한 횟수만큼 반복해서 실행할 수 있습니다.

조건문

조건문은 조건식의 값이 참^{true}인지, 거짓^{false}인지에 따라 자바스크립트 코드를 제어합니다. 예를 들어 사용자가 질의응답 창에 좋아하는 숫자를 입력합니다. 이때 입력된 값을 2로 나누어 나머지 값이 0이면 '당신이 좋아하는 숫자는 짝수입니다.'라고 출력하고, 아니면 '당신이 좋아하는 숫자는 홀수입니다.'라고 출력한다고 합시다. 이렇게 수를 나눈 나머지 값에 따라 다른 결과를 출력하게 하려면 조건문을 사용해야 합니다. 조건문의 종류에는 if 문, else 문 그리고 else if 문이 있습니다.

if 문

if 문은 조건식을 만족(true)할 경우에만 코드를 실행합니다. 다음은 if 문의 기본형입니다. 조건식은 앞에서 배운 Boolean( ) 내장 메서드와 마찬가지로 어떤 데이터를 입력해도 true 또는 false를 반환합니다. 이 내용은 적용 예제를 보며 자세히 살펴보겠습니다.

| 기본형 | ```
if(조건식) {
    자바스크립트 코드;
}
``` |
|---|---|

다음처럼 num 〈 500의 비교 결과는 10 〈 500이므로 true를 반환합니다. 조건문 내의 코드를 실행하면 'hello'가 출력되겠죠.

```
var num = 10;
if(num < 500) {    //true를 반환
    document.write("hello");
}
```
```

오른쪽처럼 조건식에 있는 0은 Boolean( ) 메서드에 0을 입력했을 때와 결과가 같습니다. 그 결과 false를 반환하여 조건문의 코드를 실행하지 않습니다.

```
if(0) {    //false를 반환
  document.write("hello");
}
```

그럼 예제를 통해 if 문을 살펴보겠습니다. 다음 예제는 사용자가 입력한 걸음 수를 조건문으로 만들고, 걸음 수가 10,000보 이상일 경우에만 결과를 출력하도록 작성했습니다.

</> 코딩해 보세요! 실습 파일 if_1_test.html 완성 파일 if_1.html

```
06:  <script>
07:    var walkAmount = prompt("당신의 하루 걷는 양은 몇 보인가요?", "0");
08:
09:    if(walkAmount >= 10000) {
10:      document.write("매우 좋은 습관을 지니고 계시는군요!!", "<br>");
11:    }
12:    document.write("=========== The End ===========");
13:  </script>
```

09~11행 if(walkAmount >= 10000) { … }는 질의응답 창에 10,000 이상 입력했을 경우에 중괄호({ … })의 코드를 실행합니다.

다음 결과 화면처럼 입력한 값이 10,000보 이상일 경우에는 조건식에 true를 반환하여 중괄호({…})의 코드를 실행하지만 10,000보 미만일 경우에는 '=========== The End ==========='만 화면에 출력합니다.

⭐ 결과 화면

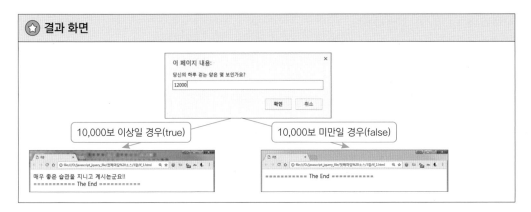

앞에서 배운 조건문 if 문과 질의응답 창을 이용한 예제를 하나 더 살펴보겠습니다. 질의응답 창에 '당신의 하루 통화량은 몇 분인가요?'라고 출력하고, 사용자가 입력한 값이 60분 이상이면 '많이 사용하는 편이네요.'라고 출력해 보겠습니다.

```
06:  <script>
07:    var min = prompt("당신의 하루 통화량은 몇 분인가요?", "0");
08:    if(min >= 60) { document.write("많이 사용하는 편이네요.", "<br>"); }
09:    document.write("===== The End ====");
10:  </script>
```

08행 if(min >= 60) { … }는 질의응답 창에 60 이상의 값을 입력하면 중괄호({…})의 코드를 실행합니다.

위 문서를 저장하고 웹 브라우저에서 열면 다음과 같은 결과 화면이 나타납니다. 질의응답 창에 '120'을 입력하고 [확인] 버튼을 눌러 보세요. 60분 이상의 값을 입력했으므로 결과 화면에 '많이 사용하는 편이네요.'라고 출력됩니다. 만약 60 이하의 값을 입력하면 조건에 맞지 않아서 '===== The End ===='만 출력됩니다.

★ **결과 화면**

조건식에 논리형 데이터가 아닌 다른 형이 오는 경우

조건식에 논리형 데이터(true, false)가 아닌 다른 형의 데이터를 입력해도 true 또는 false로 인식합니다. 다음은 조건식에 논리형 데이터가 아닌 다른 형의 데이터를 입력했을 때 반환되는 결과입니다.

다음 값을 조건식에 입력하면 false를 반환하고 그 밖의 값은 true로 인식합니다.

```
0, null, ""(빈 문자), undefined
```

true를 반환하는 경우

```javascript
var num = 3;
if(num) {    //3은 true
    document.write(num);
}
```

false를 반환하는 경우

```javascript
var num = 0;
if(num) {    //0은 false
    document.write(num);
}
```

다음 예제에서 사용자가 질의응답 창에 이름을 입력하지 않으면 기본 응답값인 빈 문자("")가 변수에 저장되어 조건식에 거짓(false)값이 반환되고 그 결과 문장이 출력되지 않습니다.

</> 코딩해 보세요!　　　　　　　　실습 파일 if_3_test.html　　완성 파일 if_3.html

```javascript
06:  <script>
07:    var userName = prompt("방문자의 이름은?", "");
08:
09:    if(userName) {
10:      document.write(userName+"님 반갑습니다! 방문을 환영합니다.");
11:    }
12:  </script>
```

> userName에 이름을 저장하면 중괄호의 코드가 실행됩니다.

09~11행 질의응답 창에 이름을 입력하면 중괄호({···})의 코드를 실행합니다.

다음은 이름을 입력했을 때와 빈 문자("")를 입력했을 때의 차이점을 비교한 결과 화면입니다.

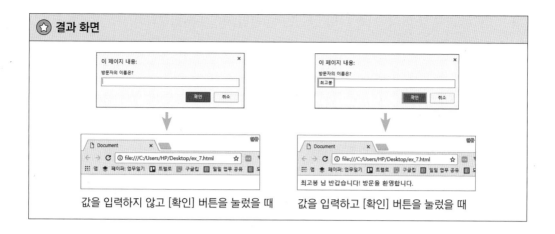

값을 입력하지 않고 [확인] 버튼을 눌렀을 때   값을 입력하고 [확인] 버튼을 눌렀을 때

else 문

else 문은 조건식을 만족할(true) 경우와 만족하지 않을(false) 경우에 따라 실행되는 코드가 달라집니다. 즉, 2가지 결과가 나올 수 있습니다.

다음은 조건식의 만족 여부에 따라 실행되는 코드가 달라지는 else 문의 기본형입니다.

기본형
```
if(조건식) {
    자바스크립트 코드1;
} else {
    자바스크립트 코드2;
}
```

다음 예제를 통해 else 문을 알아보겠습니다. 사용자가 질의응답 창에 좋아하는 숫자를 입력하고 else 문을 사용하여 입력한 값이 짝수인지, 홀수인지에 따라 출력되는 결과가 다르게 나타나도록 했습니다.

⟨/⟩ 코딩해 보세요!

실습 파일 else_1_test.html   완성 파일 else_1.html

```
06:  <script>
07:    var num = prompt("당신이 좋아하는 숫자는?", "0");
08:
09:    if(num % 2 == 0) {      // 짝수일 경우에 실행
10:      document.write("당신이 좋아하는 숫자는 짝수입니다.");  ─ 코드 1
11:    } else {                // 홀수일 경우에 실행
12:      document.write("당신이 좋아하는 숫자는 홀수입니다.");  ─ 코드 2
13:    }
14:  </script>
```

09~13행 num의 값을 2로 나눈 나머지의 값이 0이면 코드 1을 실행하고, 0이 아니면 코드 2를 실행합니다.

다음은 질의응답 창에 홀수(7)를 입력했을 때의 결과 화면입니다. 앞의 예제에서 else 문으로 사용자가 입력한 값이 홀수일 경우에는 else 문의 중괄호{…}에 있는 코드를 실행하여 '당신이 좋아하는 숫자는 홀수입니다.'라고 출력합니다.

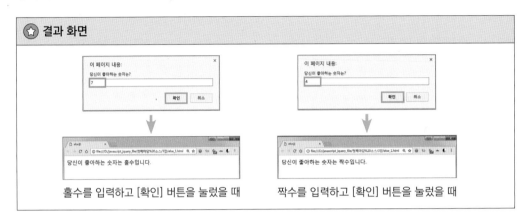

else 조건문을 더 알아보겠습니다. 웹사이트에서 회원 가입과 탈퇴를 하지요? 이번에는 confirm 객체를 사용하여 웹페이지에 회원 탈퇴 여부를 묻는 확인/취소 창이 나타나게 하고, else 조건문으로 사용자가 [확인] 버튼을 눌렀을 때와 [취소] 버튼을 눌렀을 때 결과 화면이 다르게 나타나도록 할 것입니다.

예제를 살펴보기 전에 확인/취소 창의 기본 사용법을 먼저 알아보겠습니다. 확인/취소 창은 confirm( ) 메서드를 사용합니다. 다음과 같이 confirm( ) 메서드로 생성된 창에서 [확인] 버튼을 누르면 true를 반환하고, [취소] 버튼을 누르면 false 를 반환합니다.

🔍 confirm( ) 메서드는 '04-3절 브라우저 객체 모델'에서 자세히 설명합니다.

기본형 | `confirm("message");`

다음은 confirm( ) 메서드를 사용해 회원 탈퇴 여부를 묻는 확인/취소 창을 만드는 예제입니다.

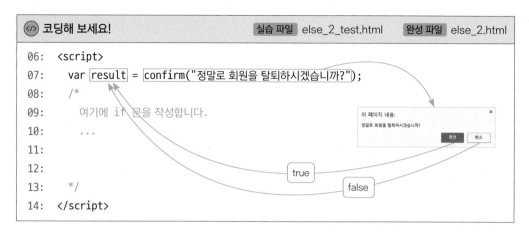

```
06:  <script>
07:    var result = confirm("정말로 회원을 탈퇴하시겠습니까?");
08:    /*
09:    여기에 if 문을 작성합니다.
10:    ...
11:
12:
13:    */
14:  </script>
```

다음은 사용자가 탈퇴 여부를 묻는 메시지 창에서 [확인] 버튼과 [취소] 버튼을 누를 경우 결과
가 각각 다르게 나오도록 하는 코드를 작성한 예제입니다.

코딩해 보세요!   실습 파일 else_2_test.html   완성 파일 else_2.html

```
06:  <script>
07:    var result = confirm("정말로 회원을 탈퇴하시겠습니까?");
08:
09:    if (result) {
10:      document.write("탈퇴 처리되었습니다!");
11:    } else {
12:      document.write("탈퇴 취소되었습니다!");
13:    }
14:  </script>
```

07행   confirm( ) 메서드는 [확인] 버튼을 누르면 true값을 반환하고 [취소] 버튼을 누르면
false값을 반환하여 변수 result에 저장합니다.

위에서 작성한 문서를 저장한 후 웹 브라우저에서 확인하면 [확인] 버튼과 [취소] 버튼을 눌렀
을 때의 결과가 각각 다르게 나타나는 것을 확인할 수 있습니다.

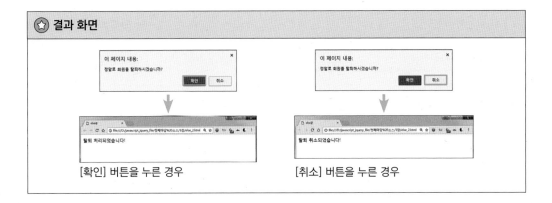

[확인] 버튼을 누른 경우   [취소] 버튼을 누른 경우

else if 문

else if 문은 2가지 이상의 조건식과 정해 놓은 조건을 만족하지 않았을 때 실행하는 코드로 이루어집니다.

다음은 else if 문의 기본형입니다. 가장 위에 있는 조건식1부터 5까지 차례로 조건 검사를 하면서 만족(true)하는 값이 나오면 그에 해당하는 코드를 실행하고 조건문을 종료합니다. 조건식 중에서 만족(true)하는 값이 하나도 없으면 else 문의 중괄호{…}에 있는 코드를 실행합니다.

```
기본형   if(조건식1) {
          코드1;
        } else if(조건식2) {
          코드2;
        } else if(조건식3) {
          코드3;
        } else if(조건식4) {
          코드4;
        } else if(조건식5) {
          코드5;
        } else {
          코드6;
        }
```

다음은 질의응답 창을 이용하여 '현재는 몇 월입니까?'를 묻고, else if 문을 사용해 현재 월에 해당하는 계절과 관련된 문구가 출력되도록 작성한 예제입니다.

```
06:  <script>
07:    var mon = prompt("현재는 몇 월입니까?", "0");
08:
09:    if(mon >= 9 && mon <= 11) {          //9 ~ 11
10:      document.write("독서의 계절 가을이네요!!");
11:    } else if(mon >= 6 && mon <= 8) {    //6 ~ 8
12:      document.write("여행가기 좋은 여름이네요!!");
13:    } else if(mon >= 3 && mon <= 5) {    //3 ~ 5
14:      document.write("햇살 가득한 봄이네요!!");
15:    } else {                             //나머지 입력
16:      document.write("스키의 계절 겨울이네요!!");
17:    }
18:  </script>
```

09~17행 mon의 값에 따라 다른 문장을 출력합니다.

이 예제를 웹 브라우저에서 실행하면 다음과 같은 질의응답 창이 나타납니다. 질의응답 창에 '6'을 입력하면 다음 결과 화면처럼 조건식을 검사하여 6월에 해당하는 문구인 '여행 가기 좋은 여름이네요!!'가 출력됩니다.

결과 화면

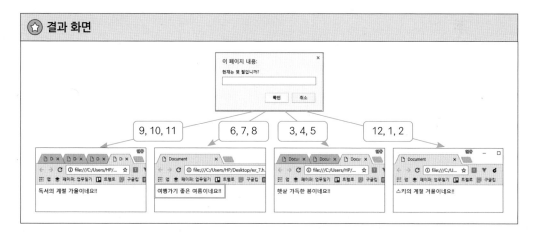

중첩 if 문

조건문 안에 조건문이 있으면 중첩 if 문이라고 합니다. 중첩 if 문의 기본형은 다음과 같습니다.

```
기본형   if(조건식1) {
           if(조건식2) {
             자바스크립트 코드;
           }
         }
```

중첩 if 문은 바깥쪽에 있는 조건문인 조건식1을 만족해야만 안쪽에 있는 조건문인 조건식2를 검사합니다. 만일 안쪽 if 문의 조건식2를 만족하지 않으면 바깥쪽 조건문인 조건식1의 중괄호 안에 있는 코드만 실행하고 종료됩니다.

다음 예제와 같이 사용자가 아이디와 비밀번호를 입력했을 때 아이디와 비밀번호를 한 번에 처리하지 않아도 됩니다. 사용자의 아이디가 일치하지 않으면 비밀번호의 일치 여부를 굳이 검사하지 않아도 되니까요. 이럴 때 중첩 if 문을 사용합니다.

다음은 중첩 if 문을 사용해 아이디와 비밀번호가 일치했을 때 환영 문구가 출력되도록 작성한 예제입니다. 비밀번호가 일치하지 않을 경우에는 웹 브라우저가 새로 고침이 되도록 했습니다.

> **</> 코딩해 보세요!** 　실습 파일 in_if_1_test.html　　완성 파일 in_if_1.html

```
06:   <script>
07:     var id = "easy1004";     // 아이디
08:     var pw = "112233";       // 비밀번호
09:
10:     var user_id = prompt("아이디는?","");      // 아이디 입력
11:     var user_pw = prompt("비밀번호는?","");    // 비밀번호 입력
12:
13:     if(id == user_id) {                      [아이디가 일치하면 실행됩니다.]
14:       if(pw == user_pw) {
15:         document.write(user_id+"님 반갑습니다!");   [비밀번호가 일치하면 실행됩니다.]
16:       } else {
17:         alert("비밀번호가 일치하지 않습니다.");   [비밀번호가 일치하지 않으면 실행됩니다.]
18:         location.reload( );                   [브라우저 새로 고침]
19:       }
20:     } else {
21:       alert("아이디가 일치하지 않습니다.");   [아이디가 일치하지 않으면 실행됩니다.]
```

```
22:        location.reload( );
23:    }
24: </script>
```

질의응답 창에 입력한 비밀번호와 아이디의 값이 변수 id와 pw에 저장된 값과 일치하면 다음 결과 화면처럼 환영 문구가 출력됩니다.

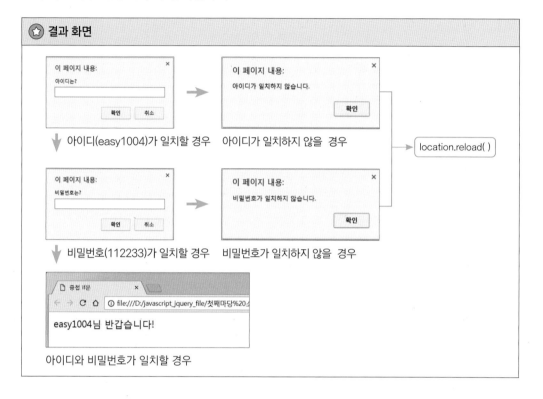

if 블록 레벨 스코프

블록 내에서 let과 const를 사용할 때 유효한 참조 범위를 스코프scope라고 합니다. 여기서는 블록({ }) 내에서 let과 const를 사용하는 블록 레벨 스코프block level scope의 예시를 살펴보면서 그 차이점을 알아보겠습니다.

```
06:   <script>
07:     let num = 10;
08:     let user = "홍길동";
09:
10:     if(num > 5) {
11:       let num = 50;
12:       num = num + 10;
13:     }
14:     document.write(`${num} <br>`);
15:     if(user != "") {
16:       user = "김길동"
17:     }
18:
19:    document.write(`${user} <br>`);
20:   </script>
```

10~13행 if 블록 내에서 num 변수를 선언했으므로 12행의 num은 바깥(07행)에서 선언한 변수가 아니라 유효 참조 범위 내의 변수를 가리킵니다. 그러므로 12행의 num에는 60이 할당됩니다. 하지만 14행에 작성한 num 변수는 블록 바깥에서 사용하여 바깥(07행) 상단에 선언한 변수(num)에 저장된 10을 출력합니다.

15~17행 블록({ }) 내에 user가 선언되어 있지 않습니다. 그러므로 user 변수는 블록 바깥(8행)에 선언한 변수를 가리키고 '김길동'이 할당됩니다.

결과 화면

← → var, let, const의 차이점

var, let, const의 차이점을 정리해 보겠습니다.

구분	var	let	const	설명
재선언	○	X	X	var는 중복 선언을 해도 오류가 발생하지 않으며, 최종 선언한 값이 변수에 재할당됩니다.
재할당	○	○	X	var, let은 값을 재할당할 수 있습니다.
if 스코프	X	○	○	var는 if 블록({ }) 내에서 선언해도 범위 참조가 적용되지 않습니다.
function 스코프	○	○	○	function 블록({ }) 내에서는 세 변수 선언 방식 모두 범위 참조가 적용됩니다.

선택문

switch 문

선택문인 switch 문은 변수에 저장된 값과 switch 문에 있는 경우의 값을 검사하여 변수와 경우의 값에서 일치하는 값이 있을 때 그에 해당하는 코드를 실행합니다. if 문과 용도는 비슷하나 if 문은 만족하는 데이터가 여러 개일 경우에 주로 사용하고, switch 문은 여러 경우의 값 중에서 일치하는 데이터를 찾아 그에 해당하는 코드를 실행할 때 사용합니다.

다음은 switch 문의 기본형입니다.

기본형
```
var 변수 = 초깃값;
switch(변수) {
    case 값1: 코드1;
    break;
    case 값2: 코드2;
    break;
    case 값3: 코드3;
    break;
    case 값4: 코드4;
    break;

    default: 코드5;
}
```

변수에 저장된 값은 switch 문을 만나면 case의 값을 하나씩 검사합니다. 일치하는 데이터가 있으면 그에 해당하는 코드를 실행하고 break 문을 만나 switch 문을 종료합니다. 만일 경우의 값 중에 일치하는 데이터가 없으면 마지막 default에 있는 코드를 실행하고 switch 문을 종료합니다.

🔍 break 문은 반복문을 강제로 끝낼 때 사용합니다. break 문을 자세히 알고 싶다면 90쪽을 참고하세요.

다음은 사용자가 질의응답 창에 포털 검색 사이트 이름을 입력하면 switch 문을 이용하여 입력한 이름에 해당하는 웹사이트로 이동하도록 작성한 예제입니다.

```
06:  <script>
07:    var site = prompt("네이버, 다음, 네이트, 구글 중 \
08:      즐겨 사용하는 포털 검색 사이트는?", "");
09:    var url;
10:
11:    switch(site) {
12:      case "구글": url = "www.google.com";
13:      break;
14:      case "다음": url = "www.daum.net";
15:      break;
16:      case "네이버": url = "www.naver.com";
17:      break;
18:      case "네이트": url = "www.nate.com";
19:      break;
20:      default: alert("보기 중에 없는 사이트입니다.");
21:    }
22:
23:    if(url) location.href = "http://" + url;
24:  </script>
```

> 문자열 데이터는 줄을 바꾸면 오류가 발생합니다. 하지만 \와 함께 코드를 작성하면 문자열의 줄을 바꿔도 오류가 발생하지 않습니다.

> site의 값이 '네이버'일 경우 실행합니다.

> switch 문 종료

> url에 저장된 주소로 이동합니다.

11~21행 switch 문은 case의 값을 하나씩 검사하여 site와 일치하는지 확인합니다. case와 일치하는 데이터가 있으면 해당 코드를 실행합니다. 각각의 case 문에서는 break 문을 작성하여 switch 문을 종료합니다.

23행 url(검색 포털 사이트 URL)에 입력된 값이 있으면 location.href의 값이 바뀌어 해당 검색 포털 사이트로 이동합니다.

위 코드를 실행한 다음 질의응답 창에 '네이버'를 입력하고 [확인] 버튼을 눌러보세요. 오른쪽 결과 화면과 같이 네이버 페이지로 이동하는 것을 확인할 수 있습니다.

결과 화면

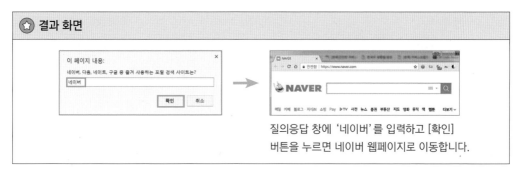

질의응답 창에 '네이버'를 입력하고 [확인] 버튼을 누르면 네이버 웹페이지로 이동합니다.

반복문

반복문을 이용하면 코드를 원하는 횟수만큼 반복하여 실행할 수 있습니다. 예를 들어 '안녕하세요!'라는 문구를 100회 출력하려면 같은 코드를 100번 작성해야 하지만 반복문을 사용한다면 한 번만 작성해도 되므로 편리합니다. 반복문에는 while 문과 do while 문, for 문이 있습니다.

while 문

while 문은 조건식을 만족할 때까지 코드를 여러 번 반복하여 실행할 수 있습니다.

다음은 while 문의 기본형입니다. while 문은 조건식을 만족할 때까지 중괄호({…}) 안에 있는 코드를 반복하여 실행합니다. while 문의 실행 순서는 ❶ 조건식을 검사하고, 만족하면 ❷ 중괄호 안에 있는 코드와 증감식을 실행합니다. 그리고 ❸ 다시 조건식을 검사합니다.

```
기본형   var 변수 = 초깃값;
        while (❶❸조건식) {
               ❷
            ┌─────────────────┐
            │ 자바스크립트 코드; │
            │ 증감식;           │
            └─────────────────┘
        }
```

다음은 while 문을 사용해 '안녕하세요1'에서 '안녕하세요10'까지 1씩 증가하면서 10회 출력하도록 작성한 예제입니다.

```
</> 코딩해 보세요!          실습 파일 while_1_test.html      완성 파일 while_1.html

06:  <script>
07:    var i = 1;                    ┌─ 조건식 i <= 10을 만족하면 ─┐
08:    while( i <= 10 ) {
09:      document.write("안녕하세요" + i, "<br />");   ┌ 중괄호의 코드를 실행합니다. ┐
10:      i++;
11:    }
```

```
12:    document.write("==== The End ====");
13: </script>
```

08~11행 while 문의 조건식 i <= 10을 만족(true)하면 중괄호의 코드를 실행하고 변수 i의 값이 1만큼 증가됩니다. while 문은 i가 11이 될 때까지 실행합니다.

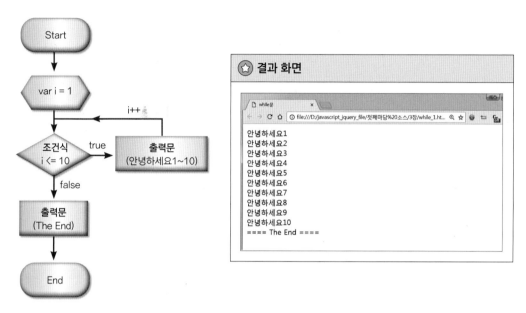

다음은 while 문을 사용하여 1부터 30까지의 숫자 중에서 2의 배수이면서 6의 배수인 숫자만 출력하는 예제입니다.

> </> 코딩해 보세요! 실습 파일 while_2_test.html 완성 파일 while_2.html
>
> ```
> 06:  <script>
> 07:    var i=1;
> 08:    while( i <= 30 ) {
> 09:      if( i % 2 == 0 && i % 6 == 0) {
> 10:          document.write(i ,"<br />");
> 11:      }
> 12:      i++;
> 13:    }
> 14:  </script>
> ```
> i의 값이 2의 배수이면서 6의 배수일 경우 i의 값을 출력합니다.

08~13행 while 문의 조건식 i <= 30을 만족(true)하면 중괄호의 코드를 반복하여 실행합니다. i의 값이 2의 배수이면서 6의 배수일 경우 화면에 i의 값을 출력합니다.

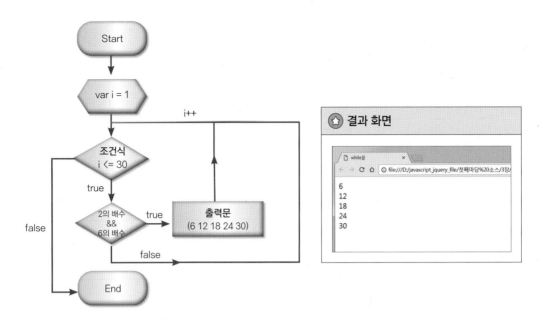

다음은 while 문을 사용하여 20부터 10까지의 숫자 중에서 짝수일 경우에는 파란색으로 출력되고, 홀수일 경우에는 빨간색으로 출력되도록 작성한 예제입니다.

코딩해 보세요!　　　실습 파일 while_3_test.html　　　완성 파일 while_3.html

```
11:    <script>
12:    var i = 20;
13:    while( i >= 10 ) {
14:      if( i % 2 == 0 ) {          .blue{ color: #00f; }
15:        document.write("<p class='blue'>" + i + "</p>");    ──  i의 값이 짝수면 실행
16:      } else {
17:        document.write("<p class='red'>" + i + "</p>");     ──  i의 값이 홀수면 실행
18:      }                          .red{ color: #f00; }
19:      i--;
20:    }
21:    </script>
```

13~20행　while 문의 조건식 i >= 10을 만족하면 코드를 실행합니다. i의 값이 20부터 10까지 1씩 감소하며 10회 반복합니다. i의 값이 짝수일 경우에는 화면에 파란색으로 출력되고 홀수일 경우에는 빨간색으로 출력됩니다.

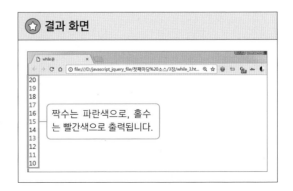

⭐ 결과 화면

짝수는 파란색으로, 홀수는 빨간색으로 출력됩니다.

do while 문

while 문에서는 조건식의 만족 여부를 먼저 검사한 후 중괄호에 있는 코드의 실행 여부를 결정했습니다. 하지만 do while 문은 코드를 반드시 한 번 실행하고 조건식을 검사합니다.

다음은 do while 문의 기본형입니다. 먼저 중괄호({…})에 있는 코드를 실행하고 조건식을 검사합니다.

기본형	
	```var 변수 = 초깃값;```
	```do {```
	``` 자바스크립트 코드;```
	``` 증감식;```
	```} while(조건식)```

다음은 do while 문의 예제입니다. 중괄호에 있는 코드를 먼저 실행하고 조건식을 검사합니다.

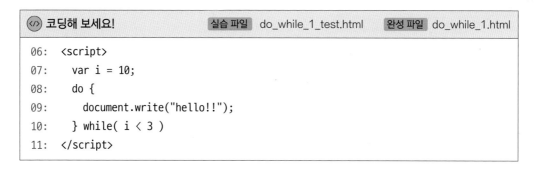

코딩해 보세요!　　　실습 파일 do_while_1_test.html　　　완성 파일 do_while_1.html

```
06:    <script>
07:      var i = 10;
08:      do {
09:        document.write("hello!!");
10:      } while( i < 3 )
11:    </script>
```

08~10행　중괄호({…})의 document.write("hello!!");를 먼저 실행한 다음, 조건식 i < 3을 검사합니다. 변수 i에는 10이 저장되어 있으므로 두 수를 비교한 결과 false를 반환하여 do while 문이 종료됩니다.

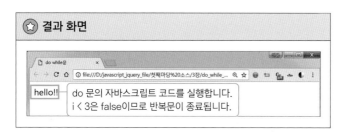

결과 화면

for 문

for 문은 조건식을 만족할 때까지 특정 코드를 반복하여 실행합니다. 사용 방법은 while 문과 같지만 while 문보다 사용하기 편해 사용 빈도가 높은 편입니다.

기본형	`for(초깃값; 조건식; 증감식) {`
	`    자바스크립트 코드;`
	`}`

다음은 for 문의 실행 순서를 그림으로 나타낸 것입니다.

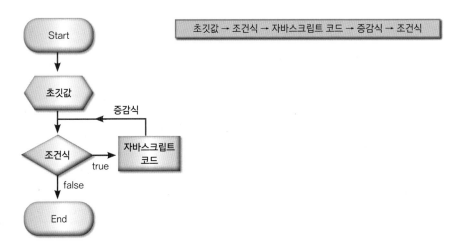

다음은 for 문으로 '반복1'에서 '반복10'까지 i를 1씩 증가하며 출력한 예제입니다.

코딩해 보세요!　　　　　실습 파일 for_1_test.html　　　완성 파일 for_1.html

```
06:  <script>
               초깃값      조건식    증감식
07:
08:    for( var i = 1; i <= 10; i++ ) {
09:      document.write("반복" + i, "<br>");   중괄호의 코드가 10회 반복해서 실행됩니다.
10:    }
11:  </script>
```

다음은 앞의 예제를 순서도로 나타낸 것입니다.

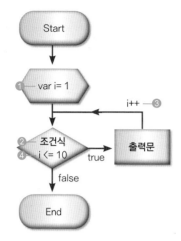

① 변수 i에 초깃값 1을 저장합니다.
② 조건식을 만족할 경우 중괄호의 코드를 실행합니다.
③ 증가 연산자로 변수 i의 값이 1만큼 증가합니다.
④ 다시 조건식의 만족 여부를 검사한 후 중괄호의 코드를 실행할지 아니면 종료할지 결정합니다.

⭐ 결과 화면

다음은 for 문을 이용하여 1부터 100까지 5의 배수일 경우에는 빨간색 글자, 7의 배수일 경우에는 초록색 글자 그리고 5의 배수이며 7의 배수일 경우에는 아쿠아색 글자로 출력하는 예제입니다.

</> 코딩해 보세요!　　　실습 파일 for_2_test.html　　　완성 파일 for_2.html

```
12:  <script>
13:    for(var i = 1; i <= 100; i++) {
14:      if(i % 5 == 0 && i % 7 != 0) {
15:        document.write("<p class='red'>"+i+"</p>");
16:      } else if(i % 7 == 0 && i % 5 != 0) {
17:        document.write("<p class='green'>"+i+"</p>");
18:      } else if(i % 7 == 0 && i % 5 == 0) {
19:        document.write("<p class='aqua'>"+i+"</p>");
20:      }
21:    }
22:  </script>
```

15: i의 값이 5의 배수이면서 7의 배수가 아니면 실행
17: i의 값이 7의 배수이면서 5의 배수가 아니면 실행
19: i의 값이 7의 배수이면서 5의 배수이면 실행

13~21행 i가 100보다 작거나 같을 때까지 i
의 값을 1씩 증가하며 코드를 실행합니다. 즉,
1부터 시작해 100이 될 때까지 중괄호의 코드
를 100회 실행합니다.

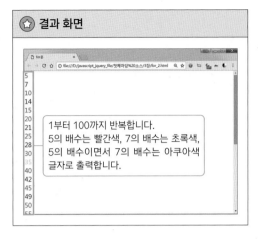

break 문

반복문인 while 문 또는 for 문에서 break 문을 실행하면 조건식과 상관없이 강제로 반복문
을 종료합니다. 즉, break 문은 반복문을 강제로 종료할 때 사용합니다.

다음은 for 문과 while 문에서 break 문을 사용한 기본형입니다. break 문이 코드보다 앞에
있으므로 코드는 실행되지 않고 for 문과 while 문이 바로 종료됩니다.

기본형	

```for(초깃값; 조건식; 증감식){```
``` break;   // 반복문을 강제 종료```
``` 자바스크립트 코드;```
```}```
	```var 변수 = 초깃값;```
	```while(조건식){```
	``` break; // 반복문을 강제 종료```
	``` 자바스크립트 코드;```
	``` 증감식;```
	```}```

다음은 for 문을 이용하여 1부터 10까지 반복하도록 작성한 예제입니다. 그리고 break 문을
사용하여 변수 i의 값이 6일 경우 강제로 반복문을 종료합니다.

코딩해 보세요! 　실습 파일 break_1_test.html　　완성 파일 break_1.html

```
06:  <script>
07:    for(var i = 1; i <= 10; i++){
08:      if(i == 6) break;     i의 값이 6이면 break 문으로 종료합니다.
09:        document.write(i, "<br>");
10:    }
11:    document.write("=== The End ===");
12:  </script>
```

07~10행 i가 10보다 작거나 같을 때까지 1씩 증가하며 코드를 반복합니다. 즉, 1부터 시작하여 10이 될 때까지 코드를 10회 반복하여 실행합니다.

08행 i의 값이 6이면 break 문으로 종료합니다.

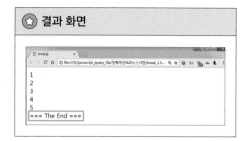

continue 문

continue 문은 반복문에서만 사용할 수 있습니다. while 문에 사용할 경우 continue 문 다음에 오는 코드는 무시하고 바로 조건식으로 이동해 조건 검사를 합니다. 즉, while 문 안에 있는 continue 문은 '다음에 오는 코드는 무시하고 조건식에서 조건 검사를 실행해!'라고 말하는 것이죠.

for 문에서 continue 문을 실행할 경우에는 continue 문 다음에 오는 코드는 무시하고 바로 증감식으로 이동하여 증감 연산을 실행합니다. 즉, for 문 안에 있는 continue 문은 '다음에 오는 코드는 무시하고 증감식을 바로 실행해!'라고 말하는 것이죠.

continue 문의 기본형은 다음과 같습니다.

기본형
```
for(초깃값; 조건식; 증감식) {
    continue;
    자바스크립트 코드;
}
```

```
var 변수 = 초깃값;
while(조건식) {
    증감식;
    continue;
    자바스크립트 코드;
}
```

다음은 for 문을 이용해 1부터 10까지 i가 2의 배수일 경우에만 continue 문을 실행하여 홀수만 출력하는 예제입니다.

코딩해 보세요!

실습 파일 continue_1_test.html 완성 파일 continue_1.html

```
06:  <script>
07:    for(var i = 1; i <= 10; i++) {
08:      if( i % 2 == 0 ) continue;
09:      document.write(i, "<br>");
10:    }
11:    document.write("=== The End ===");
12:  </script>
```

continue 문은 반복문 이후의 코드는 무시하고 다시 반복문의 증감식을 수행합니다.

07~10행 i가 1부터 10까지 증가하며 코드가
실행되므로 10회 반복해서 실행합니다.

08행 2의 배수이면 continue 문이 실행되어
홀수만 출력됩니다.

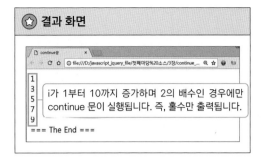

중첩 for 문

for 문 안에 for 문을 사용한 것을 중첩 for 문이라고 합니다. 중첩 for 문은 예를 들어 자바스크립트를 이용해 3행 5열의 표를 만든다면 행이 1행씩 만들어질 때마다 5개의 열을 만들어야 할 경우에 사용합니다. 중첩 for 문의 기본형은 다음과 같습니다.

```
기본형    for(초깃값; 조건식; 증감식) {        // 바깥쪽 for 문
            for(초깃값; 조건식; 증감식) {      // 안쪽 for 문
                자바스크립트 코드;
            }
          }
```

다음은 중첩 for 문을 사용하여 '1행 1열'부터 '3행 2열'까지 출력하는 예제입니다. 바깥쪽 for 문은 행만큼 증가하고, 안쪽 for 문은 열만큼 증가하면 됩니다.

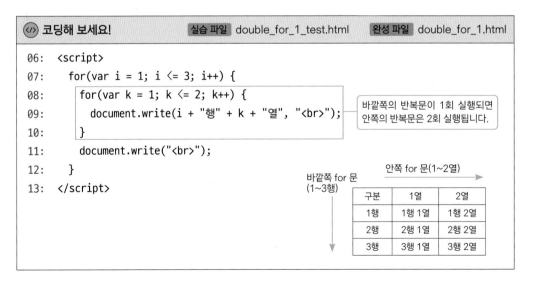

07~12행 바깥쪽의 for 문은 i가 3이 될 때까지 코드를 반복해서 실행합니다.

08~10행 안쪽의 for 문은 j가 2가 될 때까지 코드를 반복해서 실행합니다. 즉, 바깥쪽의 for 문이 1회 실행할 때마다 안쪽의 for 문은 2회 실행하므로 코드가 총 6(3×2)회 실행됩니다.

⭐ **결과 화면**

1행1열
1행2열

2행1열
2행2열

3행1열
3행2열

★ 마무리 문제 ★

Q1
★★☆

다음을 while 문을 이용해 출력해 보세요.

구구단 중에서 5단을 출력하세요.

실습 파일 while_test_1.html

```
06:  <script >
07:  var i = 1;
08:  while(                    ) {
09:      document.write("5X"+i+"="+i*5,"<br />");
10:
11:  }
12:  </script>
```

⭐ 결과 화면

Q2 ★★☆ 다음을 중첩 for 문을 이용해 출력해 보세요.

> 5행 5열 표를 만들고, 데이터가 1부터 25까지 출력되도록 작성하세요.

실습 파일 double_for_test_2.html

```
06:   <script>
07:   var num = 1;
08:   var t = "<table border = 1>";
09:   for(var i = 1; i <= [      ]; i++){
10:
11:       t += "<tr>";
12:
13:       for(var k = 1; k <= [      ]; k++){
14:          t +=[      ]
15:          num ++;
16:       }
17:
18:       t += "</tr>";
19:   }
20:
21:   t += "</table>";
22:   console.log(t);
23:   document.write(t);
24:   </script>
```

⭐ **결과 화면**

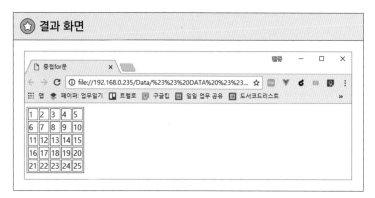

완성 파일 Q1. while_test_1_c.html, Q2. double_for_test_2_c.html

04 | 객체

자바스크립트는 객체 기반 프로그래밍 언어입니다. 객체를 구성하는 요소로는 속성과 기능이 있습니다. 예를 들어 휴대폰은 색상과 크기 등의 속성이 있고, 전화 걸기와 문자 보내기 등의 기능이 있습니다. 이처럼 자바스크립트에는 다양한 객체가 내장되어 있고 객체를 생성할 수도 있습니다.

이 장에서는 객체의 개념과 객체의 종류 그리고 객체에 해당하는 메서드와 그 속성을 알아보겠습니다.

04-1	객체 알아보기
04-2	내장 객체
04-3	브라우저 객체 모델

객체 알아보기

객체란?

자바스크립트는 객체^{Object} 기반 언어입니다. 객체에는 기능과 속성이 있습니다. 예를 들어 TV에는 켜다, 끄다, 음을 소거하다, 볼륨을 높이다, 볼륨을 낮추다 등의 기능이 있습니다. 이렇듯 TV라는 객체에는 다양한 기능이 있습니다. 이러한 주변의 모든 사물들을 객체라고 합니다.

자바스크립트 역시 다양한 객체가 있습니다. 우리는 앞에서 도큐먼트라는 객체를 사용해 보았고, 그 객체에 해당하는 출력 기능도 사용해 보았습니다. 자바스크립트에서는 이런 기능을 메서드^{Method}라고 합니다. 또한 객체에는 속성^{Property}이 있습니다. TV를 예로 들면 TV의 크기나 색상 그리고 무게 등을 속성이라고 할 수 있죠.

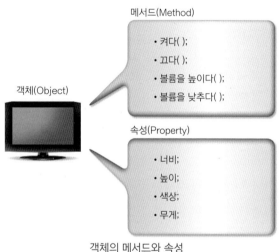

객체의 메서드와 속성

자바스크립트 객체의 메서드와 속성을 사용하는 기본형은 다음과 같습니다.

기본형	❶ 객체.메서드( );
	❷ 객체.속성;
	❸ 객체.속성 = 값;

❶ 객체의 메서드를 실행합니다.
❷ 객체의 속성값을 가져옵니다.
❸ 객체의 속성값을 바꿉니다.

TV를 예로 들어 메서드와 속성의 사용 방법을 살펴보겠습니다. 만일 TV의 기능(메서드)을 기본형으로 표현한다면 다음과 같습니다.

```
TV.켜다( ); 또는 TV.끄다( );
```

다음은 메서드를 잘못 사용한 경우입니다. '앞으로 전진해'라는 메서드는 자동차에나 있을 법하죠.

```
TV.앞으로 전진해( );      (X)
자동차.앞으로 전진해( );   (O)
```

또한 자바스크립트에서 TV의 너비와 색상 등의 속성 정보를 알고 싶다면 다음과 같이 적용할수 있습니다.

```
TV.width; (tv의 너비)  또는  TV.color; (tv의 색상)   //TV의 속성값 가져오기
TV.color=black;   //TV의 속성값 바꾸기
```

객체의 종류

자바스크립트의 객체는 크게 내장 객체, 브라우저 객체 모델Browser Object Model, BOM, 문서 객체모델Document Object Model, DOM로 나눌 수 있습니다.

내장 객체

내장 객체는 자바스크립트 엔진에 내장되어 있어 필요한 경우에 생성해서 사용할 수 있습니다.내장 객체로는 문자String, 날짜Date, 배열Array, 수학Math 객체 등이 있습니다. 예를 들어 오늘 날짜를 알고 싶다면 Date 객체를 생성하여 오늘 날짜를 알려 주는 메서드 getDate( )를 사용하면됩니다.

브라우저 객체 모델

브라우저 객체 모델BOM은 브라우저에 계층 구조로 내장되어 있는 객체를 말하며 window, screen, location, history, navigator 등이 있습니다. 다음 그림에서 웹 브라우저에 포함된 객체를 볼 수 있는데 window는 document와 location 객체의 상위 객체입니다.

예를 들어 자바스크립트를 이용해 현재 열려 있는 웹사이트에서 다른 웹사이트로 이동하려면 location 객체의 참조 주소(href) 속성을 바꾸면 됩니다. 다음과 같이 실행하면 location의 참조 주소 속성이 바뀌어 새 주소 웹사이트로 이동합니다.

🔍 브라우저 객체는 '04-3절 브라우저 객체 모델'에서 좀 더 자세히 알아보겠습니다.

```
window.location.href="사이트 URL"
```

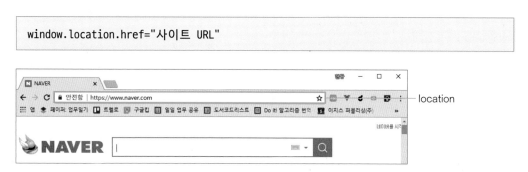

문서 객체 모델

문서 객체 모델DOM은 HTML 문서 구조를 말합니다. HTML 문서의 기본 구조는 최상위 객체로 〈html〉이 있으며, 그 하위 객체로 〈head〉와 〈body〉가 있습니다. 예를 들어 자바스크립트를 이용해 이미지의 src 속성을 바꾸고 싶다면 지정된 〈img〉를 선택해 src 속성을 바꿔야 합니다. 이때 지정 요소를 제대로 선택해서 가져오려면 문서 객체의 구조를 잘 이해해야 합니다. 이렇게 문서 객체 모델에서는 HTML의 모든 요소를 문서 객체로 선택하여 속성을 자유롭게 바꿀 수 있고, 선택한 문서 객체에 스타일CSS을 적용할 수도 있습니다.

하지만 자바스크립트의 문서 객체 모델은 IE 8 이하 버전에서는 호환성이 떨어져서 사용하기 힘들다는 단점이 있습니다. 그래서 이러한 점을 극복하기 위해 제이쿼리 문서 객체 모델을 많이 사용합니다. 이러한 이유로 이 책에서는 자바스크립트 문서 객체 모델을 깊이 다루지 않습니다. 04장은 다양한 객체의 종류를 비롯해 각 객체에 내장된 메서드와 속성을 배운다고 생각하면 됩니다. 이제 내장 객체부터 자세히 알아보겠습니다.

내장 객체

앞에서 언급했듯이 내장 객체[Built-in Object]란 웹 브라우저의 자바스크립트 엔진에 내장된 객체를 말하며, 필요한 경우 객체를 생성해서 사용할 수 있습니다. 내장 객체로는 문자[String], 날짜[Date], 배열[Array], 수학[Math], 정규 표현 객체[RegExp Object] 등이 있습니다.

내장 객체 생성하기

다음은 내장 객체를 생성하는 기본형입니다. 내장 객체를 생성할 때는 new라는 키워드와 생성 함수를 사용합니다.

> 기본형   참조 변수(인스턴스 이름) = new 생성 함수( )

다음 예제에서는 new 키워드와 기본 객체 생성 함수인 Object( )를 이용해 객체를 생성합니다. 생성된 객체는 변수 tv를 참조하고 이를 이용해 객체의 속성과 메서드를 생성합니다. 변수를 이용해 참조한다는 말은 앞으로 생성된 객체를 이용할 때 참조 변수를 사용하겠다는 의미입니다.

아직 함수를 배우지 않았으므로 이 코드를 이해하기가 힘들 수 있는데, 여기에서는 객체는 어떻게 생성하는지, 속성과 메서드의 생성 과정은 어떠한지 가볍게 이해하고 넘어가면 됩니다.

> **</> 코딩해 보세요!**   실습 파일 ob1_test.html   완성 파일 ob1.html

```
06:  <script>
07:    var tv = new Object( );
08:    tv.color = "white";
09:    tv.price = 300000;
10:    tv.info = function( ) {
11:      document.write("tv 색상: " + this.color, "<br>");
12:      document.write("tv 가격: " + this.price, "<br>");
13:    }
14:
```

this는 메서드의 객체(tv)를 가리킵니다. ❶

```
15:    var car = {
16:      color: "black",
17:      price: 5000000,
18:      info: function( ) {
19:        document.write("car 색상: " + this.color, "<br>");
20:        document.write("car 가격: " + this.price, "<br>");      ❷
21:      }
22:    };
23:
24:    document.write("<h1>tv 객체 메서드 호출</h1>");
25:    tv.info( );
26:    document.write("<h1>car 객체 메서드 호출</h1>");
27:    car.info( );
28:  </script>
```

25, 27행 tv.info( )는 ❶을 실행하고, car.info( )는 ❷를 실행하여 tv와 car의 정보가 화면에
출력됩니다.

날짜 정보 객체

날짜나 시간 관련 정보를 제공받고 싶을 때는 날짜 객체^{Date Object}를 생성합니다. 날짜 정보 객
체는 날짜와 관련된 작업을 할 때 유용합니다. 예를 들어 2002년 월드컵 개막일인 2002년 5
월 31일이 무슨 요일인지 정보를 가져와야 할 때 사용할 수 있습니다. 또한 날짜 정보 객체를
이용하면 달력과 특정 기념일 디데이^{D-day} 계산기도 만들 수 있습니다. 여기에서는 현재 날짜
정보를 제공하는 방법, 특정 날짜 정보를 제공하는 방법 그리고 디데이 계산기를 만드는 방법
을 알아보겠습니다.

먼저 현재 날짜 정보를 제공하는 Date 객체는 다음과 같이 생성합니다.

> 기본형 | 참조 변수 = new Date( ); 예 var t = new Date( );

2002년 월드컵 개막일의 날짜 정보를 제공할 때는 현재 날짜가 아니라 특정 날짜의 정보를 제공받아야 하므로 특정 날짜 정보 객체를 만들어야 합니다. 특정 날짜의 Date 객체는 다음 2가지 방법으로 생성합니다. ❷처럼 사용할 때는 월이 0부터 시작하므로 원하는 월에서 1을 뺀 값을 입력합니다.

> 기본형 | ❶ 참조 변수 = new Date("연/월/일"); 예 var t = new Date("2002/5/31");
> ❷ 참조 변수 = new Date(연, 월 - 1, 일); 예 var t = new Date(2002, 4, 31);

Date 객체 생성 방법에 이어 생성된 객체의 다양한 메서드를 알아보겠습니다. 날짜 정보 객체는 날짜의 정보를 가져오는 메서드와 날짜를 수정하는 메서드로 나눌 수 있습니다.

날짜 관련 메서드

날짜 정보를 가져올 때(GET)		날짜 정보를 수정할 때(SET)	
getFullYear( )	연도 정보를 가져옴	setFullYear( )	연도 정보만 수정함
getMonth( )	월 정보를 가져옴(현재 월 - 1)	setMonth( )	월 정보만 수정함(월 - 1)
getDate( )	일 정보를 가져옴	setDate( )	일 정보만 수정함
getDay( )	요일 정보를 가져옴(일: 0 ~ 토: 6)	setDay( )	요일은 날짜를 수정하면 자동으로 바뀌므로 setDay( ) 메서드는 없음
getHours( )	시 정보를 가져옴	setHours( )	시 정보만 수정함
getMinutes( )	분 정보를 가져옴	setMinutes( )	분 정보만 수정함
getSeconds( )	초 정보를 가져옴	setSeconds( )	초 정보만 수정함
getMilliseconds( )	밀리초 정보를 가져옴(1/1,000초 단위)	setMilliseconds( )	밀리초 정보만 수정함
getTime( )	1970년 1월 1일부터 경과한 시간을 밀리초로 표기함	setTime( )	1970년 1월 1일부터 경과한 시간을 밀리초로 수정함
toGMTString( )	GMT 표준 표기 방식으로 문자형 데이터로 반환함	toLocaleString( )	운영 시스템 표기 방식으로 문자형 데이터로 반환함

다음은 현재 날짜 객체와 특정 날짜 객체를 이용하여 2002년 월드컵 개막일과 관련된 정보를 출력하는 예제입니다.

```
06:  <script>
07:    var today = new Date( );
08:    var nowMonth = today.getMonth( ),
09:    nowDate = today.getDate( ),
10:    nowDay = today.getDay( );
11:
12:    document.write("<h1>오늘 날짜 정보</h1>");
13:    document.write("현재 월: " + nowMonth, "<br>");
14:    document.write("현재 일: " + nowDate, "<br>");
15:    document.write("현재 요일: " + nowDay, "<br>");
16:
17:    var worldcup = new Date(2002,4,31);
18:    var theMonth = worldcup.getMonth( ),
19:    theDate = worldcup.getDate( ),
20:    theDay = worldcup.getDay( );
21:
22:    document.write("<h1>월드컵 날짜 정보</h1>");
23:    document.write("2002월드컵 몇 월: " + theMonth, "<br>");
24:    document.write("2002월드컵 며칠: " + theDate, "<br>");
25:    document.write("2002월드컵 무슨 요일: " + theDay, "<br>");
26:  </script>
```

> 오늘 날짜 정보 객체를 생성하고 날짜 정보를 가져옵니다(월, 일, 요일).

> 월드컵 날짜 정보 객체를 생성하고 날짜 정보를 가져옵니다(월, 일, 요일).

다음 결과 화면과 같이 2002년 월드컵을 개최한 요일로 5가 출력됩니다. 이때 0은 일요일을 나타내고 1부터 6까지는 월요일부터 토요일을 나타냅니다. 그러므로 2002년 월드컵 개막일 은 금요일임을 알 수 있습니다.

⭐ 결과 화면

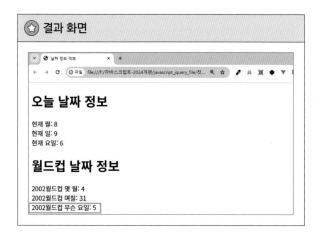

오늘 날짜부터 특정 날짜까지 며칠 남았는지 구하는 형식은 다음과 같습니다. 이때 남은 일수는 밀리초(1/1,000초) 단위로 계산합니다.

```
남은 일수(밀리초) = 특정 날짜 객체 - 현재 날짜 객체
```

다음은 밀리초로 계산한 시간 값을 나타낸 것입니다.

```
1초 = 1,000(ms)
1분(60초) = 1,000 * 60                 //60,000(ms)
1시간(60분) = 1,000 * 60 * 60          //3,600,000(ms)
1일(60분 * 24) = 1,000 * 60 * 60 * 24  //86,400,000(ms)
```

오늘 날짜부터 연말까지 며칠 남았는지 날짜 정보 객체를 이용하여 알아보겠습니다.

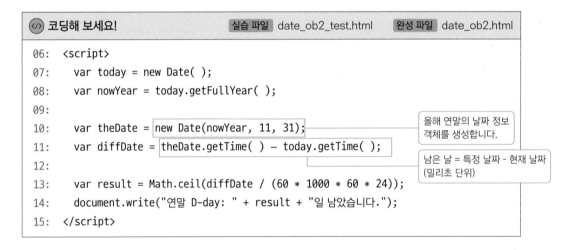

```
06:  <script>
07:    var today = new Date( );
08:    var nowYear = today.getFullYear( );
09:
10:    var theDate = new Date(nowYear, 11, 31);
11:    var diffDate = theDate.getTime( ) - today.getTime( );
12:
13:    var result = Math.ceil(diffDate / (60 * 1000 * 60 * 24));
14:    document.write("연말 D-day: " + result + "일 남았습니다.");
15:  </script>
```

코딩해 보세요!　실습 파일 date_ob2_test.html　완성 파일 date_ob2.html

올해 연말의 날짜 정보 객체를 생성합니다.

남은 날 = 특정 날짜 - 현재 날짜 (밀리초 단위)

11~13행 지정한 날짜에서 오늘 날짜를 빼면 지금부터 연말까지 남은 밀리초 단위의 시간을 구할 수 있습니다. 계산한 값을 일 단위로 계산한 다음, 오늘 날짜까지 포함하기 위해 Math.ceil( ) 메서드를 사용하여 반올림합니다.

결과 화면

오늘부터 올해 연말까지 남은 날짜

D-day: 113일 남았습니다.

수학 객체

자바스크립트 내장 객체에는 수학과 관련된 기능과 속성을 제공하는 수학 객체^{Math Object}가 있습니다. 더하기, 곱하기, 나누기 등은 앞에서 배운 산술 연산자를 사용하면 됩니다. 하지만 최댓값, 최솟값, 반올림값 등은 산술 연산자로 구할 수 없습니다. 이번에 배울 수학 객체 메서드를 이용하면 수학과 관련된 작업을 처리할 수 있습니다.

다음은 수학 객체의 메서드와 참조할 수 있는 상수를 정리한 표입니다.

수학 객체의 메서드와 상수

종류	설명
Math.abs(숫자)	숫자의 절댓값을 반환합니다.
Math.max(숫자 1, 숫자 2, 숫자 3, 숫자 4)	숫자 중에서 가장 큰 값을 반환합니다.
Math.min(숫자 1, 숫자 2, 숫자 3, 숫자 4)	숫자 중에서 가장 작은 값을 반환합니다.
Math.pow(숫자, 제곱값)	숫자의 거듭제곱값을 반환합니다.
Math.random( )	0과 1 사이의 난수를 반환합니다.
Math.round(숫자)	소수점 첫째 자리에서 반올림하여 정수를 반환합니다.
Math.ceil(숫자)	소수점 첫째 자리에서 무조건 올림하여 정수를 반환합니다.
Math.floor(숫자)	소수점 첫째 자리에서 무조건 내림하여 정수를 반환합니다.
Math.sqrt(숫자)	숫자의 제곱근값을 반환합니다.
Math.PI	원주율 상수를 반환합니다.

다음은 수학 객체에 포함된 수학 메서드에 숫자를 입력해 결괏값을 반환받는 예제입니다.

> **</> 코딩해 보세요!**　　　　실습 파일 math_ob1_test.html　　　완성 파일 math_ob1.html

```
06:  <script>
07:    var num = 2.1234;
08:
09:    var maxNum = Math.max(10, 5, 8, 30),    // 최댓값
10:    minNum = Math.min(10, 5, 8, 30),        // 최솟값
11:    roundNum = Math.round(num),             // 소수점 첫째 자리 반올림
12:    floorNum = Math.floor(num),             // 소수점 첫째 자리 내림
13:    ceilNum = Math.ceil(num),               // 소수점 첫째 자리 올림
14:    rndNum = Math.random( ),                // 0과 1 사이의 난수 반환
15:    piNum = Math.PI;                        // 원주율 상수 반환
```

```
16:
17:    document.write(maxNum, "<br>");
18:    document.write(minNum, "<br>");
19:    document.write(roundNum, "<br>");
20:    document.write(floorNum, "<br>");
21:    document.write(ceilNum, "<br>");
22:    document.write(rndNum, "<br>");
23:    document.write(piNum, "<br>");
24: </script>
```

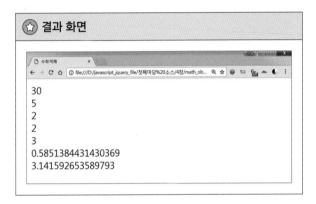

앞의 math_ob1.html 예제에서는 random( ) 메서드를 사용했습니다. random( ) 메서드를 사용하면 0과 1 사이에서 난수가 발생합니다. 그렇다면 0과 1 사이가 아닌 임의로 지정한 숫자의 구간에서 난수를 정수로만 반환받으려면 어떻게 해야 할까요? random( ) 메서드를 사용하여 지정한 숫자 구간에서 난수가 발생할 수 있도록 단계적으로 설명하겠습니다.

다음과 같이 Math.random( )를 이용하면 0에서 10 사이의 난수를 반환합니다.

```
Math.random( ) * 10;     //0에서 10 사이의 난수를 실수로 반환
```

만일 Math.random( )를 이용하여 0에서 10사이의 난수를 정수로만 반환하려면 다음과 같이 Math.floor( )를 이용해야 합니다. floor( ) 메서드는 값을 내리기 때문에 0이 아닌 11을 사용합니다.

```
Math.floor(Math.random( )*11);     //0에서 10 사이 난수를 발생시켜 소수점 값을 제거
```

Math.random( )를 이용하여 120에서 150사이의 난수를 정수로만 발생하게 하려면 다음과 같이 작성합니다.

```
Math.floor(Math.random( ) * 31);          // 0에서 30 사이의 난수를 정수로 반환
Math.floor(Math.random( ) * 31) + 120;    // 120에서 150 사이의 난수를 정수로 반환
```
> 0에서 30 사이의 정수가 발생합니다.

즉, 난수를 발생시켜 자신이 원하는 구간 사이에서 정수를 반환하려면 다음 공식을 적용해야 합니다.

```
Math.floor(Math.random( ) * (최댓값 - 최솟값 + 1)) + 최솟값;
```

다음은 웹사이트를 방문할 때 나타나는 창에 방문자가 '가위, 바위, 보' 가운데 하나를 적어 컴퓨터가 내려는 가위, 바위, 보를 추측해 맞추는 예제입니다. 여기에서도 난수를 사용합니다.

코딩해 보세요!　실습 파일 math_ob2_test.html　완성 파일 math_ob2.html

```
06:  <script>
07:    document.write("<h1>컴퓨터 가위, 바위, 보 맞추기</h1>");
08:
09:    var game = prompt("가위, 바위, 보 중 선택하세요?", "가위");
10:    var gameNum;
11:    switch (game) {
12:    case "가위":
13:      gameNum = 1; break;
14:    case "바위":
15:      gameNum = 2; break;
16:    case "보":
17:      gameNum = 3; break;
18:    default: alert("잘못 작성했습니다.");
19:      location.reload( );
20:    }
21:
22:    var com = Math.ceil(Math.random( ) * 3);
23:
24:    document.write("<img src=\"images/math_img_" + com + ".jpg\">");
25:
```
> game에 저장한 문자열에 따라 gameNum에 1, 2, 3이 저장됩니다.

> 1에서 3 사이에서 난수가 발생합니다.

```
26:    if (gameNum == com) {          gameNum과 com이 일치하는지 검사합니다.
27:       document.write("<img src=\"images/game_1.jpg\">");
28:    } else {
29:       document.write("<img src=\"images/game_2.jpg\">");
30:    }
31: </script>
```

예제를 저장한 후 실행하면 다음과 같은 결과 화면이 나타납니다. random( ) 메서드를 사용하여 1과 3 사이에서 난수가 발생했고, 방문자가 입력한 가위(1), 바위(2), 보(3)의 값이 컴퓨터가 낸 난수와 일치하면 '잘 맞췄습니다! 축하합니다.'라는 창이 나타납니다.

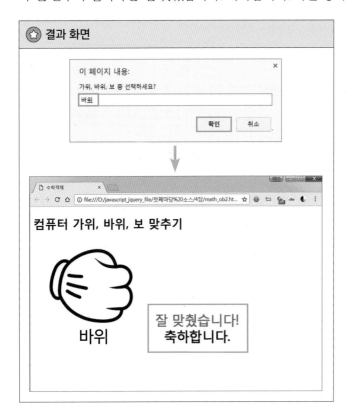

배열 객체

앞에서 변수에는 데이터가 1개만 저장된다고 했습니다. 그렇다면 여러 개 데이터를 한 장소에 저장하려면 어떻게 해야 할까요?

여러 개 데이터를 한 저장소에 저장하려면 배열 객체^{Array Object}를 생성하면 됩니다. 배열^{配列}은 '나눌 배'와 '열거할 열'자로, 글자 뜻 그대로 한 저장소를 나눠서 데이터를 열거하라는 의미입니다.

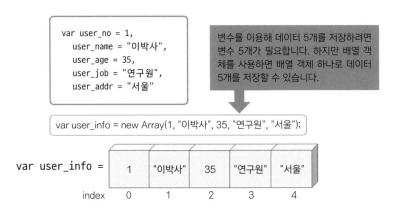

배열 객체를 생성하는 기본형은 다음과 같습니다.

기본형
❶ var 참조 변수 = new Array( );
　 참조 변수[0] = 값1; 참조 변수[1] = 값2; 참조 변수[2] = 값3; ... 참조 변수[n-1] = 값n;
❷ var 참조 변수 = new Array(값1, 값2, 값3, ..., 값n);
❸ var 참조 변수 = [값1, 값2, 값3, ..., 값n];

배열 객체를 생성하는 방법은 다음 3가지이며, 이 중에서 선호하는 방식을 사용하면 됩니다.

기본형 ❶

```
var d = new Array( );
d[0] = 30;
d[1] = "따르릉";
d[2] = true;
```

기본형 ❷

```
var d = new Array(30, "따르릉", true);
```

기본형 ❸

```
var d = [30, "따르릉", true];
```

앞에서와 같이 배열을 선언하면 오른쪽 그림처럼 컴퓨터에 저장됩니다. 데이터는 배열로 나누어진 저장소에 각각 나열되며, 각 저장소에는 인덱스 번호(번지수)가 부여됩니다. 인덱스 번호는 0부터 시작합니다.

배열 객체에 저장된 데이터 불러오기

배열 객체에 저장된 데이터를 불러올 때는 다음 기본형을 사용합니다.

> 기본형 | 참조 변수[인덱스 번호];

다음은 배열 객체에 저장된 값을 모두 출력하는 예제입니다. 실행문 3개는 모두 같은 결과를 출력합니다.

</> 코딩해 보세요!　　실습 파일 array_ob1_test.html　　완성 파일 array_ob1.html

```
06:  <script>
07:    var arr = [30, "따르릉", true];
08:
09:    document.write("<h3>배열값 가져오기-1</h3>");
10:    document.write(arr[0], "<br>");
11:    document.write(arr[1], "<br>");
12:    document.write(arr[2], "<br>");
13:
14:    document.write("<h3>배열값 가져오기-2</h3>");
15:    for (var i = 0; i < arr.length; i++) {
16:      document.write(arr[i], "<br>");
17:    }
18:
19:    document.write("<h3>배열값 가져오기-3</h3>");
20:    for (i in arr) {
21:      document.write(arr[i], "<br>");
22:    }
23:  </script>
```

> 배열에 데이터가 3개 저장되어 있습니다.

> i는 0부터 2까지 반복하며, arr의 인덱스값 0, 1, 2를 화면에 출력합니다.

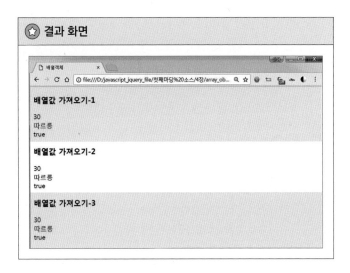

결과 화면

배열값 가져오기-1

30
따르릉
true

배열값 가져오기-2

30
따르릉
true

배열값 가져오기-3

30
따르릉
true

다음은 배열 객체에서 사용할 수 있는 메서드와 속성입니다. 이 메서드와 속성을 적절히 활용하면 배열 순서를 바꿀 수 있을 뿐만 아니라 배열 객체에 새 데이터를 삽입, 삭제도 할 수 있습니다.

배열 객체의 메서드와 속성

종류	설명
join(연결 문자)	배열 객체의 데이터를 연결 문자 기준으로 1개의 문자형 데이터로 반환합니다.
reverse( )	배열 객체의 데이터 순서를 거꾸로 바꾼 후 반환합니다.
sort( )	배열 객체의 데이터를 오름차순으로 정렬합니다.
slice(index1, index2)	배열 객체의 데이터 중에서 원하는 인덱스 구간만큼 잘라서 배열 객체로 가져옵니다.
splice( )	배열 객체의 지정 데이터를 삭제하고 그 구간에 새 데이터를 삽입합니다.
concat( )	배열 객체 2개를 하나로 결합합니다.
pop( )	배열에 저장된 데이터 중에서 마지막 인덱스에 저장된 데이터를 삭제합니다.
push(new data)	배열 객체의 마지막 인덱스에 새 데이터를 삽입합니다.
shift( )	배열 객체에 저장된 데이터 중에서 첫 번째 인덱스에 저장된 데이터를 삭제합니다.
unshift(new data)	배열 객체의 가장 앞에 있는 인덱스에 새 데이터를 삽입합니다.
length	배열에 저장된 총 데이터의 개수를 반환합니다.

다음은 배열 객체 메서드인 join( ), concat( ), slice( ), sort( ), reverse( )를 사용한 예제입니다.

<div class="code-box">

코딩해 보세요!   실습 파일 array_ob2_test.html   완성 파일 array_ob2.html

```
06:  <script>
07:    var arr_1 = ["사당", "교대", "방배", "강남"];
08:    var arr_2 = ["신사", "압구정", "옥수"];
09:
10:    var result = arr_1.join("-");          ── 배열에 저장된 값을 지정한 문자로 연결하여
11:    console.log(result);                       하나의 문자열을 반환합니다.
12:
13:    result = arr_1.concat(arr_2);          ── 배열 2개를 하나로 만들어 반환합니다.
14:    console.log(result);
15:
16:    result = arr_1.slice(1, 3);            ── 배열에서 1번 인덱스부터 3번 인덱스 바로
17:    console.log(result);                       앞 요소까지 잘라 낸 값을 반환합니다.
18:
19:    arr_1.sort( );                         ── 배열의 값을 오름차순으로 정렬합니다.
20:    console.log(arr_1);
21:
22:    arr_2.reverse( );                      ── 배열 순서를 거꾸로 뒤집습니다.
23:    console.log(arr_2);
24:  </script>
```

</div>

예제를 실행하면 다음과 같이 콘솔에 문자열과 배열이 출력됩니다.

결과 화면

다음은 배열 객체 메서드인 splice( ), pop( ), push( ), shift( ), unshift( )를 사용한 예제입니다.

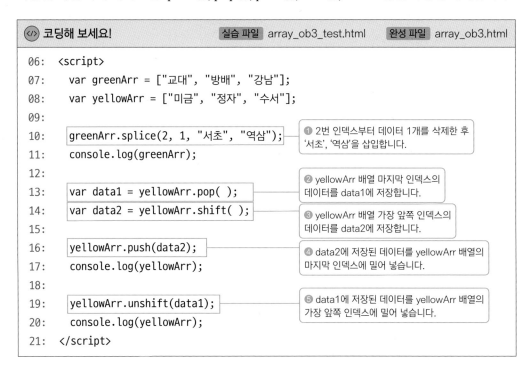

다음은 10~11행의 ❶을 그림으로 표현한 것입니다.

다음은 13~19행의 ❷, ❸, ❹, ❺를 그림으로 표현한 것입니다.

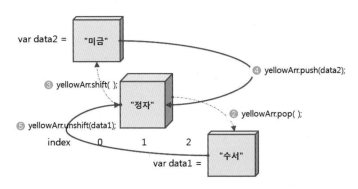

예제를 실행하면 다음과 같이 콘솔에 배열이 출력됩니다.

문자열 객체

문자열 객체String Object는 문자형 데이터를 객체로 취급하는 것으로, 자바스크립트에서 가장 많이 사용합니다.

문자열 객체 생성하기

문자열 객체를 생성하는 기본형은 다음과 같이 new 키워드와 String( ) 메서드를 사용합니다. 생성된 객체는 변수에 참조합니다.

기본형	var 참조 변수 = new String(문자형 데이터)

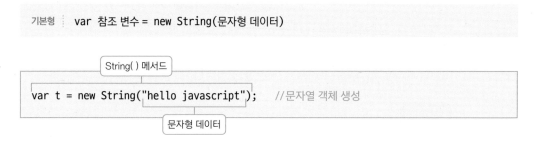

문자열 객체는 다음과 같이 참조 변수에 문자형 데이터만 입력해도 객체가 생성됩니다.

```
var 참조 변수 = 문자형 데이터
```

참조 변수

```
var t = "hello javascript";    //문자열 객체 생성
```

문자형 데이터

문자열 객체는 문자와 관련된 메서드와 속성을 제공하며, 이를 사용해 문자의 다양한 정보를 얻을 수 있습니다. 한 예로 문자열 객체에 지정한 문자가 몇 번째에 있는지 등을 알 수 있습니다.

문자열 객체의 메서드와 속성

종류	설명
charAt(index)	문자열에서 인덱스 번호에 해당하는 문자를 반환합니다. 예 var str = "web he she"; str.charAt(2); → 'b'를 반환함
indexOf("찾을 문자")	문자열에서 왼쪽부터 찾을 문자와 일치하는 문자를 찾아 가장 먼저 일치하는 문자의 인덱스 번호를 반환합니다. 만일 찾는 문자가 없으면 -1을 반환합니다. 예 var str = "web he she he"; str.indexOf("he"); → 4를 반환함
lastIndexOf("찾을 문자")	문자열에서 오른쪽부터 찾을 문자와 일치하는 문자를 찾아 가장 먼저 일치하는 문자의 인덱스 번호를 반환합니다. 만일 찾는 문자가 없으면 -1을 반환합니다. 예 var str = "web he she he"; str.lastIndexOf("he"); → 11을 반환함
match("찾을 문자")	문자열에서 왼쪽부터 찾을 문자와 일치하는 문자를 찾아 가장 먼저 찾은 문자를 반환합니다. 만일 찾는 문자가 없으면 null을 반환합니다. 예 var str = "web he she he"; str.match("boy"); → null을 반환함
replace("바꿀 문자", "새 문자")	문자열에서 왼쪽부터 바꿀 문자와 일치하는 문자를 찾아 가장 먼저 찾은 문자를 새 문자로 치환합니다. 예 var str = "web he she"; str.replace("web","html"); → 'html he she'를 반환함
search("찾을 문자")	문자열에서 왼쪽부터 찾을 문자와 일치하는 문자를 찾아 가장 먼저 일치하는 인덱스 번호를 반환합니다. 예 var str = "web he she"; str.search("he"); → 4를 반환함
slice(a, b)	a개의 문자를 자르고 b번째 이후에 문자를 자른 후 남은 문자를 반환합니다. 예 var str = "hello javascript" str.slice(3, 7); → 'lo j'를 반환함 str.slice(3, 7);은 문자열에서 3글자 'hel'까지 자르고 7번째 이후 글자인 'j' 이후부터 'avascript'를 자른 후 나머지 'lo j'를 반환합니다. 예 var str = "hello javascript" str.slice(3, -3); → 'lo javascr'를 반환함 여기에서 -1은 뒤에서 첫 번째 글자를 가리킵니다.
substring(a, b)	a 인덱스부터 b 인덱스 이전 구간의 문자를 반환합니다. 예 var str = "hello javascript" str.substring(3, 7); → 'lo j'를 반환함 예 var str = "hello javascript" str.substring(3, -3); → 'hel'을 반환함 여기에서 -3은 인덱스 0을 가리킵니다. 그러므로 인덱스 0부터 인덱스 3 이전 구간의 문자를 반환합니다.

substr(a, 문자 개수)	문자열에 a 인덱스부터 지정한 문자 개수만큼 문자열을 반환합니다. 예 var str = "hello javascript" substr(3, 2); → 'lo'를 반환함 str.str(3, 2);은 3 문자열에서 인덱스가 3인 'l'부터 2글자를 가져와서 'lo'를 반환합니다.
split("문자")	지정한 문자를 기준으로 문자 데이터를 나누어 배열에 저장하여 반환합니다. 예 var str = "webkmobilek2002"; (Index) (0) (1) (2) var arr = str.split("k"); → arr = | "web" | "mobile" | "2002" |
toLowerCase( )	문자열에서 영문 대문자를 모두 소문자로 바꿉니다. 예 var str = "ABC"; str.toLowerCase( ); → 'abc'를 반환함
toUpperCase( )	문자열에서 영문 소문자를 모두 대문자로 바꿉니다. 예 var str = "abc"; str.toUpperCase( ); → 'ABC'를 반환함
length	문자열에서 문자의 개수를 반환합니다. 예 var str = "hello welcome"; str.length → 13을 반환함
concat("새로운 문자")	문자열에 새로운 문자열을 결합합니다. 예 var str = "hello"; str.concat("web"); → 'helloweb'을 반환함
charCodeAt(index)	문자열 index에 해당 문자의 아스키 코드값을 반환합니다. 예 var str = "ABC"; str.charCodeAt(0) → 'A'의 아스키 코드값 65를 반환함
fromCharCode(아스키 코드값)	아스키 코드값에 해당하는 문자를 반환합니다. 예 String.fromCharCode(65); → 'A'를 반환함
trim( )	문자의 앞 또는 뒤에서 공백 문자열을 삭제합니다(" hello" → "hello"). 예 str = " hello"; str.trim( ); → 공백이 제거된 'hello'를 반환함

🔍 아스키 코드값을 좀 더 자세히 확인하고 싶다면 다음 주소를 참고하세요.
https://office.microsoft.com/ko-kr/word-help/HA010167539.aspx

다음은 문자열 객체 메서드와 속성을 사용한 예제입니다. 문자열 객체에 내장된 메서드를 사용하여 현재 문자에 지정한 위치(인덱스) 또는 특정 문자의 정보를 불러와 출력합니다.

</> 코딩해 보세요! 　　실습 파일 string_ob1_test.html　　완성 파일 string_ob1.html

```
     <script>
06:     var t = "Hello Thank you good luck to you";
07:     document.write(t.charAt(16),"<br />");        //인덱스 16에 저장된 문자를 불러옴
                                                       → "g"
08:     document.write(t.indexOf("you"),"<br />");    //문자열 왼쪽부터 가장 먼저 발견한 "you"
                                                       의 인덱스값을 반환 → 12
09:     document.write(t.indexOf("you", 16),"<br />"); //문자열 인덱스 16부터 가장 먼저 발견한
                                                       "you"의 인덱스값을 반환 → 29
```

```
10:    document.write(t.lastIndexOf("you"),"<br />");  //문자열 오른쪽부터 왼쪽 방향으로 가장 먼
                                                            저 발견한 "you"의 인덱스값을 반환 → 29
11:    document.write(t.lastIndexOf("you",25),"<br />");  //문자열 인덱스 25부터 왼쪽 방향으
                                                              로 가장 먼저 발견한 "you"의 인덱스값
                                                              을 반환 → 12
12:    document.write(t.match("luck"),"<br />");  //문자열 왼쪽부터 가장 먼저 발견한 "luck"과 일
                                                       치되는 문자를 찾아 반환
13:    document.write(t.search("you"),"<br />");  //문자열 왼쪽부터 가장 먼저 발견한 "you"의 인
                                                       덱스값을 반환 → 12
14:    document.write(t.substr(21,4),"<br />");  //문자열 인덱스 21부터 네 글자를 가져옴 → "luck"
15:    document.write(t.substring(6,12),"<br />");  //문자열 인덱스 6부터 12 이전까지의 문
                                                        자를 가져옴 → "Thank"
16:    document.write(t.replace("you","me"),"<br />");  //문자열 왼쪽부터 가장 먼저 발견한
                                                            "you"를 "me"로 치환
17:    document.write(t.toLowerCase( ),"<br />");  //영문자가 모두 소문자로 바뀐 문자열을 반환
18:    document.write(t.toUpperCase( ),"<br />");  //영문자가 모두 대문자로 바뀐 문자열을 반환
19:    document.write(t.length,"<br />");  //문자열에서 문자의 총 개수를 반환, 이때 공백
                                              도 문자로 취급 → 32
20:
21:    var s = t.split(" ");  //공백 문자를 기준으로 문자를 분리, 분리한 문자열은 배열에 저
                                 장되어 s에 할당
22:    document.write(s[0],"<br />");  //s의 인덱스 0에 저장된 문자열을 출력 → "Hello"
23:    document.write(s[4],"<br />");  //s의 인덱스 4에 저장된 문자열을 출력 → "luck"
24:
25:    var str = "A";
26:    var t = str.charCodeAt(0);  //변수에 저장된 문자열 중에서 0번 인덱스의 문자 "A"의 아스키 코
                                      드값을 반환
27:    document.write(t, "<br />");  //"A"의 아스키 코드값 65를 출력
28:    document.write(String.fromCharCode(65),"<br />");  //아스키 코드값 65에 해당하는 문
                                                              자를 반환
29: </script>
```

06행 문자형 데이터 'Hello Thank you good luck to you'를 변수 t에 참조하면 다음과 같이 문자(String) 객체가 생성됩니다.

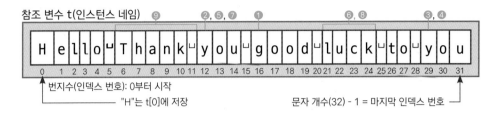

참조 변수 t(인스턴스 네임)
번지수(인덱스 번호): 0부터 시작
"H"는 t[0]에 저장
문자 개수(32) - 1 = 마지막 인덱스 번호

07행 ❶ t.charAt(16) t에 참조된 문자열 객체에서 16번째 인덱스에 저장된 문자는 'g'입니다. 그러므로 'g'를 반환합니다.

08, 09행 ❷ t.indexOf("you") / ❸ t.indexOf("you",16) t.indexOf("you")는 t에 참조된 문자열 왼쪽부터 'you'라는 문자를 찾습니다. 이때 가장 먼저 발견한 번지수(인덱스 번호) 12를 반환합니다. t.indexOf("you",16)는 t에 참조된 문자열 객체의 인덱스 16부터 오른쪽 방향으로 'you'라는 문자를 찾습니다. 이때 가장 먼저 발견한 번지수(인덱스 번호) 29를 반환합니다.

10, 11행 ❹ t.lastIndexOf("you") / ❺ t.lastIndexOf("you",25) t.lastIndexOf("you")는 t에 참조된 문자열의 오른쪽 끝부터 'you'라는 문자를 찾습니다. 이때 가장 먼저 발견한 번지수(인덱스 번호) 29를 반환합니다. t.lastIndexOf("you",25)는 t에 참조된 문자열 인덱스 25부터 왼쪽 방향으로 'you'라는 문자를 찾습니다. 이때 가장 먼저 발견한 번지수(인덱스 번호) 12를 반환합니다.

12행 ❻ t.match("luck") t에 참조된 문자열 객체에 'luck'라는 문자를 포함하고 있으면 'luck'이라는 문자 데이터를 반환합니다. 하지만 포함하지 않을 때는 null을 반환합니다.

13행 ❼ t.search("you") t에 참조된 문자열 객체의 왼쪽부터 'you'라는 문자를 찾습니다. 이때 가장 먼저 발견한 번지수(인덱스 번호) 12를 반환합니다.

14, 15행 ❽ t.substr(21,4) / ❾ t.substring(6,12) t.substr(21,4)는 t에 참조된 문자열에 인덱스 21부터 4글자를 가져오므로 'luck'을 반환합니다. t.substring(6,12)는 t에 참조된 문자열 객체에 인덱스 6부터 12 이전까지의 문자를 가져오므로 'Thank'를 반환합니다. 만일 t.substring(6)이라고 작성하면 문자열에 인덱스 6부터 그 이후의 모든 문자를 포함해 가져옵니다.

16행 t.replace("you","me") t에 참조된 문자열의 왼쪽부터 'you'라는 문자를 찾아 가장 먼저 발견한 'you'만 'me'라고 치환하여 'Hello Thank me good luck to you'를 반환합니다.

21행 t.split(" ") t에 참조된 문자열에 공백(" ")을 기준으로 문자가 'Hello', 'Thank', 'you', 'good', 'luck', 'to', 'you'의 7개로 나누어집니다. 이렇게 나누어진 여러 개의 문장 데이터는 배열로 저장되어 번지수(인덱스 번호)가 부여되고, s라는 변수가 배열 객체를 참조하게 됩니다.

26~28행 Str.charCodeAt(0) / String.fromCharCode(65) 모든 문자에는 각각 고유 번호가 있습니다. 이 번호를 아스키 코드값이라고 합니다. String.charCodeAt(0)는 'A'의 아스키 코드값을 반환하고, String.fromCharCode(65)는 아스키 코드값 65에 해당하는 문자를 반환합니다.

앞의 예제에서 볼 수 있듯이 문자열 객체에 메서드를 사용하면 다양한 문자 정보를 얻을 수 있습니다.

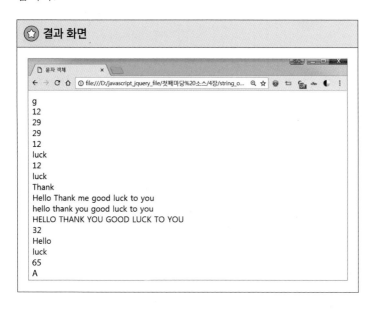

☆ 결과 화면

```
g
12
29
29
12
luck
12
luck
Thank
Hello Thank me good luck to you
hello thank you good luck to you
HELLO THANK YOU GOOD LUCK TO YOU
32
Hello
luck
65
A
```

다음 예제는 방문자가 이름을 영문 소문자로 입력하면 대문자로 바꿔 출력합니다. 또한 연락처를 입력하면 개인 정보가 노출되지 않도록 전화번호 뒤 네 자리는 *로 출력합니다.

<//> 코딩해 보세요!　　실습 파일 string_ob2_test.html　　완성 파일 string_ob2.html

```
06:  <script>
07:    var userName = prompt("당신의 영문 이름은?", "");
08
09:    var upperName = userName.toUpperCase( );
10:    document.write(upperName, "<br>");
11:
12:    var userNum = prompt("당신의 연락처는?", "");
13:    var result = userNum.substring(0, userNum.length - 4) + "****";
14:    document.write(result, "<br>");
15:  </script>
```

12~14행 userNum.substring(0, 7)은 userNum의 인덱스(0~7)값인 '0103235'를 반환합니다. 그런 다음 '****'와 결합하여 '0103235****'를 반환합니다.

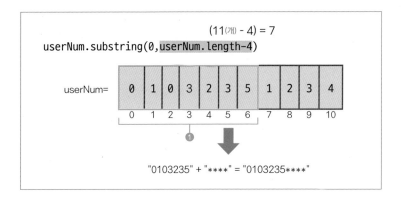

예제를 실행해 보면 사용자가 질의응답 창에 입력한 영문 이름은 대문자로 출력하고, 연락처 번호 뒤의 네 자리는 *로 출력합니다.

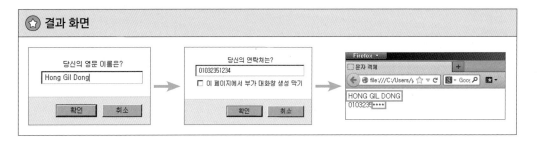

다음은 문자열 객체 메서드를 이용해 사용자가 입력한 이메일의 유효성을 검사하는 예제입니다.

</> 코딩해 보세요! 실습 파일 string_ob3_test.html 완성 파일 string_ob3.html

```
06:   <script>
07:     var userEmail = prompt("당신의 이메일 주소는?", "");
08:     var arrUrl = [".co.kr", ".com", ".net", ".or.kr", ".go.kr"];
09:
10:     var check1 = false;
11:     var check2 = false;
12:
13:     if (userEmail.indexOf("@") > 0) {check1 = true;}
14:
15:     for (var i = 0; i < arrUrl.length; i++) {
```

> 이메일 유효성을 검사하여 '@'를 정상으로 작성했으면 check1에 true를 저장합니다.

> arrUrl의 데이터 개수(5)를 반환합니다.

```
16:        if (userEmail.indexOf(arrUrl[i]) > 0) {
17:          check2 = true;
18:        }
19:      }
20:
21:      if (check1 && check2) {
22:        document.write(userEmail);
23:      } else {
24:        alert("이메일 형식이 잘못되었습니다.");
25:      }
26:    </script>
```

> 입력한 이메일과 arrUrl의 단어를 하나씩 비교하여 단어가 1개라도 일치하면 check2에 true를 저장합니다.

15~19행 for 문을 사용하여 arrUrl이 참조하는 배열에 데이터의 개수만큼 실행문을 반복합니다. 그리고 사용자가 입력한 이메일 문자열에 '.co.kr','.com','.net' 등이 포함되어 있는지 indexOf("찾을 문자")를 이용해 검사합니다. 이때 찾는 문자가 포함되어 있으면 변수 check2에 true가 저장됩니다.

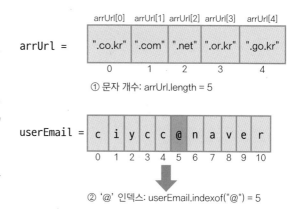

21~25행 check1과 check2에 true가 저장되어 있으면 이메일을 정상으로 출력합니다. 하지만 한 개라도 false가 나오면 '이메일 형식이 잘못되었습니다.'라고 경고 창을 나타냅니다.

다음 결과 화면처럼 질의응답 창에 사용자가 이메일 주소를 잘못 입력하면 '이메일 형식이 잘못되었습니다.'라는 경고 창을 보여줍니다.

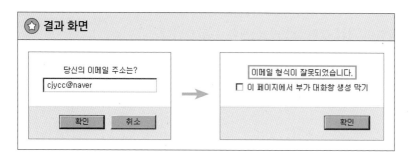

ES6 내장 객체에 추가된 유용한 기능

ES6에는 내장 객체에 사용할 수 있는 유용한 기능이 추가되었습니다. 특히 객체와 배열의 자료 관리에 도움을 주는 기능이 많습니다. ES6에서 개발에 주로 사용하는 기능을 중심으로 자세히 알아보겠습니다.

new Map( ) 메서드

new Map 객체는 키^{Key}와 값^{Value}을 이용하여 데이터를 보관, 조회, 삭제하고 키와 값의 그룹 수량을 파악할 수 있습니다. new Map 객체를 생성, 보관, 조회, 삭제하는 기본형을 살펴보겠습니다.

new Map( ) 메서드를 사용해 객체를 다음과 같이 생성합니다.

```
기본형    변수명 = new Map( );
         예 const map_1 = new Map( );
```

set( ) 메서드를 이용하면 어떤 데이터 타입이든 설정한 키 이름으로 값을 보관할 수 있습니다.

```
기본형    변수명.set("키", 값)
         예 map_1.set("coffee", 3000);
```

get( ) 메서드를 이용하면 set( )에서 설정한 키로 보관된 데이터를 조회할 수 있습니다.

```
기본형    변수명.get("키")
         예 map_1.get("coffee");    //300
```

delete( ) 메서드를 이용하면 키와 값의 그룹을 삭제할 수 있습니다

```
기본형    변수명.delete("키")
         예 map_1.delete("coffee");
```

new Map 객체를 활용해 과목별 점수를 저장하는 예제를 실습해 보겠습니다.

```
06:  <script>
07:    const contry = ["영어", "중국어"];
08:    const subjects =  ["쓰기", "말하기"];
09:    const myMap = new Map();
10:
11:    for (let i = 0; i < contry.length; i++) {
12:      myMap.set(contry[i], []);
13:      for (let k = 0; k < subjects.length; k++) {
14:        myMap.get(contry[i])
15:        .push(prompt(`${contry[i]}에 ${subjects[k]} 점수는?`));
16:      }
17:    }
18:
19:    console.log(myMap.get("영어"));
20:    console.log(myMap.get("중국어"));
21:  </script>
```

9행 new Map을 이용해 Map 객체를 생성하고 이를 변수 myMap에 할당합니다.

11행, 17행 바깥 반복문을 사용해 배열 객체 contry에 담긴 '영어'와 '중국어'를 순서대로 순회합니다.

12행 Map 객체를 참조하는 myMap 변수에 set( )를 이용해 영어, 중국어 값을 각 언어별로 빈 배열에 적용합니다.

13~16행 안쪽 반복문에서는 배열 객체 subjects를 순회하여 언어별로 '쓰기'와 '말하기' 점수를 입력받습니다. get( ) 메서드를 사용해 이미 앞에서 영어, 중국어로 빈 배열을 적용한 Map 객체를 불러와 질의응답 창에서 사용자가 입력한 점수를 push 메서드로 추가합니다.

19~20행 '영어'와 '중국어' 키에 해당하는 Map 객체에 값을 불러와서 각각 콘솔 창에 출력합니다.

다음처럼 영어, 중국어, 각각 쓰기와 말하기 평가 점수를 질의응답 창에 차례대로 입력합니다.

그럼 다음 결과 화면과 같이 개발 도구 콘솔 창에 언어별 평가 점수가 담긴 배열 객체가 출력됩니다.

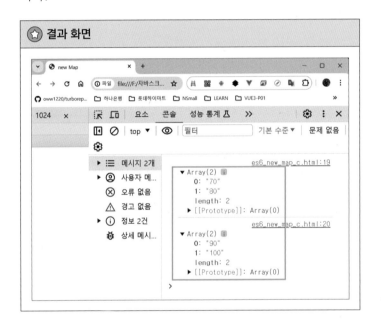

전개 구문과 구조 분해 할당

전개 구문Spread Syntax은 배열이나 객체의 속성을 확장하거나 함수의 매개변수로 전달할 때도 유용한 기능입니다. 전개 구문은 점 3개를 사용하여 배열이나 객체를 확장합니다.

> 🔍 전개 구문을 이용해 배열 요소를 함수 각각의 매개변수에 할당하는 방법은 05장에서 자세히 알아보겠습니다.

다음은 전개 구문의 기본형입니다. 배열을 확장할 때는 다음과 같이 여러 값을 요소로 추가하고 배열을 생성합니다. 배열을 2개 이상 결합하여 새로운 배열을 생성할 수도 있습니다.

```
변수1 = [값1, 값2, 값3, ..., 값n]
변수2 = [값4, 값5, 값6, ..., 값n]
변수3 = [...변수명1, ...변수명2]
예
let arr1 = [1, 2, 3];
let arr2 = [4, 5];
let arr3 = [... arr1, ... arr2];    // [1, 2, 3, 4, 5]
```

객체를 확장할 때는 다음과 같이 객체를 생성하고 여러 객체를 결합하여 하나의 객체로 만들 수 있습니다.

기본형
```
변수1 = {속성1: 값1, 속성2: 값2}
변수2 = {속성3: 값3}
변수3 = {... 변수명1, ... 변수명2}
예
let obj1 = {"id": "a1234", "name": "최군"};
let obj2 = {"contry": "kor" };
let obj3 = {... obj1, ... obj2}; // {"id": "a1234", "name": "최군", "contry": "kor"}
```

구조 분해 할당Destructuring Assignment은 배열이나 객체의 속성을 분해하여 각각의 변수에 할당할 때 유용합니다.

다음은 구조 분해 할당의 기본형과 예시입니다. 구조 분해 할당을 사용하면 배열 요소를 변수에 쉽게 할당할 수 있습니다. 배열 요소는 각각 배열 리터럴의 순서와 일치하는 변수에 할당됩니다.

기본형
```
변수1 = [값1, 값2, 값3, ..., 값n]
[변수2, 변수3] = [값4, 값5, 값6, ..., 값n]
예 let [num1, num2] = [1, 2, 3];    // let num1 = 1, let num2 = 2
```

객체 구조 분해 할당은 객체의 속성을 변수에 할당합니다. 객체의 속성 이름을 변수로 지정하여 그 값을 변수에 할당합니다.

기본형
```
{속성1} = {속성1: 값1, 속성2: 값2}
예 let {id} = {"id": "a1234", "name": "최군"};    // let id = "a1234"
```

전개 구문과 구조 분해 할당의 사용법을 각각 점수의 총합을 계산하는 예제로 익혀 보겠습니다.

코딩해 보세요!　　　　실습 파일 es6_spread_test.html　　　완성 파일 es6_spread_c.html

```
06:  <script>
07:    const users = {
08:      "userA": [50, 60, 100],
09:      "userB": [80, 90, 70],
10:      "userC": [75, 80, 90]
11:    }
12:    const {userA, userB} = users;
13:    const arr = [...userA, ...userB];
14:    let sum = 0;
15:    for(let i = 0; i < arr.length; i++) {
16:      sum += arr[i];
17:    }
18:    document.write(`userA와 userB의 점수 합계는 ${sum}점.`);
19:  </script>
```

12행 구조 분해 할당을 사용해 users 객체에서 userA와 userB의 배열을 각각 userA와 userB의 변수에 할당합니다.

13행 각각의 변수에 할당된 배열 객체를 전개 구문을 이용해 하나로 합칩니다.

15행 전개 구문을 이용해 하나의 배열 객체에 담긴 모든 숫자([50, 60, 100, 80, 90, 70])를 for 문으로 순회하며 sum에 차례대로 누적합니다. sum에는 전체 숫자의 합인 450이 할당됩니다.

다음은 userA와 userB의 배열 객체에 담긴 값을 모두 합해 출력한 결과 화면입니다.

결과 화면

userA와 userB의 점수 합계는 450점.

map( ) 메서드

map( ) 메서드는 배열의 각 요소에 콜백 함수를 호출합니다. 이 함수가 반환한 새로운 값을 새 배열에 담을 수 있습니다.

다음은 map( ) 메서드의 기본형과 예시입니다. map( ) 메서드는 콜백 함수를 인자로 받아 배열에서 각 요소를 순회하며 콜백 함수를 호출합니다. 매개변수1에는 배열에 담긴 데이터가 순차로 할당되고 매개변수2에는 데이터의 인덱스가 할당됩니다. 콜백 함수는 가공된 값을 반환하여 새 배열을 생성합니다.

```
기본형  ❶ 변수 = array.map((매개변수1, 매개변수2) => (가공된 반환할 데이터))
        ❷ 변수 = array.map((매개변수1, 매개변수2) => {
           return 가공된 반환할 데이터
        })
        예
        let arr1 = [1, 2, 3];
        let arr2 = arr1.map((item) => (item * 10)); // let arr2 = [10, 20, 30]
```

다음은 map( ) 메서드를 사용해 배열에 담긴 데이터를 변형하고 새 배열 객체에 담는 예제입니다.

```
</> 코딩해 보세요!          실습 파일 es6_map_test.html    완성 파일 es6_map_c.html
06:  <script>
07:      const arr1 = [10, 20, 30];
08:      const arr2 = arr1.map((item) => (item / 10));
09:      console.log(arr2);
10:
11:      const arr3 = ["홍길동", "김갑중", "박상무"];
12:      const arr4 = arr3.map((item, idx) => {
13:        let obj = {};
14:        obj["no"] = idx + 1;
15:        obj["userName"] = item;
16:        return obj;
17:      });
18:      console.log(arr4);
19:  </script>
```

8행 arr1 배열의 각 요소에 콜백 함수가 호출되며 스크립트 실행문을 수행합니다. 이때 매개변수 item에 배열의 값이 각각 순차로 할당됩니다. 이 값들을 10으로 나눈 결과가 새 배열 객체 arr2에 할당됩니다.

12행, 17행 map을 이용해 이름들이 담긴 배열 객체 arr3를 순회하면서 콜백 함수를 호출합니다. 첫 번째 매개변수 item에는 이름 값이, 두 번째 매개변수 idx에는 인덱스 번호가 0부터 할당됩니다.

13~16행 콜백 함수가 호출될 때마다 새 객체 obj를 선언합니다. 그 객체의 'no' 속성에는 idx + 1이 할당되고 'userName' 속성에는 item이 할당됩니다. 이때 인덱스 번호는 1부터 시작하도록 idx에 1을 더합니다. 순번과 이름이 가공된 객체를 반환하고 새 배열에 담아 arr4에 할당합니다.

다음은 map( ) 메서드를 사용해 가공한 배열 객체를 개발 도구의 콘솔을 이용하여 출력한 결과 화면입니다.

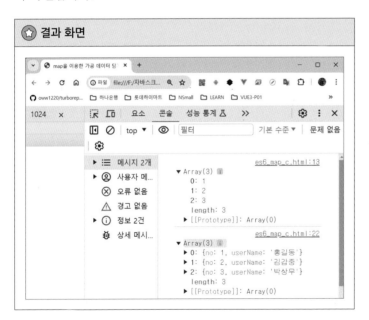

⭐ 결과 화면

some( ) 메서드

some( ) 메서드는 배열에 담긴 데이터 가운데 조건에 만족하는 데이터가 하나라도 있으면 true를 반환하고, 모두 만족하지 않으면 false를 반환합니다.

다음은 some( ) 메서드의 기본형과 예시입니다. some은 ⓐ 콜백 함수를 인자로 전달합니다. map( ) 메서드와 동일하게 배열의 모든 요소를 순회하며 콜백 함수를 호출하고 배열의 값과 인덱스를 매개변수로 받습니다.

```
기본형   ❶ 변수 = array.some(ⓐ(매개변수1, 매개변수2) => (반환할 조건식))
        ❷ 변수 = array.some(ⓐ(매개변수1, 매개변수2) => {
          return 조건식
        })
        예
        let arr1 = [1, 2, 3];
        let arr2 = arr1.some((item) => (item % 2 === 0)); // true
```

다음은 some( ) 메서드를 이용해 사용자가 입력한 세 과목의 영어 평가 점수 가운데 한 과목이라도 60점 미만이면 '불합격', 모두 60점 이상이면 '합격'을 출력하는 예제입니다.

```
</> 코딩해 보세요!          실습 파일 es6_some_test.html      완성 파일 es6_some_c.html

06:  <script>
07:    const subjects = ["쓰기", "듣기", "말하기"];
08:    const arr1 = subjects.map((item) => {
09:      return prompt(`영어 ${item}의 점수는?`, "0");
10:    });
11:
12:    let result = arr1.some((item) => (item < 60));
13:
14:    result = result ? "불합격": "합격";
15:    document.write(result);
16:  </script>
```

7~10행 영어 평가 과목명이 담긴 배열 객체 subjects를 map( ) 메서드를 사용해 순회하며 과목 수만큼 콜백 함수가 호출됩니다. 콜백 함수 블록({ }) 내에서 실행문을 수행할 때마다 각 과목의 점수를 프롬프트로 입력받습니다. 입력된 점수는 새 배열 객체에 담겨 arr1에 할당됩니다.

12행 세 과목의 점수가 담긴 배열 객체 arr1에 some( ) 메서드를 사용해 순회하면 콜백 함수가 수행되며 각 점수별로 조건식(item < 60)이 수행됩니다. 한 과목이라도 점수가 60점보다 낮으면 true를 반환하여 result 변수에 '불합격'이 할당됩니다.

질의응답 창에 과목별 평가 점수로 쓰기는 '50', 듣기는 '90', 말하기는 '100'을 입력했습니다. 평가 점수가 60점 미만인 과목이 있어서 다음 결과 화면처럼 '불합격'이 출력된 것을 확인할 수 있습니다.

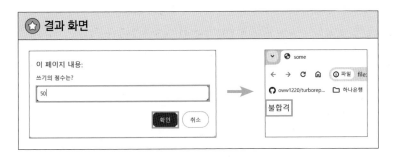

every( ) 메서드

every( ) 메서드는 배열에 담긴 데이터 전체가 조건에 만족하는 경우에만 true를 반환하고 하나라도 만족하지 않으면 false를 반환합니다.

다음은 every( ) 메서드의 기본형과 예시입니다. 사용 방식은 some( ) 메서드와 같습니다.

```
기본형   ❶ 변수 array.every(ⓐ(매개변수1, 매개변수2) => (반환할 조건식))
         ❷ 변수 = array.every(ⓐ(매개변수1, 매개변수2) => {
            return 조건식
         })
         예
         let arr1 = [1, 3, 5];
         let arr2 = arr1.every((item) => (item % 2! = 0));   // true
```

다음은 앞에서 실습한 과목별 영어 평가 예제를 every( ) 메서드를 사용해 구현한 예제입니다. 사용 방식은 some( ) 메서드와 같습니다.

코딩해 보세요!   실습 파일 es6_every_test.html   완성 파일 es6_every_c.html

```
06:   <script>
07:     const subjects = ["쓰기", "듣기", "말하기"];
08:     const arr1 = subjects.map((item) => {
09:       return prompt(`${item}의 점수는?`, "0");
10:     });
11:
```

```
12:    let result = arr1.every((item) => (item >= 60));
13:
14:    result = result ? "합격": "불합격";
15:    document.write(result);
16: </script>
```

질의응답 창에 과목별 평가 점수로 쓰기는 '50', 듣기는 '90', 말하기는 '100'을 입력하면 다음 결과 화면처럼 '불합격'이 출력됩니다.

includes( ) 메서드

includes( ) 메서드는 배열에 담긴 데이터에 특정 데이터가 포함되어 있으면 true를 반환하고 그렇지 않으면 false를 반환합니다. 다음은 includes( ) 메서드의 기본형과 예시입니다. includes( ) 메서드의 소괄호에는 검색할 데이터를 인자로 전달합니다.

```
기본형   array.includes(검색 데이터)   // true or false
         예
         let arr1 = [1, 2, 3, 4];
         arr1.includes(3); // true
         arr1.includes(5); // false
```

다음은 includes( ) 메서드를 이용해 fruit_1과 fruit2 배열 객체에 담긴 과일 중에서 중복되지 않는 과일을 fruit_3에 담는 예제입니다. 따라 해보면서 includes( ) 메서드의 사용법을 익혀 보겠습니다.

```
06:  <script>
07:    const fruit_1 = ["딸기", "바나나", "파인애플"];
08:    const fruit_2 = ["바나나", "딸기", "오렌지", "키위"];
09:    let fruit_3 = [];
10:
11:    fruit_3 = [...fruit_1];
12:    fruit_2.map((item) => {
13:      if(!fruit_3.includes(item)) {
14:        fruit_3.push(item)
15:      }
16:    });
17:
18:    document.write(fruit_3);
19:  </script>
```

코딩해 보세요! 실습 파일 es6_incs_test.html 완성 파일 es6_incs_c.html

11행 전개 구문을 이용해 fruit_1에 담긴 요소를 fruit_3에 복사합니다.

12~16행 map( ) 메서드를 이용해 fruit_2 배열을 순회하며 과일이 매개변수 item에 순차로 할당됩니다. if 조건문을 이용하여 item에 할당된 과일이 fruit_3에 있는지 확인하고 없으면 조건식이 true가 됩니다. fruit_3에 포함되지 않은 과일은 push를 이용해 배열 객체에 추가합니다.

오른쪽 결과 화면과 같이 중복되지 않은 과일은 모두 배열에 담겨 출력됩니다.

결과 화면

딸기,바나나,파인애플,오렌지,키위

for of( ) 메서드

for of( ) 메서드는 이터러블한 객체에 담긴 요소를 순회하여 각 요소를 순차로 처리할 때 사용합니다. 다음은 for of( ) 메서드의 기본 형식과 예시입니다.

🔍 이터러블(iterable)은 순회 가능한 자료 구조를 의미하며 대표적인 객체로는 배열(Array), 문자열(String), 맵(Map)이 있습니다.

```
기본형    for (ⓐ변수 of 이터러블한 객체) {
            script code;
          }
          예
          const arr = [1, 2, 3];
          for(let num of arr) {
            console.log(num);  //1, 2, 3
          }
```

다음은 앞에서 실습한 과목별 영어 평가 예제를 for of( ) 메서드를 사용해 구현한 예제입니다.

</> 코딩해 보세요!   실습 파일 es6_for_of_test.html   완성 파일 es6_for_of_c.html

```
06:  <script>
07:    const subjects = ["쓰기", "듣기", "말하기"];
08:    const arr1 = [];
09:    for(let item of subjects) {
10:      arr1.push(prompt(`${item}의 점수는?`, "0"));
11:    }
12:
13:    let result = arr1.every((item) => ( item >= 60));
14:
15:    result = result ? "합격" : "불합격";
16:    document.write(result);
17:  </script>
```

9~10행 for of( ) 메서드를 사용하면 배열 객체 subjects에 담긴 평가 과목을 순회하며 item에 각 과목을 할당합니다. 순회할 때마다 각 과목의 점수를 입력받고, 입력된 점수는 push를 이용해 빈 배열 arr1에 담습니다.

한 과목이라도 60점보다 낮은 점수를 입력하면 오른쪽 결과 화면처럼 '불합격'을 출력합니다.

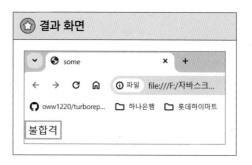

☆ 결과 화면

불합격

브라우저 객체 모델

브라우저 객체란?

브라우저에 내장된 객체를 '브라우저 객체'라고 합니다. window는 브라우저 객체의 최상위로 하위 객체가 포함되어 있습니다. 즉, window 객체는 계층적 구조로 이루어졌으며, 이를 브라우저 객체 모델Browser Object Model, BOM이라고 합니다.

브라우저 객체의 계층적 구조를 그림으로 나타내면 다음과 같습니다.

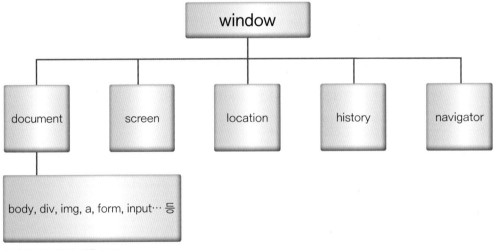

브라우저 객체의 계층 구조

window 객체

브라우저 객체의 최상위인 window는 다음 메서드를 사용할 수 있습니다.

window 객체의 메서드 종류

종류	설명
open("URL", "새 창 이름", "새 창 옵션")	URL 페이지를 새 창으로 나타냅니다.
alert(data)	경고 창을 나타내고 데이터를 보여 줍니다. 방문자가 [확인] 버튼을 누르면 alert( )를 사용한 다음 위치의 코드를 수행합니다.
prompt("질문", "답변")	질문과 답변으로 질의응답 창을 나타냅니다.
confirm("질문 내용")	질문 내용으로 확인 창이나 취소 창을 나타냅니다. [확인] 버튼을 누르면 true를 반환하고, [취소] 버튼을 누르면 false를 반환합니다.
moveTo(x, y)	지정한 새 창의 위치를 이동합니다.
resizeTo(width, height)	지정한 새 창의 크기를 변경합니다.
setInterval(function( ) {자바스크립트 코드}, 일정 시간 간격)	지속적으로 일정한 시간 간격으로 함수를 호출하여 코드를 실행합니다.
setTimeout(function( ) {자바스크립트 코드}, 일정 시간 간격)	단 한 번 일정한 시간 간격으로 함수를 호출하여 코드를 실행합니다.

open( ) 메서드로 팝업 창 나타내기

open( ) 메서드를 이용하면 지정한 URL 페이지를 새 브라우저 창에 나타낼 수 있습니다. 즉, 이 기능을 이용하면 광고에 자주 사용하는 팝업 창을 만들 수 있습니다. 하지만 최근에는 팝업 창을 사용자가 차단할 수 있어서 팝업 창을 활용한 광고는 효과가 많이 떨어졌습니다. 따라서 이 기능은 사용법만 간단히 익히고 넘어가겠습니다.

open( ) 메서드의 기본형은 다음과 같습니다.

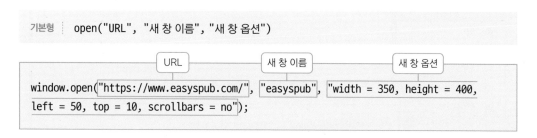

open( ) 메서드의 옵션 설정에는 다음 속성을 설정할 수 있습니다.

새 창에서 사용하는 옵션

종류	설명
width	새 창의 너비를 설정합니다.
height	새 창의 높이를 설정합니다.
left	새 창의 수평(X축) 위치를 설정합니다.
top	새 창의 수직(Y축) 위치를 설정합니다.
scrollbars	새 창에서 스크롤바의 숨김/노출을 설정합니다(숨김 = no, 노출 = yes).
location	새 창에서 URL 주소 입력 영역의 숨김/노출을 설정합니다(숨김 = no, 노출 = yes).
status	새 창에서 상태 표시줄 영역의 숨김/노출을 설정합니다(숨김 = no, 노출 = yes).
toolbar	새 창에서 도구 상자 영역의 숨김/노출을 설정합니다(숨김 = no, 노출 = yes).

📖 한 걸음 더!

← → **크롬 브라우저에서 팝업 차단 / 해제하기**

웹 브라우저 설정에 팝업 창이 차단되어 있으면 팝업 창을 나타낼 수 없습니다. 크롬 브라우저에서 팝업 창을 차단/해제하는 순서는 다음과 같습니다.

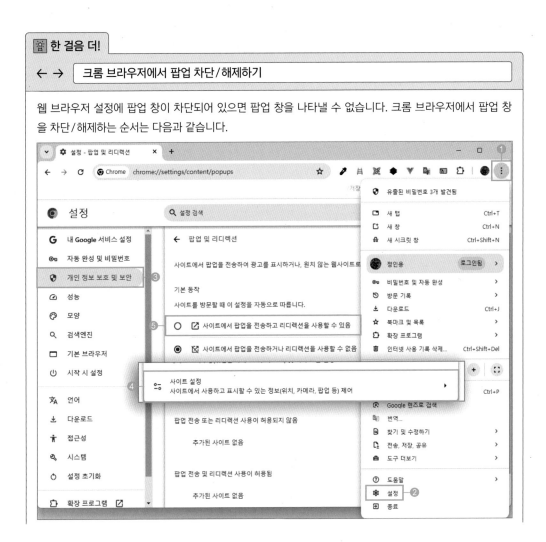

window.open( ) 메서드를 이용하여 팝업 창을 나타내는 예제를 살펴보겠습니다. 팝업 창을 나타내려면 웹페이지 2개가 필요합니다. 하나는 팝업 창으로 나타낼 페이지이고, 또 하나는 팝업 창이 나타날 수 있게 해주는 오프너 페이지입니다.

다음은 팝업 창 페이지를 나타내는 예제입니다. 예제 코드는 팝업 창으로 사용할 페이지의 HTML 코드입니다.

</> 코딩해 보세요! 실습 파일 winpopup_test.html 완성 파일 winpopup.html

```
10:  <body>
11:    <p>
12:      <img src="images/window_object_1.jpg" usemap="#intro"
13:      alt="신간 책 소개">
14:      <map name="intro" id="intro">
15:        <area shape="rect" coords="230,368,280,390" href="#" alt="창 닫기"
16:        onclick="window.close( );">
17:      </map>
18:    </p>
19:  </body>
```

[창 닫기]를 클릭하면 현재 창을 닫습니다.

다음은 팝업 창이 나타날 수 있게 해주는 오프너 페이지 예제입니다. 이 페이지에서 window. open( ) 메서드를 이용하여 앞에서 만든 팝업 창 페이지를 나타냅니다.

</> 코딩해 보세요! 실습 파일 win_ob1_test.html 완성 파일 win_ob1.html

```
06:  <script>
07:    window.open("winpopup.html", "pop1", "width = 300, height = 400, \
08:                left = 300, top = 50");
09:  </script>
```

❶ ❷ ❸ ❹

07~08행 새 창을 나타냅니다. 이때 새 창의 페이지 주소는 'winpopup.html'이며 창의 이름은 'pop1'로 설정했습니다. ❶ 새 창의 너비는 300px, ❷ 높이는 400px입니다. 스크린을 기준으로 ❸ 왼쪽에서 300px, ❹ 위쪽에서 50px만큼 떨어진 위치에서 팝업 창이 생성되도록 설정했습니다.

🔍 하나의 문자형 데이터를 Enter 를 눌러 줄 바꿈을 하면 오류가 발생합니다. 오류를 방지하려면 줄 바꿈을 할 때 Enter 대신 역슬래시를 붙여 주면 됩니다. 코딩할 때는 줄 바꿈을 하지 않아도 되는데, 이 책에서는 가독성을 위해 사용했습니다.

다음과 같이 웹 브라우저에서 오프너 페이지(win_ob1.html)를 실행하면 앞에서 작성한 팝업 창(winpopup.html) 페이지가 결과 화면으로 나타납니다.

alert( ) 메서드로 경고 창 나타내기

alert( ) 메서드는 경고 창을 나타낼 때 사용합니다. window.alert( ) 메서드는 다음 기본형처럼 window 객체를 따로 작성하지 않아도 사용할 수 있습니다.

기본형
```
alert("경고 메시지");
예
alert("잘못 입력했습니다.");    // 경고 창을 나타냄
```

경고 창은 다음과 같이 [확인] 버튼을 클릭해야
alert( ) 메서드 다음에 나오는 코드를 실행합니다.

prompt( ) 메서드로 질의응답 창 나타내기

prompt( ) 메서드는 질의응답 창을 나타낼 때 사용합니다. window.prompt( ) 메서드 역시
다음 기본형처럼 앞에 window 객체를 따로 작성하지 않아도 사용할 수 있습니다.

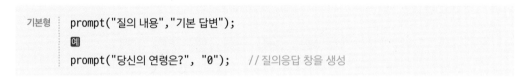

위 코드를 작성하여 실행하면 오른쪽 화면과 같이
사용자에게 질문하여 응답을 유도하는 질의응답 창
이 나타납니다. [확인] 버튼을 클릭하면 입력한 답변
을 반환합니다.

confirm( ) 메서드로 확인/취소 창 나타내기

확인/취소 창을 나타낼 때 사용합니다. window.confirm( ) 메서드 역시 다음 기본형처럼 앞
에 window 객체를 따로 작성하지 않아도 사용할 수 있습니다.

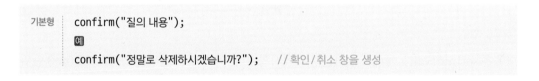

confirm( ) 메서드를 사용하면 오른쪽 화면과 같이
사용자에게 질의응답 창을 이용해 [확인] 또는 [취
소] 버튼을 클릭하도록 유도할 수 있습니다. 이때
[확인] 버튼을 클릭하면 true를 반환하고, [취소] 버
튼을 클릭하면 false를 반환합니다.

일정한 시간 간격으로 코드 실행하기

일정한 시간 간격으로 코드를 실행하는 메서드로는 setInterval( )과 setTimeout( )이 있습니다. setInterval( )은 일정한 시간 간격으로 코드를 반복 실행합니다. setTimeout( )은 일정한 시간 후에 코드를 실행하고 종료합니다.

다음은 setInterval( )과 setTimeout( ) 메서드의 차이점을 그림으로 표현한 것입니다. setInterval( )은 3초 간격으로 코드를 반복 실행하고, setTimeout( ) 메서드는 3초 후에 코드를 한 번만 실행하고 종료합니다.

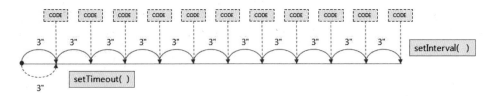

setInterval( ) / clearInterval( ) 메서드

setInterval( ) 메서드는 코드를 일정 시간 간격으로 반복 실행한다고 했죠? clearInterval( ) 메서드는 반복 실행하던 setInterval( ) 메서드를 멈추게 합니다.

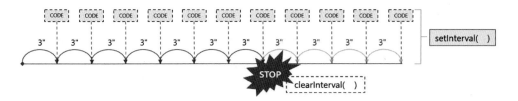

다음은 setInterval( ) 메서드의 기본형과 예시입니다. 이때 시간 간격은 1/1,000초(ms) 단위로 작성해야 합니다. 예를 들어 3초 간격으로 실행하려면 3,000(3,000 * 1/1,000)으로 작성해야 합니다. 여기서 참조 변수는 setInterval( ) 메서드를 제거하는 clearInterval( ) 메서드에서 사용합니다. 예시는 3(3,000)초 간격으로 변수 i의 값을 1씩 증가시킵니다.

```
기본형   ❶ var 참조 변수 = setInterval(function( ) {코드},   시간 간격(ms));
         ❷ var 참조 변수 = setInterval("코드", 시간 간격(ms));
         예
         ❶ var intv = setInterval(function( ) {i++;}, 3000);
         ❷ var intv = setInterval(" i++ ", 3000);
```

다음은 clearInterval( ) 메서드의 기본형입니다. 이때 참조 변수는 앞의 setInterval( ) 메서드 실행문을 참조하는 변수입니다.

기본형 | clearInterval(참조 변수);

다음은 setInterval( ) 메서드를 이용하여 일정한 간격으로 i의 값을 증가시켜 콘솔 창에 출력하는 예제입니다. [정지] 버튼을 클릭하면 clearInterval( )이 적용되어 정지됩니다.

</> 코딩해 보세요! 실습 파일 win_ob2_test.html 완성 파일 win_ob2.html

```
06:   <script>
07:     var addNum = 0;
08:     var subNum = 1000;
09:
10:     var auto_1 = setInterval(function( ) {      3초(3,000) 간격으로 반복 실행합니다.
11:       addNum++;                                  addNum의 값이 1씩 증가합니다.
12:       console.log("addNum: " + addNum);
13:     }, 3000);
14:
15:     var auto_2 = setInterval(function( ) {      3초(3,000) 간격으로 반복 실행합니다.
16:       subNum--;                                  subNum의 값이 1씩 감소합니다.
17:       console.log("subNum: " + subNum);
18:     }, 3000);
19:   </script>
...                                                  방문자가 해당 버튼을 클릭하면 auto_1이
                                                     참조하는 setInterval( )을 제거합니다.
23:     <button onclick = "clearInterval(auto_1)">증가 정지</button>
24:     <button onclick = "clearInterval(auto_2)">감소 정지</button>
25:   </body>
```

이 예제에서는 setInterval( ) 메서드를 이용해 3초마다 변수 auto_1의 데이터를 1씩 증가시키고 auto_2의 데이터는 1,000에서 1씩 감소시켰습니다. 그리고 [증가 정지] 버튼을 클릭하면 자동으로 증가하던 데이터가 정지하고, [감소 정지] 버튼을 클릭하면 자동으로 감소하던 데이터가 정지합니다.

setTimeout( ) / clearTimeout( ) 메서드

setTimeout( ) 메서드는 일정 시간이 지나면 코드를 실행하고 종료합니다. setTimeout( ) 메서드를 조금만 응용하여 재귀 호출을 하면 setInterval( ) 메서드처럼 사용할 수도 있습니다. 즉, clearTimeout( ) 메서드는 setTimeout( ) 메서드를 제거합니다.

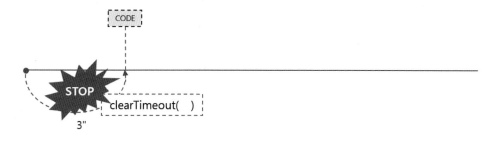

다음은 setTimeout( ) 메서드의 기본형과 예시입니다. 시간 간격은 밀리초(ms) 단위로 작성해야 합니다. 예를 들어 5초 간격은 '5,000'으로 입력합니다. 예시는 5초 간격으로 변수 i의 값을 1만큼 증가시킵니다.

```
기본형   ① var 참조 변수 = setTimeout(function( ) {자바스크립트 코드}, 시간 간격(ms));
         ② var 참조 변수 = setTimeout("자바스크립트 코드", 시간 간격(ms));
         예
         ① var tim = setTimeout(function( ) {i++;}, 5000);
         ② var tim = setTimeout(" i++ ", 5000);
```

다음은 clearTimeout( ) 메서드의 기본형과 예시입니다. 이때 참조 변수(tim)는 앞의 setTimeout( ) 메서드 실행문을 참조하는 변수입니다.

기본형	clearTimeout(참조 변수);
예	
	clearTimeout(tim); // tim에 참조되어 있던 setTimeout( )를 삭제

다음은 setTimeout( ) 메서드를 사용한 간단한 예제입니다. setTimeout( ) 메서드를 이용해 지정한 시간 간격으로 단 한 번 실행하여 변수 i에 값을 1만큼 증가시킨 후 콘솔 패널에 i의 값을 출력합니다.

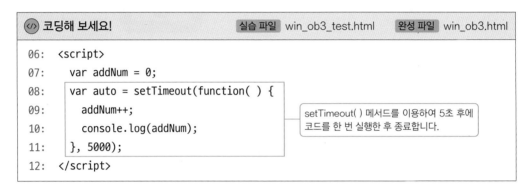

```
06:  <script>
07:    var addNum = 0;
08:    var auto = setTimeout(function( ) {
09:      addNum++;
10:      console.log(addNum);
11:    }, 5000);
12:  </script>
```

> setTimeout( ) 메서드를 이용하여 5초 후에 코드를 한 번 실행한 후 종료합니다.

이 예제를 콘솔 창에서 열어 실행하면 3초 후 변수 i의 데이터를 단 한 번만 1만큼 증가시키고 콘솔 창에 값을 출력합니다.

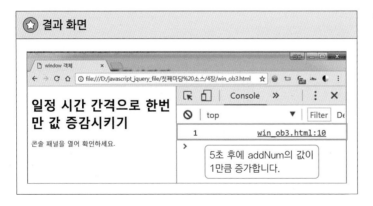

🔍 키보드에서 F12를 누르면 콘솔 창을 쉽게 열 수 있습니다.

screen 객체

screen 객체는 사용자의 모니터 정보(속성)를 제공합니다. 예를 들어 모니터의 너비나 높이 또는 컬러 표현 비트[bit]를 반환합니다. 다음은 screen 객체의 기본형과 예시입니다.

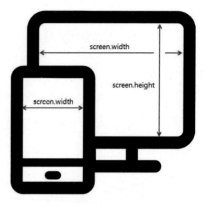

기본형	screen.속성;
	예
	screen.width; // 모니터의 너빗값을 반환
	screen.height; // 모니터의 높잇값을 반환

다음은 screen 객체에서 사용할 수 있는 속성입니다.

screen 객체의 속성 종류

종류	설명
screen.width	화면의 너빗값을 반환합니다.
screen.height	화면의 높잇값을 반환합니다.
screen.availWidth	작업 표시줄을 제외한 화면의 너빗값을 반환합니다.
screen.availHeight	작업 표시줄을 제외한 화면의 높잇값을 반환합니다.
screen.colorDepth	사용자 모니터에서 표현할 수 있는 컬러 비트(bit)를 반환합니다.

location 객체

location 객체는 사용자 웹 브라우저와 관련된 속성과 메서드를 제공합니다. 현재 URL 정보
(속성)와 새로 고침^{reload} 메서드를 제공합니다.

웹 브라우저

다음은 location 객체의 기본형과 예시입니다.

기본형
① location.속성;
② location.메서드( );

①-① 사용자 브라우저의 URL 경롯값을 가져옵니다.
예 location.href;

①-② 사용자 브라우저의 URL 경로를 지정한 URL(http://www.easyspub.co.kr) 주소로 변
경합니다.
예 location.href = "http://www.easyspub.co.kr";

② 사용자 브라우저를 새로 고침 합니다.
예 location.reload( );

다음은 location 객체에서 사용할 수 있는 속성입니다.

location 객체의 속성 종류

종류	설명
location.href	주소 영역의 참조 주소를 설정하거나 URL을 반환합니다. 예 http://www.easyspub.co.kr:80/Main/pub#view
location.hash	URL의 해시값(#에 명시된 값)을 반환합니다. 예 http://www.easyspub.co.kr/Main/pub#view
location.hostname	URL의 호스트 이름을 설정하거나 반환합니다. 예 http://www.easyspub.co.kr
location.host	URL의 호스트 이름과 포트 번호를 반환합니다. 예 http://www.easyspub.co.kr:80/
location.protocol	URL의 프로토콜을 반환합니다. 예 http:
location.search	URL의 쿼리(요청값)를 반환합니다. 예 ?pageNum=1&sort=DESC
location.reload( )	마치 웹 브라우저에서 F5 키를 누른 것처럼 새로 고침을 합니다.

history 객체

history 객체는 사용자가 방문한 웹사이트의 기록을 남기고 이전 방문 웹사이트와 다음 방문 사이트로 다시 돌아갈 수 있는 속성과 메서드를 제공합니다.

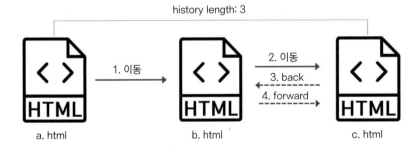

다음은 history 객체의 기본형과 예시입니다.

기본형
```
❶ history.속성;
❷ history.메서드( );
❸ history.메서드(n);
```

다음은 history 객체에서 사용할 수 있는 속성입니다.

history 객체의 속성 종류

종류	설 명
history.back( )	이전 방문 웹사이트로 이동합니다.
history.forward( )	다음 방문 웹사이트로 이동합니다.
history.go(이동 숫자)	이동 숫자에 -2를 입력하면 2단계 이전에 방문한 웹사이트로 이동합니다.
history.length	방문 기록에 저장된 목록의 개수를 반환합니다.

navigator 객체

navigator 객체는 현재 사용자가 사용하는 웹 브라우저와 운영체제의 정보를 제공합니다.

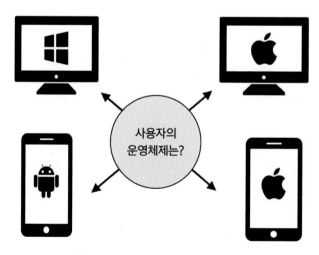

다음은 navigator 객체의 기본형입니다.

기본형	`navigator.속성;`

다음은 크롬 브라우저에서 테스트한 결과입니다.

방문자의 브라우저와 운영체제 정보를 제공합니다.

예 navigator.userAgent;

  ↳ "Mozilla/5.0 (Windows NT 6.1; Win64; x64) AppleWebKit/537.36 (KHTML, like Gecko) Chrome/60.0.3112.113 Safari/537.36"

❶ 기본 플랫폼
❷ 운영체제 정보
❸ 사용하는 웹 브라우저의 엔진 이름
❹ 사용하는 웹 브라우저 이름
❺ 같은 엔진을 사용하고 호환할 수 있는 다른 웹 브라우저

다음은 navigatior 객체에서 사용할 수 있는 속성입니다.

navigator 객체의 속성 종류

종류	설명
navigator.appCodeName	현재 웹 브라우저의 코드명을 반환합니다. 현 시점의 모든 웹 브라우저는 'Mozilla'를 반환합니다.
navigator.appName	현재 웹 브라우저의 이름을 반환합니다. 현 시점의 모든 웹 브라우저는 'Netscape'를 반환합니다.
navigator.appVersion	현재 웹 브라우저의 버전 정보를 반환합니다. 현 시점의 모든 웹 브라우저는 '5.0(Windows)'을 반환합니다.
navigator.language	현재 브라우저가 사용하는 언어를 반환합니다. 한국어를 사용할 경우에는 'ko'를 반환합니다.
navigator.product	현재 웹 브라우저의 엔진 이름을 반환합니다. 크롬을 사용할 경우에는 'Gecko'를 반환합니다.
navigator.platform	현재 컴퓨터의 운영체제 정보를 제공합니다. 운영체제가 윈도우이고 시스템 종류가 64비트라도 브라우저가 32비트로 설치되었다면 'Win32'라고 나타납니다.
navigator.onLine	온라인 상태 정보를 제공합니다. 만일 인터넷이 정상으로 연결되어 있는 상태라면 true값을 반환합니다.
navigator.userAgent	웹 브라우저와 운영체제의 종합 정보를 제공합니다.

앞에서 배운 웹 브라우저 객체 중에서 웹 브라우저와 운영체제의 정보를 제공하는 navigator 객체와 스크린 정보를 제공하는 screen 객체를 이용하여 각각의 버튼을 누를 때마다 사용자의 운영체제 정보와 스크린 사이즈 정보를 출력하는 예제를 만들어 보겠습니다.

이렇게 사용자의 운영체제 정보를 알 수 있으면 현재 웹사이트를 방문한 사람이 데스크톱 PC를 이용하는지, 모바일을 이용하는지 파악할 수 있습니다. 또한 현재 사용자의 스크린 크기 정보를 알면 그에 맞게 다양한 자바스크립트를 적용할 수 있습니다.

1. 실습 파일(os_info_test.html)을 열고 설명에 유의하여 다음 자바스크립트 코드를 작성해 보세요.

> 〈/〉 **코딩해 보세요!** 실습 파일 os_info_test.html 완성 파일 os_info.html

```
07: <script>
08:   var info = navigator.userAgent.toLowerCase( );    운영체제 정보를 구한 후
09:   var osImg = null;                                  소문자로 치환합니다.
10:
11:   if(info.indexOf('windows') >= 0) {
12:     osImg = "windows.png";
13:   } else if(info.indexOf('macintosh') >= 0) {
14:     osImg = "macintosh.png";                         운영체제의 정보가 windows라는 문자를
15:   } else if(info.indexOf('iphone') >= 0) {           포함하고 있으면 osImg에 윈도우 이미지의
16:     osImg = "iphone.png";                            파일명이 저장됩니다(나머지 경우도 동일).
17:   } else if(info.indexOf('android') >= 0) {
18:     osImg = "android.png";
19:   }
20:
21:   document.write("<img src=\"images/" + osImg + "\">", "<br>");
22:   var scr = screen;
23:   var sc_w = scr.width;          스크린 객체를 scr에 참조한 다음, 스크린 객체의 너비와
24:   var sc_h = scr.height;         높이를 구해 각각의 변수 sc_w, sc_h에 저장합니다.
25:
26:   document.write("모니터 해상도 너비:" + sc_w + "px", "<br>");
27:   document.write("모니터 해상도 높이:" + sc_h + "px", "<br>");
28: </script>
```

2. 작성한 코드를 저장한 후 크롬 브라우저에서 테스트해 보세요.

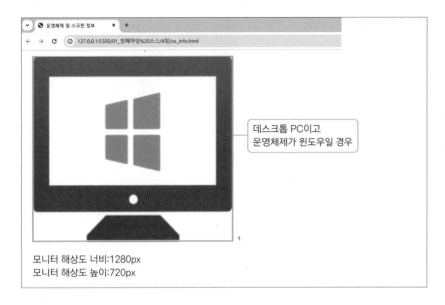

3. iOS 운영체제를 사용한다면 다음과 같이 애플 로고가 출력됩니다. 이때 크롬 개발자 도구의 디바이스 도구를 사용하면 데스크톱에서도 모바일 환경을 테스트할 수 있습니다. 개발자 도구를 열어 디바이스 ▭ 버튼을 누르고 새로고침하면 다음처럼 모바일 환경을 확인할 수 있습니다.

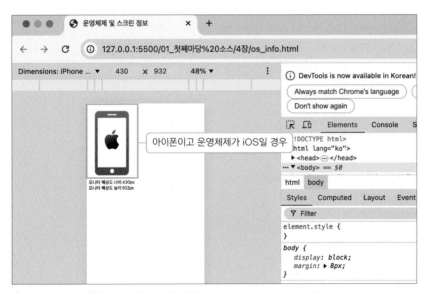

🔍 윈도우 운영체제에서는 모바일로 전환하면 안드로이드 로고가 표시됩니다.

☆ 마무리 문제 ☆

Q1 문자열 객체를 이용해 다음 결과 화면과 같이 출력되도록 코드를 완성해 보세요.

> **실습 파일** ob_test1_test.html

```
06:   <script>
07:       var phoneNum = "010-2345-1234";
08:       var result_1 = phoneNum.substring(        ❶        );
09:       document.write(result_1, "**** <br>");
10:
11:       var imgSrc = "images/bnt_out.jpg";
12:       var result_2 = imgSrc.replace(        ❷        );
13:       document.write(result_2, "<br>");
14:   </script>
```

```
010-2345-****
images/bnt_over.jpg
```

Q2 배열 객체와 수학 객체를 이용해 다음 코드를 완성해 보세요.

> '짜장면', '돈가스', '된장국', '김치찌개', '회덮밥' 중에서 점심 메뉴가 랜덤으로 선택되도록 만들어
> 보세요.
> ❶ 배열 객체를 이용하여 5개 메뉴 데이터를 변수 menu에 참조하세요.
> ❷ Math.random( )과 배열 데이터 개수(length)를 이용하여 배열 인덱스값이 랜덤으로 나오도록
> 하세요.

> **실습 파일** ob_test2_test.html

```
06:   <script>
07:       var menu =        ❶
08:       var menuNum = Math.floor(        ❷        );
09:       var result = menu[menuNum];
10:       document.write( result );
11:   </script>
```

```
김치찌개
```

> **완성 파일** Q1. ob_test1.html, Q2. ob_test2.html

05 | 함수

함수란 한마디로 프로그램의 코드를 저장한 공간이라고 할 수 있습니다. 이 장에서는 함수의 개념과 사용법을 좀 더 자세히 알아봅니다. 함수는 자바스크립트뿐만 아니라 모든 프로그래밍 언어에서 자주 사용하는 만큼 개념을 정확히 이해하는 것이 중요합니다.

함수 알아보기

함수란?

우리는 앞에서 데이터를 저장할 때 변수를 선언하여 저장했습니다. 변수에는 데이터만 저장할 수 있고, 코드는 저장할 수 없습니다. 하지만 함수를 사용하면 코드를 메모리에 저장했다가 필요할 때마다 호출하여 사용할 수 있습니다. 예를 들어 다음 그림의 TV 리모컨에는 채널의 버튼이 여러 개 있습니다. 그리고 이 버튼에는 TV의 해당 채널로 바꿀 수 있는 코드가 저장되어 있죠. 이 코드는 사용자가 리모컨의 버튼을 눌러(호출)야 실행합니다. 이때 TV 리모컨의 버튼은 함수를 저장하고 있으며. 버튼을 누를 때마다 함수가 호출된다고 할 수 있습니다.

TV 리모컨의 채널 버튼

다음은 변수와 함수의 차이점을 그림으로 나타낸 것입니다.

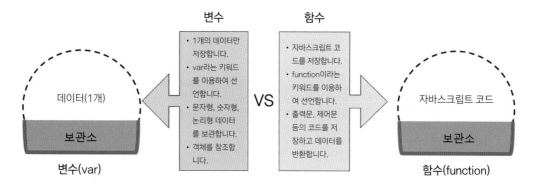

변수	함수
데이터(1개)	자바스크립트 코드
보관소	보관소
변수(var)	함수(function)

변수
- 1개의 데이터만 저장합니다.
- var라는 키워드를 이용하여 선언합니다.
- 문자형, 숫자형, 논리형 데이터를 보관합니다.
- 객체를 참조합니다.

VS

함수
- 자바스크립트 코드를 저장합니다.
- function이라는 키워드를 이용하여 선언합니다.
- 출력문, 제어문 등의 코드를 저장하고 데이터를 반환합니다.

기본 함수 정의문

함수를 사용하여 코드를 저장한 것을 '함수 정의문'이라고 합니다. 변수를 선언할 때 var 키워드를 사용한 것처럼 함수에서는 function 키워드를 사용해 함수를 선언합니다. 함수 정의문은 다음과 같이 선언합니다.

🔍 "이 구역은 '함수 정의문'이니 '함수명'으로 보관해 줘!"라고 선언했다고 생각하면 됩니다.

```
기본형    function 함수명( ){
              자바스크립트 코드;
          }
```

다음과 같이 익명 함수(함수명이 없는 함수)를 선언하고 변수에 참조해도 됩니다.

```
참조 변수 = function( ){
    자바스크립트 코드;
}
```

함수 정의문({ … }) 안에 작성한 코드는 즉시 실행되지 않습니다. 함수는 메모리에 할당되어 대기하고 있다가 함수가 호출되면 실행합니다. 정의한 함수를 호출하는 기본형은 다음과 같습니다.

```
기본형    함수명( );
          또는 참조 변수( );
```

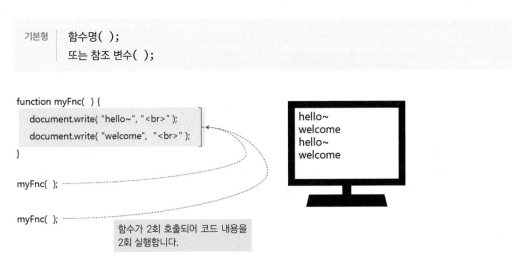

← → | 일반 함수 정의 방식과 익명 함수 선언 참조 방식의 차이점

일반 함수 정의 방식은 함수를 호출할 때 호이스팅(hoisting) 기술을 지원합니다. 그러나 익명 함수 선언 참조 방식은 호이스팅을 지원하지 않습니다. 호이스팅을 적용하면 함수 정의문보다 호출문이 먼저 나와도 함수 정의문을 끌어올려 함수를 호출합니다.

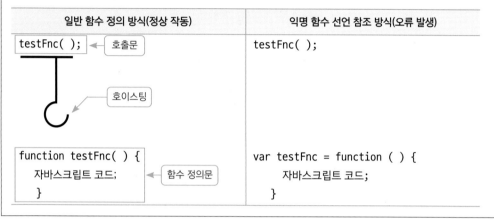

🔍 호이스팅의 사전적 의미는 '물건을 끌어올리다' 입니다.

다음 예제는 함수 정의문과 익명 함수를 변수에 참조한 예입니다. 이렇게 2가지 방식으로 함수를 선언한 다음 각각 호출하여 코드를 실행합니다.

</> 코딩해 보세요!　　　실습 파일 function_1_test.html　　　완성 파일 function_1.html

```
06:  <script>
07:    var count = 0;
08:
09:    myFnc( );
10:
11:    function myFnc( ) {
12:      count++;
13:      document.write("hello" + count, "<br>");
14:    }
15:
16:    myFnc( );
17:
18:    var theFnc = function( ) {
19:      count++;
20:      document.write("bye" + count, "<br>");
```

함수 호출문이 먼저 나와도 호이스팅 방식이 적용되어 함수를 정상으로 호출합니다.

```
21:    }
22:
23:    theFnc( );
24:  </script>
```

09, 16, 23행 myFnc( ) 함수를 2회 실행하여 'hello1', 'hello2'가 출력되고 theFnc( ) 함수를 1회 실행하여 'bye3'이 출력됩니다.

다음은 함수 정의문을 이용해 [배경색 바꾸기] 버튼을 클릭할 때마다 배경색이 바뀌도록 만든 예제입니다.

코딩해 보세요!   실습 파일 function_2_test.html   완성 파일 function_2.html

```
06:  <script>
07:    var color = [ "white", "yellow", "aqua", "purple" ];
08:
09:    var i = 0;
10:    function changeColor( ) {
11:      i++;
12:      if (i >= color.length) {
13:        i = 0;
14:      }
15:
16:      var bodyTag = document.getElementById("theBody");
17:      bodyTag.style.backgroundColor = color[i];
18:    }
19:  </script>
20:  </head>
21:  <body id="theBody">
22:    <button onclick="changeColor( );">배경색 바꾸기</button>
23:  </body>
```

white   yello   aqua   purple

color(0)   color(1)   color(2)   color(3)

i의 값이 4 이상이면 i에 0을 대입합니다.

버튼을 클릭하면 changeColor( ) 함수를 호출합니다.

16~17행 getElementById( )는 id값을 이용해 문서 객체(태그)를 선택하는 메서드로, CSS의 아이디 선택자와 비슷한 역할을 합니다. 선택한 문서 객체에 스타일을 적용하려면 다음과 같이 문서 객체의 style에 접근하고 적용하고자 하는 속성에 새 값을 입력해야 합니다.

문서 객체 . style . 스타일 속성 = 새 값;

id값이 'theBody'인 요소의 배경색을 노란색으로 적용합니다.
예 document.getElementById("theBody").style.backgroundColor = "yellow";

예제를 실행하면 다음 결과 화면처럼 처음에는 흰색이던 배경색이 버튼을 클릭할 때마다 노란색, 아쿠아색, 보라색 순으로 바뀝니다.

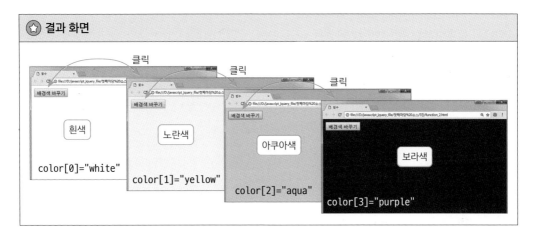

매개변수가 있는 함수 정의문

기본 함수 정의문은 함수 안에 있는 코드를 실행할 때 단순히 함수명으로 호출해서 코드를 실행했습니다. 즉, 함수를 호출할 때 값을 전달할 수 없었습니다. 하지만 매개변수가 있는 함수 정의문은 함수를 호출할 때 전달하고자 하는 값을 입력하여 호출할 수 있습니다. 이렇게 전달된 값은 매개변수가 받아 함수 정의문에서 사용할 수 있습니다.

다음은 함수를 호출할 때 값을 전달하는 기본형입니다. 함수를 호출할 때 ⓐ 데이터 1은 ❶ 매개변수 1에 저장되고 ⓑ 데이터 2는 ❷ 매개변수 2에 저장됩니다. 그리고 ⓒ 데이터는 ❸ 매개변수 n에 저장됩니다.

다음은 함수를 호출했을 때 이름과 사는 지역의 데이터를 함수 정의문의 매개변수 name과 area에 각각 전달하여 함수 안에 있는 실행문의 매개변수에 저장된 데이터를 불러와 출력하는 예제입니다.

코딩해 보세요!   실습 파일 function_3_test.html   완성 파일 function_3.html

```
06:  <script>
07:    function myFnc(name, area) {
08:      document.write("안녕하세요. " + name + "입니다.", "<br>");
09:      document.write("사는 곳은 " + area + "입니다.", "<br><br>");
10:    }
11:
12:    myFnc("홍당무", "서울");     //"안녕하세요. 홍당무입니다." 출력
13:                               //"사는 곳은 서울입니다." 출력
14:    myFnc("깍두기", "부산");
15:  </script>
```

결과 화면

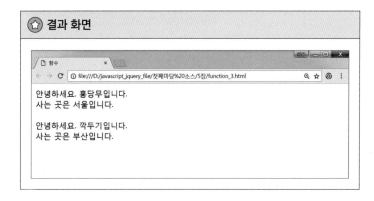

다음 예제는 사용자가 질의응답 창에 아이디와 비밀번호를 입력했는데 잘못 입력한 경우에는 '존재하지 않는 아이디입니다.'라는 경고 창을 나타내고, 비밀번호를 잘못 작성된 경우에는 '잘못된 비밀번호입니다.'라는 경고 창을 나타냅니다. 아이디와 비밀번호가 일치하면 환영 문구를 출력합니다.

```
06:    <script>
07:      var rightId = "korea";
08:      var rightPw = "1234";
09:      function login(id, pw) {
10:        if (id == rightId) {           아이디가 올바른 경우
11:          if (pw == rightPw) {
12:            document.write(id + " 님 방문을 환영합니다.");   비밀번호가 올바른 경우
13:          } else {
14:            alert("잘못된 비밀번호입니다.");   비밀번호가 틀린 경우
15:          }
16:
17:        } else {           아이디가 틀린 경우
18:          alert("존재하지 않는 아이디입니다.");
19:        }
20:      }
21:
22:      var userId = prompt("아이디를 입력하세요.", "")
23:      var userPw = prompt("패스워드를 입력하세요.", "")
24:
25:      login(userId, userPw);
26:    </script>
```

예제를 실행하면 방문자가 작성한 아이디와 비밀번호가 올바른 값인 경우 '○○○ 님 방문을 환영합니다'라고 출력하는 것을 확인할 수 있습니다.

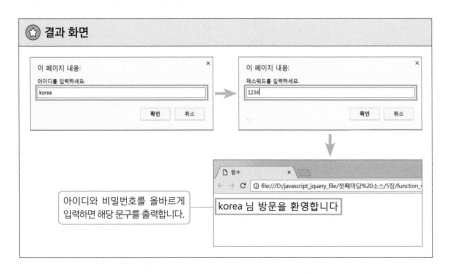

결과 화면

아이디와 비밀번호를 올바르게 입력하면 해당 문구를 출력합니다.

korea 님 방문을 환영합니다

매개변수 없이 함수에 전달된 값 받아 오기

함수 정의문에서 arguments를 사용하면 매개변수를 사용하는 것처럼 함수 호출문의 값을 받아 올 수 있습니다. 함수 정의문의 매개변수가 없는 상태에서 데이터를 전달하여 함수를 호출하면 그 값은 배열에 저장됩니다. 함수 정의문에서는 그 값을 arguments라는 변수로 참조합니다. 다음은 arguments의 기본형입니다.

다음은 매개변수를 생략한 함수 호출문에서 3개의 숫자형 데이터를 전달하는 예입니다. 숫자형 데이터는 배열에 저장되고 arguments 변수로 참조할 수 있습니다. arguments의 인덱스를 이용해 배열에 저장된 값을 불러와 합을 구하여 결괏값(60)을 화면에 출력합니다.

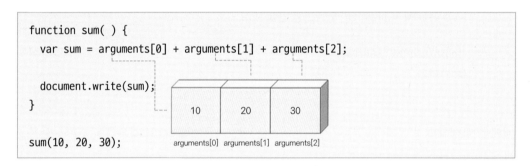

매개변수 없이 함수 호출문에 전달된 값들은 배열로 저장됩니다. 따라서 다음과 같이 for 문으로 전달받은 데이터의 개수만큼 반복하여 sum에 값을 더합니다. 이때 arguments를 사용하면 함수 호출문에서 유연하게 값을 전달할 수 있습니다.

```
function sum( ) {
  var sum = 0;
  for (var i = 0; i < arguments.length; i++) {
    sum += arguments[i];
  }

  document.write(sum);    //60
}

sum(10, 20, 30);
```

함수에서 return 문의 역할

return 문은 함수에서 결괏값을 반환할 때 사용합니다. 그리고 함수에서 return 문을 실행하면 반복문의 break 문과 비슷하게 코드가 강제로 종료됩니다. 다시 말해 함수 정의문에 return 문을 사용하면 함수를 호출했을 때 결괏값을 반환합니다.

데이터를 반환하고 강제 종료하는 return 문

다음은 return 문의 기본형입니다.

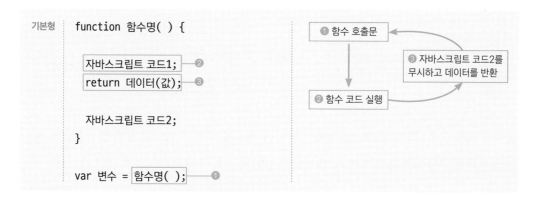

다음은 함수를 호출해 인자값 10, 20을 전달하는 예시입니다. sum( ) 함수는 num1(10)과 num2(20)의 데이터를 더한 값인 30을 반환합니다. 반환된 값은 변수 result에 저장되어 화면에 출력됩니다.

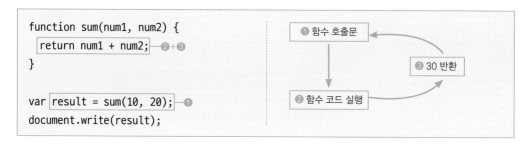

다음은 함수 정의문 내에 작성한 코드를 실행한 후 계산된 결괏값을 함수 호출문에 return 문
으로 반환하는 예제입니다.

코딩해 보세요!　　실습 파일 function_5_test.html　　완성 파일 function_5.html

```
06:    <script>
07:      function testAvg(arrData) {
08:        var sum = 0;
09:        for (var i = 0; i < arrData.length; i++) {
10:          sum += Number(prompt(arrData[i] + " 점수는?", "0"));
11:        }
12:
13:        var avg = sum / arrData.length;
14:        return avg;
15:      }
16:
17:      var arrSubject = [ "국어", "수학" ];
18:      var result = testAvg(arrSubject);
19:
20:      document.write("평균 점수는 " + result + "점입니다");
21:    </script>
```

arrData.length: 2

국어　영어

arrData[0]　arrData[1]

배열에 저장된 데이터 개수(2)
만큼 반복문을 실행합니다.

평균 점수를 구해 반환합니다.

함수를 호출하면 데이터가 매개변수에 전달되며 함수에 작성한 코드에 사용됩니다. 그리고 계
산 결과를 함수를 호출한 지점에 return 문을 사용해 되돌려 주면 result에 값이 저장됩니다.

다음은 result에 저장된 값으로 평균 점수를 출력한 결과 화면입니다.

결과 화면

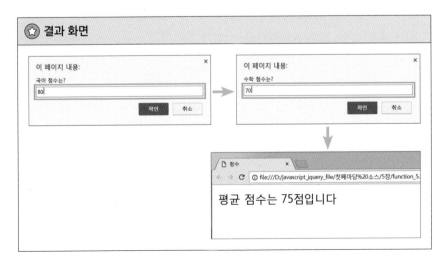

다음은 이미지 8개(pic_1.jpg ~ pic_8.jpg)를 사용해 갤러리를 만드는 예제입니다. 예제를 실행하면 처음 화면에는 pic_1.jpg가 나타나고 [다음] 버튼을 누르면 pic_2.jpg 나타납니다. 즉, 이미지 파일명의 숫자가 1씩 증가하면서 해당하는 그림이 나타납니다. 이미지는 pic_8.jpg까지만 있어서 그 이후 [다음] 버튼을 클릭하면 이미지를 불러오지 못해 오류가 발생합니다. 이렇듯 8보다 큰 값이 나오는 경우에는 return 문으로 num++ 이전에 함수를 종료하여 문제를 해결합니다.

코딩해 보세요!　　　　　**실습 파일** function_6_test.html　　　**완성 파일** function_6.html

```
11:  <script>
12:    var num = 1;
13:    function gallery(direct) {
14:      if (direct) {
15:        if (num == 8) return;        [다음] 버튼을 누르면 direct의 값이 1이 되어
16:        num++;                       num의 값이 1만큼 증가합니다.
17:      } else {
18:        if (num == 1) return;        [이전] 버튼을 누르면 direct의 값이 0이 되어
19:        num--;                       num의 값이 1만큼 감소합니다.
20:      }
21:
22:      var imgTag = document.getElementById("photo");
23:      imgTag.setAttribute("src", "images/pic_" + num + ".jpg");
24:    }
25:  </script>
26:  </head>                           id값이 "photo"인 이미지 태그를 선택합니다.
27:  <body>                            그런 다음 "src" 속성을 새 값으로 설정합니다.
28:    <div id="galleryZone">
29:      <p><img src="images/pic_1.jpg" id="photo" alt=""></p>
30:      <p>
31:        <button onclick="gallery(0)">이전</button>
32:        <button onclick="gallery(1)">다음</button>
33:      </p>
34:    </div>
35:  </body>
```

23행 setAttribute("속성명", "새 값") 메서드는 선택한 태그에서 지정한 속성을 새 값으로 바꿉니다.

다음 결과 화면과 같이 [다음] 버튼을 누르면 바로 뒤의 이미지가 나오고, [이전] 버튼을 누르면 바로 앞의 이미지가 나옵니다.

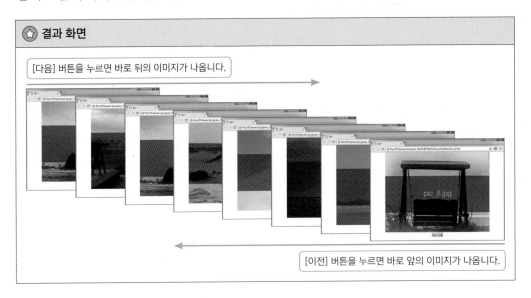

⭐ 결과 화면

[다음] 버튼을 누르면 바로 뒤의 이미지가 나옵니다.

[이전] 버튼을 누르면 바로 앞의 이미지가 나옵니다.

재귀 함수 호출

함수 정의문 내에서 작성한 코드로 함수를 다시 호출하는 것을 '재귀 함수 호출'이라 합니다. 재귀 함수 호출은 함수를 반복문처럼 여러 번 호출할 때 사용하며, 기본형은 다음과 같습니다.

기본형
```
function myFnc( ) {
    자바스크립트 코드;
    myFnc( );
}
myFnc( );
```

다음은 재귀 함수를 호출하여 1부터 10까지 값을 출력하는 예제입니다.

```
06:  <script>
07:    var num = 0;
08:    function testFnc( ) {
09:      num++;
10:      document.write(num, "<br>");
11:      if (num == 10) return;
12:
13:      testFnc( );
14:    }
15:
16:    testFnc( );
17:  </script>
```

> num의 값이 10이면 종료합니다.

> testFnc( ) 함수를 다시 호출합니다.

13행 testFnc( ) 함수에서 다시 testFnc( ) 함수를 재귀 호출합니다.

11행 if(num==10) return; 조건문을 사용하여 num의 값이 10이면 함수를 종료합니다. 재귀 함수를 더 이상 호출하지 않습니다.

다음은 함수(testFnc)에 재귀 함수 호출문을 삽입하여 함수(testFnc)를 반복해서 호출하고 조건문을 사용해 재귀 함수 호출을 종료한 결과 화면입니다.

⭐ 결과 화면

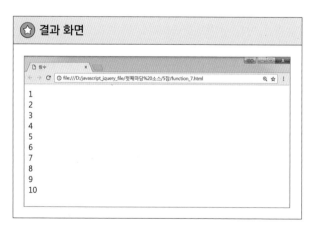

함수 스코프의 개념 이해

함수 스코프란?

스코프Scope의 사전적 의미는 '범위'이며, 여기에서는 변수 또는 함수의 유효 범위를 가리킵니다.

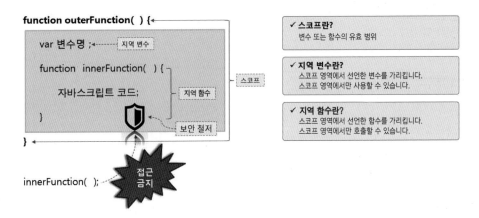

스코프를 이해하려면 전역 변수Global Variables와 지역 변수Local Variables를 알아야 합니다. 여기에서는 먼저 지역 변수와 전역 변수의 개념과 차이를 살펴보겠습니다.

전역 변수와 지역 변수의 개념과 차이

전역 변수는 자바스크립트 어디에서든 사용할 수 있는 변수이고 지역 변수는 함수 스코프에서만 사용할 수 있는 변수입니다. 다음은 전역 변수와 지역 변수를 선언하는 기본형입니다.

기본형	
	`var 변수명;` ─ 전역 변수

	`function 함수명( ) {`
	　`var 변수명;` ─ 지역 변수
	`}`

다음과 같이 함수 스코프에서 선언한 변수는 지역 변수이며 함수 안에서만 사용할 수 있습니다. 따라서 함수 스코프에서 score값을 50으로 변경해도 함수 스코프 밖의 score값은 10을 출력합니다.

```
var score = 10;

function myFnc( ) {
  var score = 50;          함수 스코프에서는 지역 변수
                           데이터를 가져옵니다.
  alert(score);    //50
}

myFnc( );

alert(score);    //10       함수 스코프 밖에서는 전역 변수
                           데이터를 가져옵니다.
```

전역 함수와 지역 함수의 차이

전역 함수는 자바스크립트 어디에서든 사용할 수 있는 함수이고, 지역 함수는 함수 스코프에서만 사용할 수 있는 함수입니다. 다음은 전역 함수와 지역 함수를 선언하는 기본형입니다.

```
기본형    function 함수명1( ) {
            자바스크립트 코드;       전역 함수
          }


          function 함수명2( ) {
            function 함수명3( ) {
              자바스크립트 코드;     지역 함수
            }
          }
```

함수 스코프에서 선언한 함수는 지역 함수가 되어 함수 스코프에서만 호출할 수 있습니다. 따라서 스코프 밖에서 myFnc( ) 함수를 호출하면 함수 스코프에서 선언한 지역 함수가 아닌 전역 함수가 실행되어 '전역 함수'라는 경고 창이 나타납니다.

```
function myFnc( ) {
  alert("전역 함수");
}

function outerFnc( ) {
  function myFnc( ) {
    alert("지역 함수");
  }
  myFnc( );      //지역 함수 호출
}

outerFnc( );
myFnc( );        //전역 함수 호출
```

전역과 지역을 나누는 이유

프로그램을 개발할 때 전역^{Global}과 지역^{Local}을 나누면 충돌을 피할 수 있습니다. 방송국에 비유하면 전국 방송과 지역 방송으로 나눈 것을 생각해 볼 수 있습니다. 전국 방송 송출 신호는 전국에서 시청할 수 있지만 지역 방송은 그 지역에서만 시청할 수 있습니다. 예를 들어 지역 방송의 경우 같은 KBS2 채널이라도 강원도에서는 강원 뉴스가 나오고 경기도에서는 경기 뉴스가 나옵니다. 만약 이렇게 나누지 않는다면 전국 방송과 지역 방송이 충돌할 것입니다.

개발에서도 마찬가지입니다. 프로젝트의 규모가 크면 개발자가 여러 명 투입되는데, 만약 이름이 같은 전역 변수나 전역 함수를 사용하면 충돌이 발생합니다. 또한 다른 개발자가 이미 개발해 놓은 라이브러리나 플러그인의 변수 또는 함수의 이름과 자신이 사용하는 변수나 함수의 이름이 같은 경우에도 충돌이 발생할 수 있습니다.

한 프로젝트에 개발자가 2명 투입되어 1명은 GNB 메뉴를, 다른 1명은 TAB 메뉴를 제작했다고 가정해 보겠습니다. 이때 개발자 간의 의견 조율이 이루어지지 않아 각각 이름이 같은 함수를 만들면 어떻게 되는지 살펴볼까요?

⟨/⟩ 코딩해 보세요!　　　　　　　**실습 파일** function_8_test.html　　**완성 파일** function_8.html

```
06:  <script>
07:    var num = 100;
08:    function menu( ) {
09:      num += 100;              ┐
10:      alert(num);              ├ 개발자 A
11:    }
12:    menu( );
13:
14:    function menu( ) {
15:      alert(num);              ┐ 개발자 B
16:    }
17:  </script>
```

개발자 A는 당연히 200이 출력될 것으로 예상했지만 오른쪽과 같이 100이 출력되었습니다. 개발자 A와 B가 만든 함수명이 같아서 개발자 A가 만든 함수는 제거되고 개발자 B가 만든 함수가 호출된 것입니다.

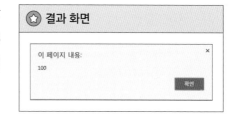

⭐ 결과 화면

> 이 페이지 내용:　　　　　　　×
>
> 100
>
> 　　　　　　　　　　확인

즉시 실행 함수

만약 개발자 A와 B가 지역 함수를 사용하여 함수를 선언했다면 함수가 충돌하는 불상사를 피할 수 있었을 것입니다. 그러면 지역 함수 선언에 사용하면 효과적인 즉시 실행 함수의 사용법을 간략하게 살펴보고, 이런 충돌 문제가 발생할 때 해결 방법을 알아보겠습니다.

다음은 즉시 실행 함수의 기본형으로, 함수를 선언함과 동시에 함수를 호출할 수 있습니다.

다음은 개발자 A와 B가 즉시 실행 함수에 지역 변수와 지역 함수를 선언하여 충돌을 방지한
예제입니다.

</> 코딩해 보세요!   실습 파일 function_9_test.html   완성 파일 function_9.html

```
06:  (function( ) {
07:    var num = 100;
08:    function menu( ) {
09:      num += 100;
10:      alert(num);
11:    }
12:    menu( );
13:  }( ));
14:
15:  (function( ){
16:    var num = 100;
17:    function menu( ) {
18:      alert(num);
19:    }
20:  }( ));
```

오른쪽과 같이 개발자 A가 예상한 값(200)이 정상
으로 출력된 것을 확인할 수 있습니다.

⭐ **결과 화면**

이 페이지 내용: ✕

200

확인

객체 생성자 함수의 활용

객체 생성자 함수

내장 객체를 생성할 때는 이미 자바스크립트 엔진에 내장되어 있는 객체 생성자 함수^{Object} Constructor Function를 사용합니다. 이번에는 객체 생성자 함수를 선언한 후 객체를 생성해 보겠습니다.

다음은 객체 생성자 함수를 선언하고 객체를 생성하는 기본형입니다. new 키워드를 사용해 객체를 생성하고 객체 생성자 함수에서 this 키워드를 사용해 생성한 객체에 속성과 함수를 등록합니다.

```
기본형    function 함수명(매개변수1, 매개변수2, ..., 매개변수n) {    //객체 생성자 함수
             this.속성명 = 새 값;
             this.함수명 = function( ) {
                자바스크립트 코드;
             }
          }

          var 참조 변수(인스턴스 네임) = new 함수명( );                //객체 생성
                                 ↓
          var 참조 변수 = {속성 : 새 값, 함수명 : function( ) {...} }
```

다음은 CheckWeight라는 이름으로 객체 생성자 함수를 선언하고 2개의 객체를 생성하는 예제입니다. 생성된 각각의 객체에는 속성(이름, 키, 몸무게)과 함수(getInfo( ), getResult( ))를 등록합니다.

> </> **코딩해 보세요!**　　　　　　실습 파일 function_10_test.html　　완성 파일 function_10.html

```
06:    <script>
07:        function CheckWeight(name, height, weight) {
```

> 객체 생성자의 함수명은 소문자로 시작해도 되지만 대문자로 만드는 것이 좋습니다.

```
08:        this.userName = name;
09:        this.userHeight = height;         생성한 객체에 이름, 키, 몸무게 등의
10:        this.userWeight = weight;         속성을 등록합니다.
11:        this.minWeight;
12:        this.maxWeight;
13:
14:        this.getInfo = function( ) {
15:            var str = ""
16:            str += "이름: " + this.userName + ", ";
17:            str += "키: " + this.userHeight + ", ";    생성한 객체에 속성값을 출력하는
18:            str += "몸무게: " + this.userWeight + "<br>";    함수를 각각 등록합니다.
19:            return str;
20:        }
21:        this.getResult = function( ) {
22:            this.minWeight = (this.userHeight - 100) * 0.9 - 5;
23:            this.maxWeight = (this.userHeight - 100) * 0.9 + 5;
24:
25:            if (this.userWeight >= this.minWeight
26:                && this.userWeight <= this.maxWeight) {
27:              return "정상 몸무게입니다";              정상 몸무게, 표준 오차 몸무게를
28:            } else if (this.userWeight < this.minWeight) {    구하여 몸무게가 정상인지 출력
29:              return "정상 몸무게보다 미달입니다";       하는 함수를 등록합니다.
30:            } else {
31:              return "정상 몸무게보다 초과입니다";
32:            }
33:        }
34:    }
35:
36:    var jang = new CheckWeight("장보리", 168, 62);
37:    var park = new CheckWeight("박달재", 180, 88);
38:    console.log(jang);
39:    console.log(park);
40:
41:    document.write(jang.getInfo( ));
42:    document.write(jang.getResult( ));
43: </script>
```

콘솔에 생성된 객체를 출력해 객체에 등록된 속성과 함수도 확인할 수 있습니다. 그리고 jang.
getInfo( ) 함수는 객체의 속성 정보를 반환합니다. jang.getResult( ) 함수는 몸무게가 정상
인지 아닌지를 판단하여 그 결과를 반환합니다. 다음은 결과 화면입니다.

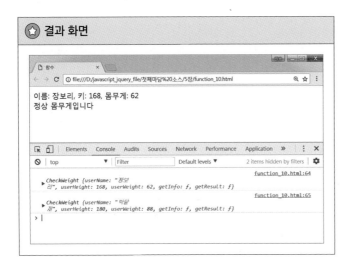

결과 화면

이름: 장보리, 키: 168, 몸무게: 62
정상 몸무게입니다

function_10.html:64
CheckWeight {userName: "장보리", userHeight: 168, userWeight: 62, getInfo: f, getResult: f}

function_10.html:65
CheckWeight {userName: "박달쩡", userHeight: 180, userWeight: 88, getInfo: f, getResult: f}

메모리를 절약하는 프로토타입 사용하기

앞의 예제에서 객체 생성자 함수를 선언하여 객체를 생성하고 속성과 함수를 등록해 보았습니다. 하지만 앞에서 배운 대로 객체를 생성하면 함수가 그만큼 등록됩니다. 그리고 함수를 여러 개 등록하면 메모리 공간을 많이 차지하여 메모리를 낭비하게 됩니다. 이럴 때 객체 생성자 함수에 프로토타입Prototype을 사용하여 함수를 등록하면 메모리 낭비를 줄일 수 있습니다.

프로토타입의 사전적 의미는 '원형'입니다. 자바스크립트에서 원형은 객체 생성자 함수를 의미합니다. 프로토타입을 사용하여 등록한 함수는 원형(객체 생성자 함수)에서 생성된 객체를 공유할 수 있습니다. 즉, 함수를 여러 개 등록할 필요가 없습니다.

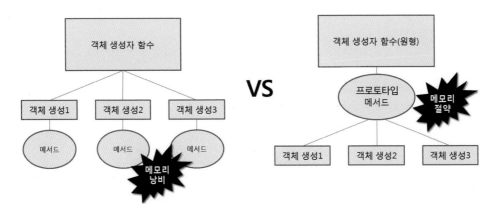

다음은 프로토타입으로 객체를 생성할 때 함수를 등록하는 기본형입니다.

```
function 함수명(매개변수1, 매개변수2, ..., 매개변수n) {
  this.속성명 = 새 값;
}


함수명.prototype.함수명 = function( ) {
  자바스크립트 코드;
}


var 참조 변수(인스턴스 네임) = new 함수명( );
```

다음은 앞의 예제를 활용하여 객체를 생성할 때 프로토타입으로 함수를 등록하는 예제입니다.

코딩해 보세요!   실습 파일 function_11_test.html   완성 파일 function_11.html

```
06:  <script>
07:    function CheckWeight(name, height, weight) {
08:      this.userName = name;
09:      this.userHeight = height;
10:      this.userWeight = weight;
11:      this.minWeight;
12:      this.maxWeight;
13:    }
14:    CheckWeight.prototype.getInfo = function( ) {
15:      var str = ""
16:      str += "이름: " + this.userName + ", ";
17:      str += "키: " + this.userHeight + ", ";
18:      str += "몸무게: " + this.userWeight + "<br>";
19:      return str;
20:    }
21:    CheckWeight.prototype.getResult = function( ) {
22:      this.minWeight = (this.userHeight - 100) * 0.9 - 5;
23:      this.maxWeight = (this.userHeight - 100) * 0.9 + 5;
24:
25:      if (this.userWeight >= this.minWeight
26:          && this.userWeight <= this.maxWeight) {
27:        return "정상 몸무게입니다";
28:      } else if (this.userWeight < this.minWeight) {
29:        return "정상 몸무게보다 미달입니다";
30:      } else {
31:        return "정상 몸무게보다 초과입니다";
```

```
32:      }
33:    }
34:    var jang = new CheckWeight("장보리", 168, 62);
35:    var park = new CheckWeight("박달재", 180, 88);
36:    console.log(jang);
37:    console.log(park);
38:
39:    document.write(jang.getInfo( ));
40:    document.write(jang.getResult( ), "<br>");
41:
42:    document.write(jang.getResult === park.getResult);
43:  </script>
```

42행 jang.getResult === park.getResult가 true라는 것은 두 객체가 같은 함수를 사용한다는 의미입니다.

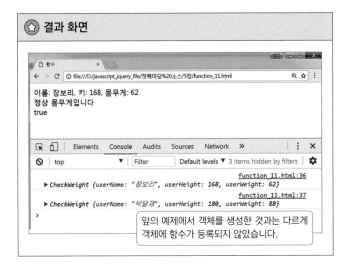

자바스크립트 내장 함수

지금까지는 개발자가 함수를 정의하고 호출문을 사용해 함수 안에 있는 코드를 실행했습니다. 하지만 자바스크립트 엔진에 내장된 함수를 사용하면 개발자가 함수를 직접 선언하지 않고 바로 호출할 수 있어서 편리합니다.

자바스크립트는 다음과 같이 다양한 내장 함수를 제공합니다.

자바스크립트 내장 함수의 종류

종류	설명	사용 예
encodeURI( )	문자를 유니코드값으로 인코딩합니다. (영문, 숫자, 일부 기호(; , / ? : @ & = + $)는 제외)	encodeURI("?query=값"); → '?query=%EA%B0%91'
encodeURIComponent( )	문자를 유니코드값으로 인코딩합니다 (영문, 숫자 제외).	encodeURIComponent("?query=값") → '%3Fquery%3D%EA%B0%91'
decodeURI( )	유니코드값을 디코딩해 다시 문자화합니다.	decodeURI("?query=%EA%B0%91") → '?query=값'
decodeURIComponent( )	유니코드값을 디코딩해 다시 문자화합니다.	decodeURIComponent("%3Fquery%3D%EA%B0%91") → '?query=값'
parseInt( )	문자열 데이터를 정수형 데이터로 반환합니다.	parseInt("5.12") → 5 parseInt("15px") → 15
parseFloat( )	문자열 데이터를 실수형 데이터로 반환합니다.	parseFloat("5.12") → 5.12 parseFloat("65.5%") → 65.5
String( )	문자형 데이터로 반환합니다.	String(5) → '5'
Number( )	숫자형 데이터로 반환합니다.	Number("5") → 5
Boolean( )	논리형 데이터로 반환합니다.	Boolean(5) → true Boolean(null) → false
isNaN( )	is Not a Number의 줄임말이며, 숫자가 아닌 문자가 포함되어 있으면 true를 반환합니다.	isNaN("5-3") → true isNaN("53") → false
eval( )	문자형 데이터를 따옴표가 없는 자바스크립트 코드로 처리합니다	eval("15 + 5") → 20

ES6 화살표 함수와 모듈 패턴

이번 절에서는 ES6에 새롭게 추가된 화살표 함수와 모듈 패턴의 사용법을 익혀 보겠습니다. 이어서 04장에서 배운 전개 구문을 함수 인자에 적용하여 매개변수에 쉽게 전달하는 방법도 알아보겠습니다.

화살표 함수

화살표 함수Arrow Function를 이용하면 일반 함수에 비해 함수를 좀 더 간단하게 사용할 수 있습니다. 화살표 함수의 기본 사용법은 매 변수와 블록의 유무에 따라 4가지로 나눌 수 있습니다.

1. 매개변수가 없고 블록이 없는 경우

```
기본형   변수명 = ( ) => 자바스크립트 코드(반환될 결괏값)
```

2. 매개변수가 없고 블록이 있는 경우

```
기본형   변수명 = ( ) => {
            자바스크립트 코드
            return 반환될 결괏값
         }
```

3. 매개변수가 있고 블록이 없는 경우

```
기본형   변수명 = (매개변수1, 매개변수2, …, 매개변수n) => 자바스크립트 코드(반환될 결괏값)
```

4. 매개변수가 있고 블록이 있는 경우

🔍 전달 매개변수의 소괄호는 생략할 수 있습니다.

기본형	변수명 = (매개변수1, 매개변수2, …, 매개변수n) => {
	　　자바스크립트 코드
	　　return 반환될 결괏값
	}
	
	변수명 = 매개변수1, 매개변수2, …, 매개변수n => {
	　　자바스크립트 코드
	return 반환될 결괏값
	　　}

화살표 함수와 일반 함수의 가장 큰 차이점은 함수 내 this 키워드의 작동 방식입니다. 일반 함수는 호출할 때마다 this가 동적으로 결정되지만, 화살표 함수에서 this는 함수가 정의된 위치의 상위 스코프에서 결정됩니다. 우선 화살표 함수의 기본 사용법을 예제로 알아보면서, 화살표 함수와 일반 함수에서 this의 차이점도 자세히 살펴보겠습니다.

> **</> 코딩해 보세요!**　　실습 파일 arrow_function_12_test.html　　완성 파일 arrow_function_12.html

```
06:  <script>
07:    function sumFnc_1(num1, num2) {
08:      return num1 + num2;
09:    }
10:    console.log(sumFnc_1(1, 2));      // 3
11:
12:    const sumFnc_2 = (num1, num2) =>  num1 + num2;
13:    console.log(sumFnc_2(10, 20));   // 30
14:
15:    const sumFnc_3 = (num1, num2) => {
16:      const result =  `num1 + num2 = ${num1 + num2}`
17:      return  result;
18:    }
19:  console.log(sumFnc_3(100, 200));    // num1 + num2 = 300
20:
21:    const infoFnc_1 = function (info1, info2) {
22:        return {"name": info1, "age": info2} // { name: '홍길동', age: 22 }
23:    }
24:  console.log(infoFnc_1('홍길동', 22));
25:
```

```
26:    const infoFnc_2 = (info1, info2) => ({"name": info1, "age": info2});
       //{name: '최군', age: 32}
27:    console.log(infoFnc_2('최군', 32));
28:  </script>
```

7~10행 매개변수(num1, num2)를 포함한 일반 함수(sumFnc_1)를 호출합니다. 호출할 때는 1과 2를 인잣값으로 전달하고, 두 수를 더하여 반환(return)된 값(3)을 콘솔 창에 출력합니다.

12~13행 매개변수(num1, num2)를 가진 화살표 함수(sumFnc_2)를 호출합니다. 호출할 때는 10과 20을 인잣값으로 전달하고 두 수를 더한 값 30을 콘솔 창에 출력합니다. 화살표 함수에서 블록({…})을 생략하면 return 키워드가 없어도 결괏값을 반환합니다.

15~19행 매개변수(num1, num2)를 가진 화살표 함수(sumFnc_3)를 호출합니다. 호출할 때는 100과 200을 인잣값으로 전달하고 템플릿 문자열을 이용해 수식과 결과에 문자열의 값을 변수(result)에 할당해 반환된 값을 콘솔 창에 출력합니다.

21~24행 매개변수(info1, info2)를 가진 일반 함수(infoFnc_1)를 호출합니다. 호출할 때는 이름인 '홍길동'과 나이인 22를 인잣값으로 전달하고 객체의 각 키에 값으로 배정합니다. 키와 값이 설정된 객체를 반환하여 콘솔 창에 출력합니다.

26~27행 매개변수(info1, info2)를 가진 화살표 함수(infoFnc_2)를 호출합니다. 호출할 때 이름인 '최군'과 나이인 32를 인잣값으로 전달하고 각 키에 값으로 배정합니다. return 키워드를 생략하고 객체를 반환하려면 소괄호((…))를 이용합니다. 만약 소괄호 없이 객체를 반환하면 객체로 사용한 중괄호({…})를 함수의 블록으로 인식해서 오류가 발생하니 주의하세요.

개발자 도구의 콘솔 창을 이용하면 다음처럼 결과 화면을 확인할 수 있습니다.

다음은 일반 함수와 화살표 함수에서 this 키워드가 바인딩되는 객체의 차이점을 설명하는 예제입니다. 일반 함수에서 this는 호출할 때 동적으로 바인딩되지만 화살표 함수에서는 상위 스코프의 this를 정적으로 바인딩합니다.

코딩해 보세요! **실습 파일** arrow_function_13_test.html **완성 파일** arrow_function_13.html

```
06:    <body>
07:      <p><button class="btn-1">BUTTON-01</button></p>
08:      <p><button class="btn-2">BUTTON-02</button></p>
09:
10:      <script>
11:        const obj_1 = {
12:          name: "홍길동",
13:          infoFnc: function() {
14:            console.log(this);  //this → Object(obj_1)        상위 스코프의 this
15:            const innerFnc = () => {
16:              console.log("메서드 내의 화살표 함수: ", this); //this → Object(obj_1)
17:            }
18:            innerFnc();
19:          }
20:        }
21:        obj_1.infoFnc();
22:
23:        const obj_2 = {
24:          name: "홍대리",
25:          infoFnc: () => {
26:            console.log(this);   //this -> window
27:            const innerFnc = () => {
28:              console.log("화살표 함수 메서드에 함수: ", this); // this -> window
29:            }
30:            innerFnc();
31:          }
32:        }
33:        obj_2.infoFnc();
34:
35:        const btn1 = document.querySelector(".btn-1");
36:        const btn2 = document.querySelector(".btn-2");
37:
38:        btn1.addEventListener("click", function() {
39:          console.log(this); //클릭한 버튼(<button class="btn-1">)
40:        });
```

```
41:
42:        btn2.addEventListener("click", () => {
43:            console.log(this); // window
44:        });
45:    </script>
46: </body>
```

11~21행 obj_1 변수에 객체({···})를 할당합니다. 이 객체는 일반 익명 함수 infoFnc를 포함합니다. 이 메서드(infoFnc)를 호출하면 this는 메서드의 root 객체인 obj_1을 참조합니다. 메서드 안의 화살표 함수 innerFnc는 상위 스코프인 infoFnc의 this를 그대로 사용하므로 obj_1을 참조합니다.

23~33행 obj_2 변수에 객체({···})를 할당합니다. 이 객체는 화살표 함수 infoFnc를 포함합니다. 화살표 함수는 상위 스코프의 this를 사용하므로 this는 전역 객체인 window를 참조합니다. InfoFnc 내의 화살표 함수 innerFnc 역시 상위 스코프인 window를 참조합니다.

35행, 38~40행 document.querySelector( ) 메서드를 사용해 class 속성이 '.btn-1'인 요소를 선택하고 이를 btn1 변수에 할당합니다. 그리고 "[이벤트 대상 요소].addEventListener([이벤트 종류], 이벤트 핸들러 함수)"를 이용해 이 요소에 클릭 이벤트를 추가합니다. 변수(btn1)가 참조하는 버튼을 클릭하면 이벤트 핸들러 함수 안의 스크립트 코드가 수행됩니다. 일반 익명 함수를 이벤트 핸들러 함수로 사용하면 함수 안의 this는 이벤트 대상 요소를 가리킵니다. 그래서 this는 이벤트 대상인 변수 btn1이 참조하는 버튼을 가리킵니다.

36행, 42~44행 변수 btn2이 참조하는 버튼을 클릭하면 화살표 함수가 적용된 이벤트 핸들러 함수를 실행합니다. 이 화살표 함수는 this를 상위 스코프에서 정적으로 바인딩합니다. 여기서 이벤트 핸들러의 상위 스코프는 전역이므로 this는 window 객체를 참조하게 됩니다.

개발자 도구의 콘솔 창을 이용하면 다음처럼 결과 화면을 확인할 수 있습니다.

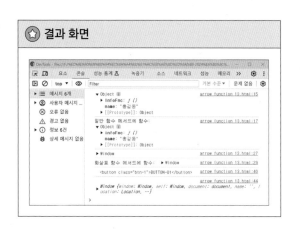

모듈 패턴

모듈 패턴Module Pattern은 코드를 독립된 모듈로 나누어 관리하고 재사용할 수 있게 해주는 디자인 패턴입니다. 모듈 패턴을 사용하면 한 파일에서 기능을 내보내고 필요한 기능만 불러와 사용할 수 있어서 성능과 메모리 관리를 더 효율적으로 할 수 있습니다.

모듈 패턴을 이용해 기능을 내보낼 때는 export 키워드를 사용합니다. 기능을 2개 이상 내보낼 때는 다음처럼 작성합니다.

```
기본형    export 변수명A = () => {
            자바스크립트 코드
          }


          export 변수명B = () => {
            자바스크립트 코드
          }
```

다음과 같이 기능을 2개 이상 한번에 묶어서 내보낼 수도 있습니다.

```
기본형    변수명A = () => {
            자바스크립트 코드
          }


          변수명B = () => {
            자바스크립트 코드
          }


          export {변수명A, 변수명B}
```

기능이 하나만 있을 때는 다음처럼 default를 사용해 내보냅니다.

```
기본형    export default 변수명A = () => {
            자바스크립트 코드
          }
```

모듈 패턴은 내부 스크립트 선언 방식과 외부 JS 파일 연동 선언 방식으로 불러옵니다. 내부 스크립트로 선언하여 모듈 패턴을 불러오려면 다음과 같이 작성합니다.

```
기본형    <script type="module">
            자바스크립트 코드
          </script>
```

외부 스크립트로 선언하여 모듈 패턴을 불러오고 싶다면 다음과 같이 작성할 수 있습니다.

```
기본형    <script type= "module" src="파일 경로"></script>
```

파일에서 기능만 불러올 때는 import 키워드를 사용합니다. 다음은 작성된 모듈 패턴 파일에서 필요한 기능만 구조 분해 할당으로 불러와 사용하는 방식입니다.

```
기본형    import {변수명A, 변수명B} from "파일 경로";
```

다음은 모듈 패턴의 전체 기능을 그룹으로 지정하여 사용하는 방식입니다.

```
기본형    import * as 그룹명 from "파일 경로";
```

모듈 패턴에 기능이 1개만 있어서 단독으로 이 기능을 불러올 때는 다음과 같이 작성합니다.

```
기본형    import 변수명A from "파일 경로"
```

Live Server 플러그인을 설치해 인터넷 프로토콜 사용하기

모듈 패턴은 인터넷 프로토콜 환경에서만 테스트할 수 있으므로 서버를 구축해야 합니다. 서버를 구축하기가 복잡한 상황이라면 비주얼 스튜디오 코드의 Live Server 플러그인을 설치하여 간단한 모듈 패턴을 테스트할 수 있습니다.

1. 비주얼 스튜디오 코드를 실행하고 ❶ [확장] 버튼을 클릭한 뒤 ❷ 검색 창에서 'Live Server'를 검색해 ❸ 설치합니다.

2. ❶ [탐색] 버튼을 클릭하고 ❷ 테스트할 파일을 연 뒤 ❸ [Go Live] 버튼을 눌러 테스트합니다.

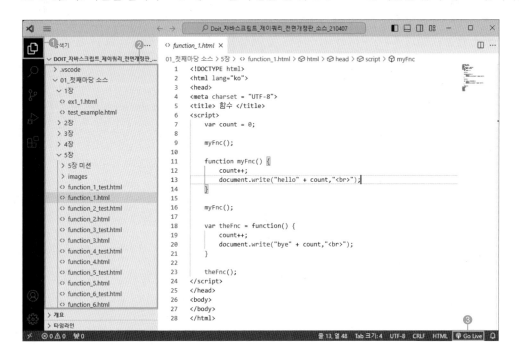

모듈 패턴 예제 살펴보기

예제로 모듈 패턴 사용법을 자세히 살펴보겠습니다. 다음 모듈 패턴은 2개의 기능(함수)과 값을 참조한 변수를 export로 각각 내보냅니다.

```
01:  export const fncA = () => {
02:    console.log("fncA");
03:  }
04:  export const fncB = () => {
05:    console.log("fncB");
06:  }
07:  export const msg = "hello";
```

기능을 2개 내보내고 싶다면 다음처럼 참조된 변수를 객체화하여 export로 한번에 내보냅니다.

```
01:  const fncC = () => {
02:    console.log("fncC");
03:  }
04:  const fncD = () => {
05:    console.log("fncB");
06:  }
07:  export {
08:    fncC,
09:    fncD
10:  }
```

기능이 1개인 참조된 변수를 객체화하여 export default로 내보냅니다. 단독으로 사용한 기능에는 default를 붙여야 한다는 점에 주의하세요.

```
01:  const fncE = () => {
02:    console.log("fncC");
03:  }
04:  export default fncE;
```

이번엔 함수를 불러오는 예제를 살펴보겠습니다. 각 모듈 패턴의 기능이 담긴 JS 파일을 연동하여 필요한 기능을 구조 분해 할당으로 불러와 사용합니다. default로 내보낸 기능을 객체화하지 않은 것처럼 불러올 때에도 객체를 나타내는 중괄호({ })를 사용하지 않는다는 것을 주의하세요.

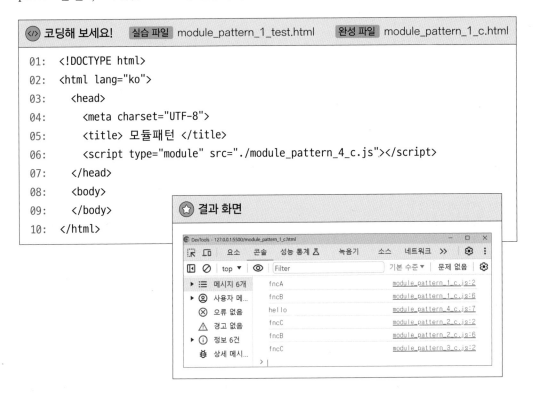

`</> 코딩해 보세요!` 　 `실습 파일` module_pattern_4_test.js 　 `완성 파일` module_pattern_4_c.js

```javascript
01:  import {fncA, fncB, msg} from './module_pattern_1_c.js';
02:  import {fncC, fncD} from './module_pattern_2_c.js';
03:  import fncE from './module_pattern_3_c.js';
04:  fncA();
05:  fncB();
06:  console.log(msg);
07:  fncC();
08:  fncD();
09:  fncE();
```

다음은 외부 JS 파일 연동 선언 방식으로 모듈 패턴을 불러오는 예제입니다. 최종 module_pattern_4_c.js 파일을 HTML에 연동하여 출력하면 다음 결과 화면을 볼 수 있습니다.

`</> 코딩해 보세요!` 　 `실습 파일` module_pattern_1_test.html 　 `완성 파일` module_pattern_1_c.html

```html
01:  <!DOCTYPE html>
02:  <html lang="ko">
03:    <head>
04:      <meta charset="UTF-8">
05:      <title> 모듈패턴 </title>
06:      <script type="module" src="./module_pattern_4_c.js"></script>
07:    </head>
08:    <body>
09:    </body>
10:  </html>
```

⭐ 결과 화면

☆ 마무리 문제 ☆

 Q1 다음 문제를 참고하여 코드를 완성해 보세요.

> 버튼을 클릭할 때마다 함수를 실행하여 색상값 5개("#ff0","#6c0","#fcf","#cf0","#39f") 중에서
> 1개를 랜덤으로 선택해 〈body〉에 적용되도록 만듭니다.
> ❶ 클릭할 때마다 chColor( ) 함수가 호출되도록 하세요.
> ❷ Math.random( )과 배열의 데이터 개수(length) 속성을 이용하여 배열의 인덱스가 랜덤으로 나
> 오도록 하세요.
> ❸ 색상값을 요소명 선택자로 선택한 〈body〉에 스타일(CSS)을 적용해 보세요.

실습 파일 function_12_test.html

```
06:   <script>
07:     function  ❶
08:       var arrColor = [ "#ff0", "#6c0", "#fcf", "#cf0", "#39f" ];
09:       var arrNum =                  ❷
10:       var bodyTag = document.getElementById("theBody");
11:                         ❸
12:     }
13:   </script>
14:   </head>
15:   <body id="theBody">
16:     <button onclick=      ❶      >배경 색상 바꾸기</button>
17:   </body>
```

🟠 **결과 화면**

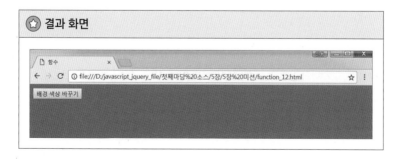

Q2 ★★★ 다음 문제를 참고하여 코드를 완성해 보세요.

다음은 TestScore 객체 생성자를 설명한 내용입니다.
1. 객체 생성자 함수를 만들어 두 학생(kimgun, ohgun)의 객체를 생성하고 속성으로 이름, 국어 점수, 영어 점수를 등록했습니다.
2. 그런 다음 getTestInfo( ), getAvg( ) 함수도 등록했습니다.

이때 다음 조건에 맞게 빈칸을 채워 보세요.
❶ 객체를 생성하면 prototype으로 함수를 등록해 보세요.
❷ getTestInfo( ) 함수를 실행하면 이름, 국어, 영어 정보를 출력하도록 작성해 보세요.
❸ getAvg( ) 함수를 실행하면 평균 점수를 출력하도록 작성해 보세요.

실습 파일 function_13_test.html

```
06:  <script>
07:    function TestScore(name, kor, eng){
08:      this.userName = name;
09:      this.korNum = kor;
10:      this.engNum = eng;          ❶ 객체 생성 시 프로토타입으로
                                        함수가 등록되어야 합니다.
11:
12:      this.getTestInfo = function( ) {
13:        document.write("이름: " +      ❷      , "<br>");
14:        document.write("국어: " +      ❷      , "<br>");
15:        document.write("영어: " +      ❷      , "<br>");
16:      }
17:      this.getAvg = function( ) {
18:        return (       ❸       ) / 2;
19:      }
20:    }
21:
22:    var kimgun = new TestScore("김군", 80, 90);
23:    var  ohgun = new TestScore("오군", 100, 80);
24:
25:    kimgun.getTestInfo( );
26:    document.write("평균 점수:" + kimgun.getAvg( ), "<br><br>");
27:
```

```
28:     ohgun.getTestInfo( );
29:     document.write("평균 점수:" + ohgun.getAvg( ), "<br>");
30: </script>
```

⭐ 결과 화면

```
이름: 김군
국어: 80
영어: 90
평균 점수: 85

이름: 오군
국어: 100
영어: 80
평균 점수: 90
```

완성 파일 **Q1.** function_12.html, **Q2.** function_13.html

06 | 비동기 방식 연동

자바스크립트에는 동기 방식과 비동기 방식이 있습니다. 이 장에서는 이 2가지 방식의 차이점을 살펴보고, 비동기 방식으로 데이터를 불러오고 가공하여 화면에 출력하는 방법을 익혀 보겠습니다.

동기 방식과 비동기 방식

이번 절에서는 동기 방식과 비동기 방식의 개념과 두 방식의 차이점을 알아보겠습니다.

동기 방식과 비동기 방식의 차이점

동기 방식Synchronous은 작성한 스크립트 문장을 순서대로 실행하는 것을 말합니다. 앞에서 작성한 문장을 실행 완료해야만 다음 문장을 수행합니다. 반면에 비동기 방식Asynchronous은 이전 문장의 실행을 기다리지 않고 이후에 작성한 문장을 바로 실행합니다.

이 개념을 라면을 끓이는 과정에 비유해 보겠습니다. 동기 방식에서는 라면을 사온 후 물을 끓이기 시작하지만 비동기 방식에서는 라면을 사오는 동안 물을 끓일 수 있어서 그만큼 시간을 단축할 수 있습니다. 단, 라면과 스프는 물이 끓은 후 넣어야 하므로 모든 과정을 동시에 진행하는 것이 아니라 최소한의 순서는 지켜야 합니다.

이제 라면 끓이는 예제로 동기 방식과 비동기 방식을 비교해 보고, 비동기 방식에서 약속한 순서대로 진행하는 방법도 익혀 보겠습니다.

</> 코딩해 보세요! 실습 파일 asyncronous_1_test.html 완성 파일 asyncronous_1.html

```
06:  <script>
07:    // 동기 방식
08:    console.log('==== 동기 방식 ====');
09:    console.log('1. 라면 장보기');
10:    console.log('2. 물 끓이기');
11:  console.log('3. 끓는 물에 라면, 스프 넣고 익히기');
12:  console.log('4. 완성');
13:
14:    // 비동기 방식
15:    console.log('==== 비동기 방식 ====');
16:    setTimeout(( ) => {
17:      console.log('A. 라면 장보기');
18:  }, 3000);
```

> 동기 방식이라면 'A. 라면 장보기'가 먼저 출력되지만, 여기에서는 setTimeout을 사용해 3초를 기다린 후 다음 스크립트 문장을 수행합니다.

```
19:
20:    console.log('B. 물 끓이기');
21:    console.log('C. 끓는 물에 라면, 스프 넣고 익히기');
22:    console.log('D. 완성');
23:  </script>
```

8~12행 동기 방식으로 작성하여 스크립트가 그 순서대로 수행합니다.

16~18행 비동기 메서드인 setTimeout을 사용하여 지정한 시간 이후에 수행할 함수를 정의합니다. 이때 지연된 시간은 밀리초(millisecond) 단위를 사용하며, 1초는 '1000'이라고 적습니다. 위 코드에서는 정의한 스크립트 코드를 3초 후에 수행합니다.

결과를 확인해 보면 다음과 같이 동기 방식으로 작성한 코드는 입력한 순서대로 출력됩니다. 반면 setTimeout( ) 메서드를 사용한 비동기 방식에서는 setTimeout 코드 이후 이어지는 코드를 먼저 실행하고, 3초 후에 setTimeout에 정의한 함수의 코드를 수행합니다.

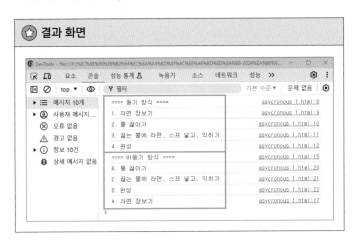

이어서 비동기 방식의 setTimeout 코드를 사용할 때 이후의 문장이 모두 바로 실행되지 않도록 하는 방법을 알아보겠습니다. 이번 예제에서는 setTimeout 코드 이후 일부 문장은 지정한 시간이 지난 후에 비동기 방식으로 정의한 코드를 모두 실행하면 이어서 진행하도록 해보겠습니다.

06-2

약속 객체 생성하기

비동기 방식의 코드가 수행될 때 완전히 끝나기 전에 다음에 오는 코드가 수행될 수 있습니다. 이번 절에서는 비동기 방식의 코드가 실행을 마칠 때까지 기다리도록 하는 약속 객체 new Promise를 배웁니다. 약속 객체를 사용하면 약속을 이행했을 때와 그렇지 않았을 때 각각 다른 코드를 수행할 수 있습니다. then( ) 메서드와 catch( ) 메서드를 사용하면 됩니다.

비동기 코드를 위한 약속 객체 생성하기

비동기 방식의 코드가 실행을 완료할 때까지 기다리도록 하는 약속 객체를 생성하는 방법을 알아보겠습니다. resolve와 reject의 두 매개변수를 사용하여 약속을 이행하면 resolve에 '성공 메시지'를, 이행하지 않으면 reject에 '실패 메시지'를 작성합니다.

기본형
```
참조 변수 = new Promise((resolve, reject) => {
    resolve('성공 메시지') or reject('실패 메시지');
});
```

다음은 약속을 이행할 때와 이행하지 않을 때 각각 실행할 스크립트 코드입니다. 약속을 이행하면 then 콜백 함수를 호출하여 스크립트 코드A가 수행되고, 그렇지 않으면 catch 콜백 함수에 자바스크립트 코드B가 실행됩니다.

기본형
```
참조 변수
.then((매개변수A) => {
    자바스크립트 코드A;
});
.catch((매개변수B) => {
    자바스크립트 코드B;
});
```

다음은 라면과 커피 만들기에 new Promise를 이용하여 약속 객체를 생성한 예제입니다. 심부름을 정상으로 완료하면 약속 진행 조건이 성취되어 then( ) 메서드에 정의한 코드를 수행하고, 그렇지 않으면 catch( ) 메서드의 코드를 실행합니다. 이 예제로 new Promise의 사용법을 익혀 보겠습니다.

<aside>
🔍 변수명은 쉽게 이해할 수 있도록 한글을 사용했습니다.
</aside>

> **◁/▷ 코딩해 보세요!** 실습 파일 asyncronous_2_test.html 완성 파일 asyncronous_2.html

```
06:    <script>
07:      //라면 장보기를 성공한 경우
08:      const 라면_장보기 =  new Promise((resolve, reject) => {
09:        setTimeout(() => {
10:          console.log('A. 라면 장보기');
11:          console.log('B. 라면 물 끓이기');
12:          resolve('라면 장보기 완료');
13:        }, 1000);
14:    });
15:
16:      라면_장보기
17:      .then((result) => {
18:        console.log(result);  //라면 장보기 완료
19:        console.log('C. 끓는 물에 라면, 스프 넣고 익히기');
20:        console.log('D. 라면 완성 후 시식하기');
21:      })
22:      .catch((result) => {
23:        console.log(result);
24:        console.log('라면 만들기 중단');
25:    });
26:
27:      //커피 장보기를 실패한 경우
28:      const 커피_장보기 =  new Promise((resolve, reject) => {
29:        setTimeout(() => {
30:          console.log('E. 커피 장보기');
31:          console.log('F. 커피 물 끓이기');
32:          reject('커피 품절');
33:        }, 1000);
34:    });
35:
36:      커피_장보기
37:      .then((result) => {
38:        console.log('G. 끓는 물에 커피 넣고, 젓기');
39:        console.log('H. 커피 완성 후 마시기');
```

```
40:     })
41:     .catch((result) => {
42:       console.log(result); //커피 품절
43:       console.log('커피 만들기 중단');
44:   });
45:
46:   const 파스타_장보기 = new Promise((resolve, reject) => {
47:     setTimeout(()=> {
48:       console.log('no result');
49:     }, 1000);
50:   });
51:
52:   setTimeout(() => {
53:     console.log('라면_장보기: ', 라면_장보기);  //PromiseState: "fulfilled"
54:     console.log('커피_장보기: ', 커피_장보기);  //PromiseState: "rejected"
55:     console.log('파스트_장보기: ', 파스타_장보기);  //PromiseState: "pending"
56:   }, 1000);
57: </script>
```

8~14행 new Promise((resolve, reject) => {···})를 사용해 비동기 방식의 코드를 완료한 후 지정한 스크립트 코드를 수행하는 새 약속 객체를 생성합니다. setTimeout을 이용해 1초 후에 'A. 라면 장보기'와 'B. 라면 물 끓이기'를 진행합니다. 비동기 코드가 정상으로 완료되면 resolve에 '라면 장보기 완료'라는 메시지를 전달합니다.

16~25행 resolve에서 전달받은 성공 메시지에 대해 then 콜백 함수에서 스크립트 코드를 실행합니다. 실패할 경우 catch 콜백 함수에서 스크립트 코드를 실행합니다. 콜백 함수의 매개변수인 result에는 resolve에서 전달한 문자열 메시지인 '라면 장보기 완료'가 전달됩니다.

28~34행 비동기 방식의 코드가 완료되면 지정된 코드가 진행되도록 새 약속 객체를 생성합니다. 약속 객체가 생성되고 1초 후에 'E. 커피 장보기'와 'F. 커피 물 끓이기'를 실행합니다. 커피가 품절되어 약속을 진행할 조건을 만족하지 않으므로 reject에서 전달받은 실패 메시지에 '커피 품절'을 전달합니다.

36행~44행 reject에서 전달받은 실패 메시지에 대해 catch 콜백 함수에서 스크립트 코드를 실행합니다. result 매개변수에는 reject에서 전달받은 실패 메시지에 '커피 품절'이 담깁니다.

46행~50행 파스타_장보기에서는 약속이 생성되지만 결과가 없으므로 콘솔 창에 'no result'를 출력합니다.

52행~56행 약속 객체의 상태를 출력합니다. 성취한 약속 객체는 'fulfilled'로, 실패한 약속 객체는 'rejected'로, 보류 중인 약속 객체는 'pending'으로 출력합니다.

다음과 같이 약속을 성취한 라면 장보기는 '라면 장보기 완료' 메시지와 함께 then 콜백 함수의 'C'와 'D'를 실행합니다. 하지만 약속을 성취하지 않은 커피 장보기는 catch 콜백 함수에서 '커피 품절'과 '커피 만들기 중단'을 출력합니다. 약속 객체의 상태도 PromiseState 속성에서 각각 확인할 수 있습니다.

지금까지 비동기 방식으로 코드를 수행할 때 약속 객체를 생성하고 약속 진행 조건을 성취했을 때와 그렇지 않았을 때 수행하는 코드로 나누어 사용하는 방법을 배웠습니다.
만약 '라면 장보기' 약속이 성취되어 라면 요리를 완성하고 시식이 끝난 후에 '커피 장보기' 약속이 진행되도록 하려면 어떻게 해야 할까요? 다음과 같이 then 콜백 함수 내에서 커피 장보기 약속 객체를 생성하고, 이어서 약속의 성취 여부에 따라 then과 catch 콜백 함수를 작성해야 합니다.

```
라면_장보기
  .then((result) => {
(… 생략 …)
    console.log('D. 완성 후');
      const 커피_장보기 = 커피 장보기 약속 객체 생성;
      커피_장보기
      .then(콜백 함수)
      .catch(콜백 함수)
  })
  catch((result) => {
(… 생략 …)
});
```

이처럼 약속을 성취했을 때 이어서 다음 약속이 계속 진행되도록 하려면 then 콜백 함수 내에 새로운 약속 객체를 생성하고, 그 약속이 성취되면 또 다른 then 콜백 함수를 작성해서 실행하는 구조가 됩니다. 하지만 이러한 방식으로 콜백 함수가 중첩되면 코드가 복잡해지고 가독성이 떨어지므로 async 함수와 await 키워드를 사용해 해결하는 방법을 알아보겠습니다.

async 함수와 await 키워드

비동기 코드에서 약속 조건에 따라 실행하는 코드를 효율적으로 작성려면 async 함수와 await 키워드를 사용해야 합니다. 먼저 async 함수와 await 키워드의 기본형을 살펴보겠습니다.

비동기 코드에서 순차로 수행되는 함수를 정의하려면 함수 정의문 앞에 async를 붙여 약속 배려 함수를 생성해야 합니다. 이 함수에서 await 키워드를 사용해 약속을 성취할 때까지 기다립니다. 약속을 성취하면 try 문을 실행하고 약속 객체에서 resolve로 전달된 값이 변수에 반환되어 할당됩니다. 그렇지 않을 경우에는 catch 문을 실행하고 result에는 reject에서 전달받은 값이 할당됩니다.

```
async 함수명( ) {
  try {
    변수 선언 = await 약속1 성취 결과 ("fulfilled" or "rejected")
  } catch(result) {
    console.log(result)
  }
}

함수명();
```

다음 예제로 async와 await의 사용법을 익혀 보겠습니다. 예제에서는 2개의 약속 객체인 '라면_장보기'와 '커피_장보기'를 생성하고, 이 약속의 성취 여부에 따라 다음 코드를 진행하도록 await 키워드를 사용하여 async 함수를 정의합니다.

코딩해 보세요!   **실습 파일** asyncronous_3_test.html   **완성 파일** asyncronous_3.html

```
06:  <script>
07:    const 라면_장보기 = ( ) => (new Promise((resolve, reject) => {
08:        setTimeout(( )=> {
09:          console.log('A. 라면 장보기');
10:          console.log('B. 라면 물 끓이기');
11:          resolve('라면 장보기 완료');
12:        }, 1000);
13:    }));
14:
15:    const 커피_장보기 = ( ) => (new Promise((resolve, reject) => {
16:        setTimeout(( )=> {
17:          console.log('E. 커피 장보기');
18:          console.log('F. 커피 물 끓이기');
19:          reject('커피 품절');
20:        }, 500);
21:    }));
22:
23:    const 약속배려함수 = async ( ) => {
24:       try {
25:         const result = await 라면_장보기();     //'라면 장보기 완료'
26:         console.log('C. 끓는 물에 라면, 스프 넣고 익히기');
27:         console.log('D. 라면 완성 후 시식하기');
28:       } catch (result) {
29:         console.log(result);
```

```
30:        console.log('라면 만들기 중단');
31:        return;
32:      }
33:
34:      try {
35:        const result = await 커피_장보기( );
36:        console.log('G. 끓는 물에 커피 넣고 젓기');
37:        console.log('H. 커피 완성 후 마시기');
38:      } catch (result) {
39:        console.log(result);    //'커피 품절' 출력
40:        console.log('커피 만들기 중단');
41:      }
42:    }
43:  console.log('커피 만들기 중단');
44:      }
45:    }
46:
47:    약속배려함수( );
48:  </script>
```

7~13행 화살표 함수인 '라면_장보기'를 정의합니다. 이 함수 내에서 새 약속 객체가 생성되고 비동기 방식으로 setTimeout을 사용해 1초(1000ms) 후에 콜백 함수를 실행합니다. 이때 약속을 성취하면 resolve를 호출하여 약속 객체의 PromiseState 속성이 fulfilled로 설정됩니다. 만약 약속이 거부되면 catch 문을 실행하며 31행의 return 문을 호출하여 이후 코드가 실행되지 않고 함수를 종료합니다.

15~21행 '커피_장보기' 함수는 호출할 때 익명 함수가 수행됩니다. 이 함수의 setTimeout 콜백 함수에서 reject를 호출하여 약속 객체의 PromiseState 속성이 rejected로 설정됩니다.

23~42행 비동기 약속의 성취 여부에 따라 코드를 수행하려고 async와 await를 사용하여 '약속 배려 함수'를 정의합니다.

24~32행 try {…} catch(result) {…} 구문을 사용해 '라면_장보기'를 호출합니다. 약속을 성취하면 try 문의 코드가 실행되며 await 키워드가 적용되어 약속의 성취 결과를 기다립니다. result 변수에는 resolve에서 전달받은 '라면 장보기 완료'를 할당합니다.

34~41행 '커피_장보기'를 호출하면 약속 객체의 PromiseState 속성이 rejected로 설정되어 catch 블록의 코드가 실행됩니다. catch 문의 매개변수 result에는 reject에서 전달받은 '커피 품절'이 할당됩니다.

다음과 같이 async를 이용해 약속 배려 함수 내에서 await를 사용하면 약속의 성취 결과에 따라 try 문 또는 catch 문이 수행되는 것을 확인할 수 있습니다.

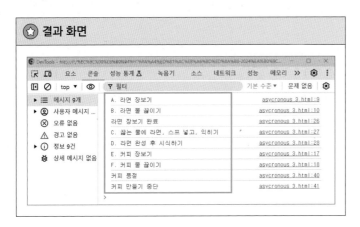

지금까지 비동기 방식 코드에서 약속 객체를 생성하고, 약속의 성취 결과에 따라 다음 코드가 어떻게 수행되는지를 배워 보았습니다. 다음 절에서는 네트워크를 활용해 데이터를 비동기 방식으로 주고받을 때 실무에서 자주 사용하는 Fetch API 사용법을 알아보겠습니다.

fetch API

이번 절에서는 네트워크를 통해 데이터를 비동기 방식으로 요청하고 가져오는 API인 fetch 사용법을 알아보겠습니다.

비동기 방식으로 데이터를 바인딩하는 fetch

fetch는 비동기 방식으로 네트워크를 이용하여 데이터를 요청하고 가져오는 API입니다. 이 API는 우리가 물건을 보내거나 주문할 때 대신 배송해 주는 택배 기사 같은 역할을 합니다.

네트워크를 통해 다른 프로그램에서 원격으로 데이터를 요청해서 가져오는 데 10초가 걸린다고 가정해 보겠습니다. 동기 방식으로 한다면 다음 줄의 코드는 10초를 기다려야 실행될 것입니다. fetch는 데이터를 요청하고 가져오는 동안에도 다음 코드가 계속 실행되는 비동기 방식으로 제작했습니다. 그런데 만약 요청한 데이터를 가져오는 동안 화면에 출력하는 코드를 먼저 실행한다면 요청한 데이터의 일부는 화면에 출력되지 않을 수 있습니다.

이러한 문제를 방지하려면 fetch를 사용해야 합니다. fetch는 데이터를 모두 정상으로 가져와 약속 객체를 생성하고, 이 객체의 PromiseState 속성값을 fulfilled(성취)로 설정합니다. 만약 데이터를 전부 가져오는 데 실패하면 PromiseState 속성값이 rejected(거부) 또는 pending(보류)으로 설정됩니다.

약속을 성취하면 응답 객체 response가 반환됩니다. 이 객체는 요청한 JSON 데이터를 자바스크립트 객체로 변환하는 json( ) 메서드를 포함하고 있습니다. json( ) 메서드는 요청한 모든 데이터를 변환하는 동안 다음 코드가 수행되지 않도록 Promise 객체를 반환합니다.

fetch의 기본형은 then과 catch를 이용하는 방법과 async와 await를 이용하는 방법이 있습니다. fetch의 첫 번째 인자는 API URL이고, 두 번째 인자는 서버에 데이터를 요청할 때 사용할 부가 옵션 데이터입니다.

다음은 then과 catch, async와 await를 사용하는 2가지 fetch 사용법입니다.

```
❶ then과 catch를 이용하는 fetch 사용법
fetch('API URL', {
  method: '[GET | POST | PUT | DELETE]',
  headers: {
  'Content-Type': 'application/json;charset=utf-8',
  },
  body: JSON.stringify(data)
})
.then(콜백 함수)
.catch(콜백 함수)

❷ async와 await를 이용하는 fetch 사용법
참조 변수 = async () => {
변수 = await fetch('API URL', 부가 옵션 데이터);
};
```

부가 옵션 데이터

다음은 fetch의 부가 옵션 데이터를 정리한 것입니다.

종류		설명
method	GET	서버에서 데이터를 불러올 때 사용합니다.
	POST	서버에 데이터를 추가하거나 작성할 때 사용합니다.
	PUT	서버의 데이터를 수정할 때 사용합니다.
	DELETE	서버의 데이터를 삭제할 때 사용합니다.
headers		HTTP 헤더를 설정할 때 사용합니다. Content-Type은 body의 데이터 타입을 정의합니다.
body		서버에 보낼 데이터로, 헤더의 Content-Type의 유형을 따라야 합니다.

물건을 보내거나 받을 때 택배사를 이용해 요청하는 것처럼 네트워크를 이용할 때에도 API URL을 알아야 데이터를 요청할 수 있습니다. 이러한 API 구성은 프런트엔드 개발의 영역이 아니므로 여기에서는 자세히 다루지 않습니다. 여기서는 가상 API를 제공하는 JSON 플레이스 홀더의 URL(https://jsonplaceholder.typicode.com)을 이용해 무료로 fetch 사용하는 방법을 알아보겠습니다. 네트워크에서 데이터를 요청하고 응답받을 때 05-6절에서 설명한 비주얼 스튜디오 코드의 Liver Server를 이용할 것입니다. 만약 로컬 환경에서 결과를 직접 확인할 경우 정상으로 작동하지 않을 수 있으니 주의하세요.

다음 예제는 네트워크에서 가상 API를 이용해 데이터를 요청하고 표에 출력합니다. 이 예제를 따라 해보면서 데이터를 요청해서 fetch를 어떻게 사용하는지 살펴보겠습니다.

코딩해 보세요!　　　　　　　　실습 파일 fetch_1_test.html　　　완성 파일 fetch_1.html

```
15:  <script>
16:  fetch('https://jsonplaceholder.typicode.com/posts')
17:  .then((response) => {
18:    return response.json();
19:  })
20:  .then((data) => {
21:    console.log('Data 1:', data);
22:  });
23:
24:  const geData = async () => {
25:    try {
26:      const response = await fetch('https://jsonplaceholder.typicode.com/
27:  posts');
28:      const data = await response.json();  //JSON 데이터를 JS 개체로 변환
29:      console.log('Data 2:', data.slice(0, 10));
30:      const tbody = document.querySelector('#fetchTable tbody');
31:      data.slice(0, 10).forEach(items => {
32:        const row = document.createElement('tr');
33:
34:        const idCell = document.createElement('td');
35:        idCell.textContent = items.id
36:        row.appendChild(idCell);
37:
38:        const titleCell = document.createElement('td');
39:        titleCell.textContent = items.title
40:        row.appendChild(titleCell);
41:
42:        const bodyCell = document.createElement('td');
43:        bodyCell.textContent = items.body
44:        row.appendChild(bodyCell);
45:
46:        tbody.appendChild(row);
47:      });
48:    } catch (error) {
49:      console.log(error.message);
50:    }
51:  }
```

```
52:
53:    document.addEventListener('DOMContentLoaded', () => {
54:      geData();
56:    });
57:  </script>
58: </head>
59: <body>
60:   <table id="fetchTable">
61:     <thead>
62:       (… 생략 …)
63:   </thead>
64:     <tbody>
65:     </tbody>
66:   </table>
67: </body>
```

16~22행 fetch('API URL')을 사용해 데이터를 요청합니다. 요청이 처리되면 Promise 객체의 상태가 '성취됨'으로 설정됩니다. 첫 번째 then에서는 매개변수 response가 응답 객체인 response 객체를 참조합니다. response 객체의 json( ) 메서드를 이용해 요청한 JSON 데이터를 자바스크립트 객체로 변환합니다. 변환을 완료하면 두 번째 then의 data에 변환된 자바스크립트 객체가 배열 형태로 담겨 참조됩니다.

53~54행 모든 HTML DOM 요소가 로딩되면 익명 함수가 실행되며 geData 함수가 호출되는 이벤트가 등록됩니다.

24~50행 geData 함수는 데이터를 요청합니다. 응답이 정상으로 돌아오면 try 문을 수행하고, 그렇지 않으면 catch 문을 수행합니다. 이 부분은 좀 더 자세히 살펴보겠습니다.

26~29행 fetch('API URL')을 사용해 데이터를 요청합니다. await를 사용해서 응답 객체인 response를 불러오는 동안 다음 코드가 실행되지 않습니다. response 변수에는 응답 객체가 참조되며 json( ) 메서드를 이용하여 요청한 JSON 데이터를 자바스크립트 객체로 변환하여 배열에 담아 반환합니다. 29행에서는 slice를 이용해 배열에 담긴 자바스크립트 객체 중에서 10개만 잘라 콘솔 창에 출력합니다.

30~46행 요청한 데이터를 표에 출력하는 〈tbody〉 요소를 선택하여 tbody 변수가 이를 참조하도록 합니다. 이후 forEach를 사용해 배열에 담긴 자바스크립트 객체의 수만큼 반복하며, 매개변수 items에 배열의 각 객체가 순차로 전달됩니다. 32행에서는 표의 행인 〈tr〉을 생성합니다. 34~44행까지는 〈td〉를 생성하여 자바스크립트 객체의 데이터를 삽입하고, 이 〈td〉를 생성

한 〈tr〉에 추가합니다. 마지막으로 46행에서는 데이터가 담긴 〈td〉를 포함한 〈tr〉을 〈tbody〉에 삽입합니다.

다음 결과 화면 1을 보면 개발자 도구의 콘솔 창에서 가상 API를 이용해 요청한 데이터를 확인할 수 있습니다.

⭐ 결과 화면 1

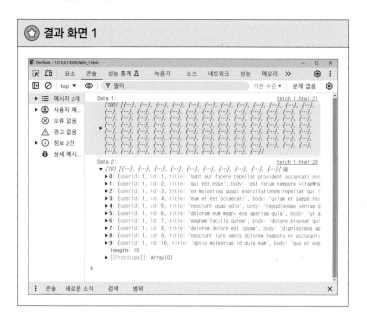

또한 다음처럼 표에 요청한 데이터 중에서 자바스크립트 객체의 데이터 10개가 표에 출력된 것을 확인할 수 있습니다.

⭐ 결과 화면 2

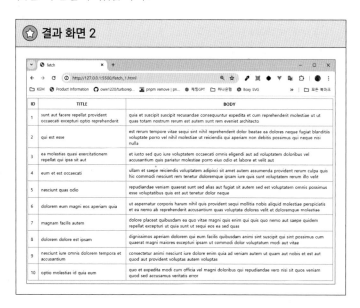

⭐ 마무리 문제 ⭐

 다음 문제를 참고하여 코드를 완성해 보세요.

> 로켓 발사체를 발사하는 데 3초가 걸리고 성공할 확률은 70%라고 가정해 보겠습니다. 결과 화면
> 과 같이 출력되도록 괄호 안을 채워 완성해 보세요.
> ❶ 로켓 발사에 성공하면 콘솔 창에 '성공: 나로호 발사 완료'라고 출력합니다.
> ❷ 로켓 발사에 실패하면 콘솔 창에 '실패: 나로호 발사 실패'라고 출력합니다.
> ❸ 모든 과정이 끝나면 결과와 상관없이 '우주 발사체 테스트 완료'라고 출력합니다.

실습 파일 asyncronous_4_test.html

```
06:  <script>
07:    function rocketReady(rocketName) {
08:      return new Promise((resolve, reject) => {
09:
10:        setTimeout(() => {
11:          const result = Math.random() > 0.3;
12:          console.log(`result: ${result}`);
13:
14:          if(result) {
15:            ❶    (`${rocketName} 발사 완료`);
16:          } else {
17:            ❷    (`${rocketName} 발사 실패`);
18:          }
19:        }, 3000)
20:
21:      });
22:    }
23:
24:    rocketReady('나로호')
25:    .  ❸  ((response) => {
26:      console.log(`성공: ${response}`);
27:    })
28:    .  ❹  ((response) => {
```

```
29:      console.log(`실패: ${response}`);
30:    })
31:    .  ⑤  ((response) => {
32:      console.log('우주 발사체 테스트 완료');
33:    });
34:  </script>
```

☆ 결과 화면

 다음 문제를 참고하여 코드를 완성해 보세요.

다음은 가상 API를 이용해 회원 데이터를 불러오는 코드입니다. 결과 화면과 같이 출력되도록 괄호 안을 채워 완성해 보세요.
❶ 가상 API를 이용해 회원 데이터를 불러옵니다.
❷ 불러온 JSON 데이터를 JS 객체로 변환한 후 결과 화면처럼 회원 3명의 데이터를 추출하여 '순번 이름 (이메일)' 형식으로 출력하세요.

실습 파일 asyncronous_5_test.html

```
06:  <script>
07:  const API_URL = "https://jsonplaceholder.typicode.com/users";
08:
09:  function getFetchUsers() {
10:    console.log("Fetching Load Data...");
11:
12:      ❶ (API_URL)
```

```
13:    .then((response) => {
14:      console.log(response.status);
15:      if (!response.ok) {
16:        throw new Error(`응답오류! 상태: ${response.status}`);
17:      }
18:      return    ❷    ;
19:    })
20:    .then((users) => {
21:      users.   ❸   .forEach((user, index) => {
22:        console.log(`${index + 1} ${user.name} (${user.email})`);
23:      });
24:    })
25:    .catch((error) => {
26:      // 네트워크 또는 처리 오류시 실행
27:      console.error("Error fetching users:", error.message);
28:    });
29:  }
30:
31:  getFetchUsers();
32:  </script>
```

⭐ 결과 화면

완성 파일 **Q1.** asyncronous_4.html, **Q2.** asyncronous_5.html

둘째마당

자바스크립트를 더 쉽게 해주는 제이쿼리

둘째마당에서는 자바스크립트의 대표적 라이브러리인 제이쿼리를 알아보겠습니다. 첫째마당에서 자바스크립트를 어느 정도 이해했다면 제이쿼리는 더 쉽게 배울 수 있습니다. 제이쿼리는 자바스크립트를 더 쉽게 사용할 수 있도록 만든 자바스크립트 라이브러리이기 때문이죠.

둘째마당에서는 제이쿼리를 배우려면 알아야 할 CSS 선택자를 살펴보고 문서 객체와 이벤트를 다루는 방법 그리고 애니메이션, 플러그인의 개념과 사용법을 알아볼 것입니다. 또한 비동기 방식으로 데이터를 전송할 수 있도록 Ajax 개념과 사용법도 살펴보겠습니다.

07 | 제이쿼리 문서 객체 선택자와 조작법

자바스크립트의 문서 객체 모델은 브라우저 간의 호환성이 떨어져 크로스 브라우징이 힘들다는 단점이 있습니다. 그래서 이번에는 이런 문제를 해결할 수 있는 제이쿼리 문서 객체 모델의 개념과 선택자의 종류, 사용법을 알아보겠습니다. 그런 다음 제이쿼리를 사용해 문서를 조작하는 방법도 살펴보겠습니다.

07-1	제이쿼리 기본 다지기
07-2	선택자
07-3	제이쿼리 탐색 선택자
07-4	객체 조작

07-1

제이쿼리 기본 다지기

제이쿼리란?

제이쿼리jQuery는 모질라사의 자바스크립트 개발자였던 존 레식John Resig이 자바스크립트를 이용해 만든 라이브러리 언어입니다. 라이브러리 언어란 자바스크립트로 만든 다양한 함수들의 집합을 가리킵니다.

앞에서 함수는 일련의 코드를 함수 내에 정의했다가 필요할 때마다 호출하여 사용하는 것이라고 배웠습니다. 제이쿼리는 이런 다양한 함수들을 사용자에게 제공함으로써 자바스크립트를 사용할 때 불편했던 몇 가지 문제점을 개선했습니다.

제이쿼리에서 개선된 사항은 다음과 같습니다.

호환성 문제 해결

자바스크립트의 문서 객체 모델과 이벤트 객체Event Object는 호환성(크로스 브라우징)이 떨어진다는 단점이 있습니다. 예를 들어 인접 요소 선택자 중 다음 요소 선택자nextSibling는 IE 8 이하의 브라우저에서 문서 객체를 선택했을 때와 다른 브라우저에서 문서 객체를 선택했을 때의 결과가 다릅니다. 하지만 이런 문서 객체 선택자의 호환성 문제가 제이쿼리에서는 모두 해결되었습니다. 아직은 '문서 객체 모델'이라는 단어가 많이 낯설 것입니다. 지금은 'HTML 문서 구조'라고 이해하면 됩니다. 문서 객체 모델은 07-2절에서 좀 더 자세히 다루겠습니다.

쉽고 편리한 애니메이션 효과 기능 구현

자바스크립트로 애니메이션 효과를 구현하려면 많은 코드를 사용해야 해서 개발하는 데 많은 시간이 걸렸습니다. 하지만 제이쿼리는 애니메이션과 다양한 효과Effect를 지원하는 메서드를 제공하므로 개발 시간을 크게 단축할 수 있습니다. 그러면 제이쿼리 라이브러리를 연동해 보겠습니다.

제이쿼리 라이브러리 연동하기

제이쿼리를 연동하는 방법에는 다운로드 방식과 네트워크 전송^{Content Delivery Network, CDN} 방식이 있습니다. 다운로드 방식은 네트워크 상태와 상관없이 언제든 개발할 수 있다는 장점이 있지만 컴퓨터에 라이브러리 파일을 내려받아야 합니다. 간단히 테스트할 목적이라면 간편하게 연동할 수 있는 네트워크 전송 방식을 추천합니다.

다운로드 방식으로 연동하기

다운로드 방식은 제이쿼리 라이브러리를 제공하는 웹사이트에서 제이쿼리 라이브러리 파일을 직접 내려받아 HTML에 불러오는 방식입니다. 다음은 라이브러리 파일을 내려받을 수 있는 웹사이트입니다. 이전에는 IE 9 이하 버전과 호환하려면 구버전을 내려받아야 했지만 최근 마이크로소프트가 윈도우에서 IE를 지원하지 않으므로 최신 버전을 내려받아 사용하는 것이 좋습니다.

웹사이트 이름	URL
제이쿼리	https://jquery.com/download
CDNJS	https://cdnjs.com/libraries/jquery

🔍 이 책을 집필하는 시점을 기준으로 라이브러리 파일의 최신 버전은 v3.7.1입니다.

이 책에서 사용하는 3.7.1 버전의 주요 특징은 다음과 같습니다. 첫째, 성능을 개선하고 보안을 강화했습니다. 둘째, ES 모듈 방식으로 사용할 수 있습니다. 마지막으로 06장 비동기 방식 연동에서 배웠던 Promise 객체보다 더 간편하고 유용한 Deferred 객체가 추가되었습니다.

🔍 Deferred 객체 사용법은 10장 제이쿼리 비동기 방식 연동에서 자세히 알아보겠습니다.

1. CDNJS 웹사이트(https://cdnjs.com)에서 'jquery'를 검색하고 제이쿼리 라이브러리를 선택합니다. 그리고 버전 선택 상자에서 최신 버전(현재 3.7.1 버전)을 선택합니다.

2. 선택한 라이브러리 파일 목록에 [jquery.js], [jquery.min.js]가 있습니다. 해당 목록의 🔗을 누르면 목록에 해당하는 라이브러리 파일의 URL 주소가 복사됩니다. [jquery.js]와 [jquery.min.js]의 차이는 다음 표로 정리했습니다. 여기에서는 URL 주소 끝이 jquery.js인 것을 선택했습니다.

종류	설명
jquery.js	소스에 들여쓰기, 줄 바꿈, 주석까지 정리한 비압축 파일로, 제이쿼리 자체를 개발할 때 유용합니다.
jquery.min.js	소스에 들여쓰기, 줄 바꿈, 주석을 무시하고 압축한 파일로, 소스가 압축되어 있어서 제이쿼리 자체를 개발하는 용도로는 적합하지 않습니다. 하지만 용량이 작아 로딩 속도가 빠릅니다.

3. 복사한 URL을 주소 영역에 붙여 넣은 후 이동합니다. 그런 다음 [Ctrl] + [S]를 눌러 저장합니다. 이때 JS 파일은 HTML 파일이 있는 폴더에 'js'라는 이름으로 폴더를 만들어 저장하면 됩니다.

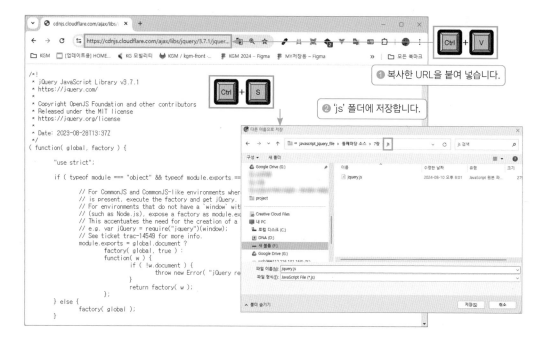

4. HTML의 〈head〉 영역에 〈script〉 태그를 삽입하여 제이쿼리 라이브러리 파일을 불러옵니다.

🔍 앞으로 배울 모든 제이쿼리 실습 예제는 이 코드가 포함됩니다. 예제를 실행할 때는 이 코드를 작성해야 정상으로 작동합니다.

```html
<head>
  <meta charset="UTF-8">
  <title>제이쿼리 연동</title>
  <script src="js/jquery.js"></script>
</head>
```
제이쿼리 라이브러리 파일 경로

네트워크 전송 방식으로 연동하기

네트워크 전송 방식은 온라인으로 제공하는 제이쿼리 라이브러리 파일을 네트워크를 통해 HTML에 불러오는 방식입니다.

1. 앞에서 실습한 다운로드 방식과 마찬가지로 CDNJS 웹사이트(https://cdnjs.com/)에서 제이쿼리(v3.7.1) 라이브러리 파일의 URL을 복사합니다.

2. 〈script〉 태그 src 속성에 복사한 URL을 붙여 넣습니다.

```html
<head>
  <meta charset="UTF-8">
  <title>제이쿼리 연동</title>
  <script src="https://cdnjs.cloudflare.com/ajax/libs/jquery/3.7.1/jquery.js"></script>
</head>
```

제이쿼리는 최신 버전으로 자주 업그레이드됩니다. 이렇게 최신 버전을 사용하다 보면 이전 버전에서 자주 사용하던 기능(메서드)이 삭제되어 사용할 수 없는 경우가 종종 있습니다. 최신 버전에서 삭제된 이전 버전 (1.9 미만)의 기능을 사용하려면 'Migrate plugin'을 설치하면 됩니다.

1. 다음과 같이 https://jquery.com/download/에서 [Download jQuery Migrate 1.4.1]을 클릭한 후 'js' 폴더에 내려받습니다.

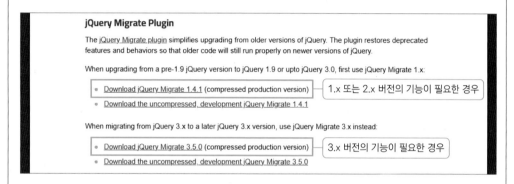

2. 다음과 같이 HTML의 〈head〉 영역 안에 제이쿼리 최신 버전의 라이브러리 파일을 연동한 태그 다음 부분에 내려받은 jquery Migrate 1.4.1 파일을 연동합니다.

```
<head>
  <meta charset = "UTF-8">
  <title> 제이쿼리 연동 </title>
  <script src="js/jquery.js"></script>
  <script src="js/jquery-migrate-1.4.1.min.js"></script>
</head>
```

07-2

선택자

선택자

선택자는 HTML 요소를 선택하여 가져옵니다. 제이쿼리 선택자는 CSS 선택자와 마찬가지로 선택한 요소의 디자인 속성을 적용할 때 사용할 수 있습니다. 이때 HTML에 작성한 스타일^{CSS}은 사용자의 동작으로 변경할 수 없으므로 '정적이다'라고 표현합니다. 하지만 제이쿼리 선택자를 사용하면 동적으로 스타일을 적용할 수 있습니다. 선택자를 좀 더 정확하고 깊이 있게 공부하려면 문서 객체 모델을 알아두는 것이 좋습니다.

문서 객체 모델

문서 객체 모델^{DOM, Document Object Model}이란 HTML의 문서 객체 구조를 말합니다. HTML 문서의 기본 객체 구조는 최상위 객체인 〈html〉이 있고 하위 객체로 〈head〉, 〈body〉가 있습니다. 〈body〉 태그는 문단 태그, 테이블 태그, 폼 태그 등을 포함할 수 있습니다. 이때 문서 객체 모델에서는 모든 태그를 객체라고 부르며, 태그에는 기능과 속성이 포함되어 있습니다. 예를 들어 〈img〉 태그는 이미지를 출력하는 기능을 하고 src, alt, width, height와 같은 속성을 포함하고 있습니다.

다음 HTML의 문서 객체 구조를 살펴보겠습니다.

```html
<!DOCTYPE html>
<html lang="ko">
<head>
  <meta charset="UTF-8">
  <title>DOM</title>
</head>
<body>
  <h1>선호하는 음식</h1>
  <section id="food_1">
```

```
    <h2>한식</h2>
    <ul>
      <li>김치</li>
      <li>불고기</li>
    </ul>
  </section>
  <section id="food_2">
    <h2>양식</h2>
    <ul>
      <li>피자</li>
      <li>파스타</li>
    </ul>
  </section>
</body>
</html>
```

위 HTML의 문서 객체 구조를 그림으로 표현하면 다음처럼 트리 구조가 됩니다. 이때 가장 상위에 위치하는 〈html〉은 뿌리^{Root}라고 하고, 뿌리에서 가지처럼 뻗어나가는 모양의 요소를 노드^{Node}라고 합니다. 노드의 종류에는 요소 노드^{Element Node}, 텍스트 노드^{Text Node}, 속성 노드^{Attribute Node}가 있습니다.

🔍 그림을 거꾸로 뒤집으면 나뭇가지가 뻗어 있는 모양과 비슷합니다.

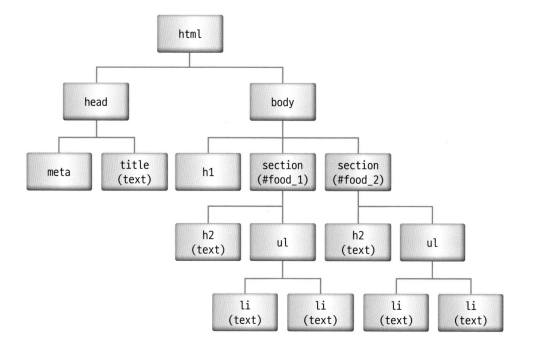

선택자 사용하기

선택자를 사용하려면 문서 객체를 불러와야 합니다. 다음은 선택자를 사용하는 방법입니다. [방법 1]은 제이쿼리가 먼저 실행되고 그다음 〈body〉 영역에 문서 객체를 불러옵니다. 이렇게 하면 〈body〉가 생성되기 이전에 선택자가 먼저 실행되어 문서 객체를 선택자로 선택할 수 없습니다. [방법 1]에서 〈body〉 영역에 문시 객체를 먼저 불러온 다음에는 선택자를 사용할 수 있도록 [방법 2]나 [방법 3]과 같이 작성해야 합니다.

방법 1(잘못된 적용)	방법 2(정상 적용)	방법 3(정상 적용)

``html
<head>
…
<script src="js/jquery.js"></script>
<script>
  $("#txt").css("color", "red");
</script>
</head>
<body>
  <p id="txt">내용</p>
</body>
``
	``html
	<head>
	…
	<script src="js/jquery.js"></script>
	<script>
	$(document).ready(function( ){
	  $("#txt").css("color", "red");
	});
	</script>
	</head>
	<body>
	  <p id="txt">내용</p>
	</body>
	``
		``html
		<head>
		…
		<script src="js/jquery.js"></script>
		<script>
		$(function( ){
		  $("#txt").css("color", "red");
		});
		</script>
		</head>
		<body>
		  <p id="txt">내용</p>
		</body>
		``

다음은 제이쿼리 선택자로 스타일이나 속성을 적용하는 기본형입니다. 선택자는 $( )에 문자형 데이터로 CSS 선택자를 입력하면 됩니다.

> 기본형
>
> ❶ 선택한 요소에 지정한 스타일을 적용합니다.
> $("CSS 선택자").css("스타일 속성명", "값");
>
> ❷ 선택한 요소에 지정한 속성을 적용합니다.
> $("CSS 선택자").attr("속성명", "값");

다음은 제이쿼리의 아이디 선택자를 적용하여 글자 색상을 바꾸는 예제입니다.

> 〈/〉 코딩해 보세요!　　　실습 파일 jq_sample1_test.html　　　완성 파일 jq_sample1.html
>
> ```html
> 03:  <head>
> 04:    <meta charset="UTF-8">
> ```

```
05:    <title>선택자</title>
06:    <script src="js/jquery.js"></script>
07:    <script>
08:    $(function(){
09:      $("#title").css("color", "red");
10:    });
11:    </script>
12:  </head>
13:  <body>
14:    <h1 id="title">제목</h1>
15:  </body>
```

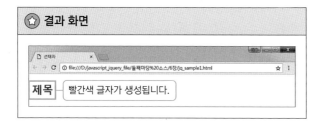

기본 선택자

이번에는 〈body〉 영역에 있는 문서 객체를 선택할 수 있는 선택자를 살펴보겠습니다. 제이쿼리의 기본 선택자는 다음과 같이 직접 선택자와 인접 관계 선택자로 나눌 수 있습니다.

🔍 앞으로는 '문서 객체'를 '요소' 또는 '태그'라고 하겠습니다.

기본 선택자의 종류

구분	종류	사용법	설명
직접 선택자	전체 선택자	$("*")	모든 요소를 선택합니다.
	아이디 선택자	$("#아이디명")	id 속성에 값을 지정한 요소를 선택합니다.
	클래스 선택자	$(".클래스명")	class 속성에 값을 지정한 요소를 선택합니다.
	요소 선택자	$("요소명")	지정한 요소명과 일치하는 요소만 선택합니다.
	그룹 선택자	$("선택1, 선택2, 선택3, ..., 선택 *n*")	선택1, 선택2, 선택3, ..., 선택*n*에 지정한 요소들을 한 번에 선택합니다.
	종속 선택자	$("p.txt_1") $("p#txt_1")	〈p〉 요소 중에서 class값이 txt_1인 요소 또는 id값이 txt_1인 요소를 선택합니다.

	부모 요소 선택자	$("요소 선택").parent( )	선택한 요소의 부모 요소를 선택합니다.
	상위 요소 선택자	$("요소 선택").parents( )	선택한 요소의 상위 요소를 모두 선택합니다.
	가장 가까운 상위 요소 선택자	$("요소 선택").closest ("div")	선택한 요소의 상위 요소 중에서 가장 가까운 〈div〉만 선택합니다.
	하위 요소 선택자	$("요소 선택 하위 요소")	선택한 요소로 지정한 하위 요소만 선택합니다.
	자식 요소 선택자	$("요소 선택 > 자식 요소")	선택한 요소를 기준으로 자식 관계에 지정한 요소만 선택합니다.
	자식 요소들 선택자	$("요소 선택").children( )	선택한 요소의 모든 자식 요소를 선택합니다.
	형(이전) 요소 선택자	$("요소 선택").prev( )	선택한 요소의 바로 이전 요소를 선택합니다.
인접 관계 선택자	전체 형(이전) 요소 선택자	$("요소 선택").prevAll( )	선택한 요소의 이전 요소를 모두 선택합니다.
	지정 형(이전) 요소들 선택자	$("요소 선택").prevUntil ("요소명")	선택한 요소부터 지정한 요소의 이전 요소까지 모두 선택합니다.
	동생(다음) 요소 선택자	$("요소 선택").next( )	선택한 요소의 다음 요소를 선택합니다.
		$("요소 선택 + 다음 요소")	
	전체 동생(다음) 요소 선택자	$("요소 선택").nextAll( )	선택한 요소의 다음 요소를 모두 선택합니다.
	지정 동생(다음) 요소들 선택자	$("요소 선택").nextUntil ("h2")	선택한 요소부터 지정한 요소의 다음 요소까지 모두 선택합니다.
	전체 형제 요소 선택자	$(".box_1").siblings( )	class값이 box_1인 요소의 형제 요소 전체를 선택합니다.

위 표에 간략하게 정리한 기본 선택자들을 하나씩 알아보겠습니다.

직접 선택자

직접 선택자는 주로 특정 조건에 맞는 요소를 직접 선택할 때 사용합니다. 직접 선택자의 종류로는 전체(*), 아이디(#), 클래스(.), 요소명, 그룹(,) 선택자가 있습니다.

전체 선택자

전체Universal 요소를 선택할 때 사용합니다. 즉, 이 선택자를 사용하면 현재 HTML의 모든 태그를 선택합니다.

전체 선택자의 기본형은 다음과 같습니다.

| 기본형 | $("*") |

다음은 전체 선택자를 사용한 예제입니다. 09행의 문단 태그 영역과 전체 선택자를 적용한 부분을 살펴보고 결과가 어떻게 나타나는지 확인해 보세요.

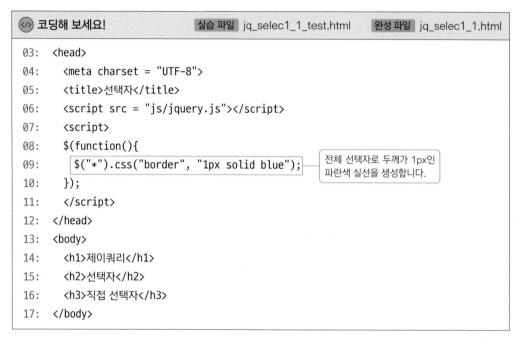

코딩해 보세요!　실습 파일 jq_selec1_1_test.html　완성 파일 jq_selec1_1.html

```
03:  <head>
04:    <meta charset = "UTF-8">
05:    <title>선택자</title>
06:    <script src = "js/jquery.js"></script>
07:    <script>
08:    $(function(){
09:      $("*").css("border", "1px solid blue");
10:    });
11:    </script>
12:  </head>
13:  <body>
14:    <h1>제이쿼리</h1>
15:    <h2>선택자</h2>
16:    <h3>직접 선택자</h3>
17:  </body>
```

전체 선택자로 두께가 1px인 파란색 실선을 생성합니다.

결과 화면

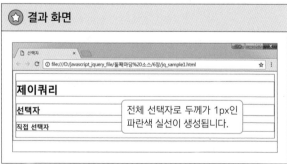

전체 선택자로 두께가 1px인 파란색 실선이 생성됩니다.

아이디 선택자

아이디 선택자는 아이디 속성의 값이 특정 값과 일치하는 요소를 선택합니다. 아이디 선택자의 기본형은 다음과 같습니다.

> 기본형 | $("#아이디명")

다음은 아이디 선택자를 사용하기 위해 만든 간단한 예제입니다. 〈h2〉 태그의 id값이 tit인 것을 확인하세요.

```
03:   <head>
04:     <meta charset="UTF-8">
05:     <title> 선택자 </title>
06:     <script src="js/jquery.js"></script>
07:     <script>
08:     $(function(){
09:       $("#tit").css("background-color", "#ff0")
10:       .css("border", "2px solid #f00");
11:     });
12:     </script>
13:   </head>
14:   <body>
15:     <h1>제이쿼리</h1>
16:     <h2 id="tit">선택자</h2>
17:     <h3>직접 선택자</h3>
18:   </body>
```

체이닝 기법으로 선택한 요소의 css 메서드를 연속해서 2회 적용합니다.

⭐ 결과 화면

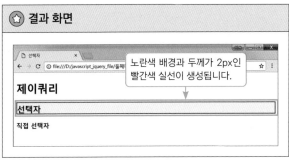

노란색 배경과 두께가 2px인 빨간색 실선이 생성됩니다.

앞의 jq_selec1_2.html 예제와 같이 선택한 요소에는 메서드를 연속해서 사용할 수 있는데, 이를 마치 체인이 엮인 모양과 같다고 하여 체이닝 기법이라 합니다. 제이쿼리에서는 한 객체에 다양한 메서드를 줄줄이 이어서 사용할 수 있습니다. 메서드 사용을 완료하면 문장 마지막에는 세미콜론(;)을 작성하여 마무리합니다.

```
$(요소 선택).css(속성1, 값1).css(속성2, 값2).css(속성3, 값3);
```

클래스 선택자

클래스 선택자는 클래스 속성에 지정한 값을 가진 요소를 선택합니다. 주로 여러 요소가 같은 스타일을 공유할 때 사용합니다. 클래스 선택자의 기본형은 다음과 같습니다.

기본형 $(".클래스명")

다음은 문단 태그 영역에 〈h2〉 태그의 tit이라는 class값을 지정하는 예제입니다.

🔍 여기부터는 예제의 〈head〉 영역을 생략하였습니다. 결과는 〈head〉 영역을 함께 작성하여 확인하세요.

</> 코딩해 보세요!　　실습 파일 jq_selec1_3_test.html　　완성 파일 jq_selec1_3.html

```
07:    <script>
08:    $(function(){
09:      $(".tit").css("background-color", "#ff0")
10:      .css("border", "2px dashed #f00");
11:    });
12:    </script>
13:  </head>
14:  <body>
15:    <h1>제이쿼리</h1>
16:    <h2 class="tit">선택자</h2>
17:    <h3>직접 선택자</h3>
18:  </body>
```

> 〈h2 class="tit"〉선택자〈/h2〉

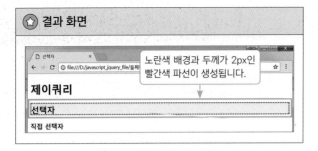

결과 화면

노란색 배경과 두께가 2px인
빨간색 파선이 생성됩니다.

요소명 선택자

지정한 요소명^{Tag Name}과 일치하는 요소를 모두 선택합니다. 예를 들어 〈h2〉 태그에 적용할 경우 문서 내의 모든 〈h2〉 요소를 선택할 수 있습니다. 이 선택자는 특정 태그 이름을 가진 요소들에 스타일을 적용할 때 유용합니다. 요소명 선택자의 기본형은 다음과 같습니다.

> 기본형 $("요소명")

다음은 문단 태그 영역에 요소명 선택자를 적용한 예제입니다. 실습 파일을 열어 코드를 작성하고 결과 화면을 확인하세요.

코딩해 보세요!   실습 파일 jq_selec1_4_test.html   완성 파일 jq_selec1_4.html

```
07:   <script>
08:   $(function(){
09:     $("h2").css("background-color", "#0ff")
10:     .css("border", "2px dashed #f00");        <h2>선택자</h2>
11:   });
12:   </script>
13:   </head>
14:   <body>
15:     <h1>제이쿼리</h1>
16:     <h2>선택자</h2>
17:     <h3>직접 선택자</h3>
18:   </body>
```

결과 화면

아쿠아색 배경과 두께가 2px인
빨간색 파선이 생성됩니다.

그룹 선택자

그룹 선택자는 요소를 한 번에 여러 개 선택할 때 사용합니다. 그룹 선택자는 여러 선택자를 나열해 지정된 모든 요소들을 동시에 선택할 수 있습니다. 여러 개의 요소를 동시에 조작할 때 유용합니다. 그룹 선택자의 기본형은 다음과 같습니다.

> 기본형 $("요소 선택1, 요소 선택2, 요소 선택3,…, 요소 선택n");

다음은 문단 태그 영역에 그룹 선택자로 요소를 한 번에 여러 개 선택하여 스타일(CSS)을 적용하는 예제입니다.

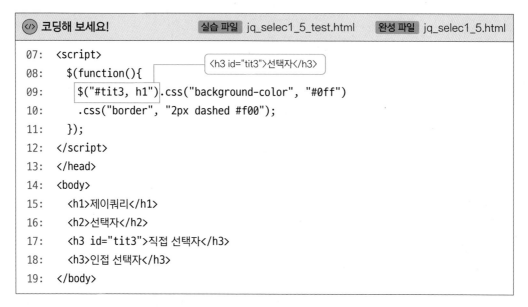

코딩해 보세요! 실습 파일 jq_selec1_5_test.html 완성 파일 jq_selec1_5.html

```
07:  <script>
08:    $(function(){
                                    <h3 id="tit3">선택자</h3>
09:      $("#tit3, h1").css("background-color", "#0ff")
10:        .css("border", "2px dashed #f00");
11:    });
12:  </script>
13:  </head>
14:  <body>
15:    <h1>제이쿼리</h1>
16:    <h2>선택자</h2>
17:    <h3 id="tit3">직접 선택자</h3>
18:    <h3>인접 선택자</h3>
19:  </body>
```

결과 화면

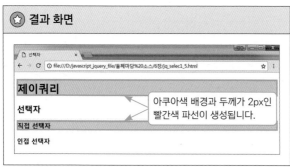

아쿠아색 배경과 두께가 2px인 빨간색 파선이 생성됩니다.

종속 선택자

종속 선택자는 선택한 요소의 id값 또는 class값이 일치하는 다른 요소를 선택할 때 사용합니다. 종속 선택자는 특정 요소 내에서 특정 id 또는 class를 가진 자식 요소를 선택할 때 유용합니다. 종속 선택자의 기본형은 다음과 같습니다.

기본형	① `$("요소명#id값")`
	② `$("요소명.class값")`

🔍 하위 선택자와 종속 선택자는 작성하는 방법이 비슷하지만 차이가 있습니다. 종속 선택자는 요소명과 id값, class값 사이에 공백이 없지만 하위 선택자는 공백을 넣어 부모 요소와 자식 요소 간의 관계를 나타냅니다.

다음은 종속 선택자로 요소명과 class값이 일치하는 요소를 선택하여 스타일(CSS)을 적용하는 예제입니다. 코드에서 `$("h1.tit")`은 〈h1〉 중에서 class="tit"인 요소를 선택합니다.

〈/〉 코딩해 보세요! 실습 파일 jq_selec1_5_test.html 완성 파일 jq_selec1_5.html

```
07:  <script>
08:    $(function(){
09:      $("h1.tit").css("background-color", "#0ff")
10:      .css("border", "2px dashed #f00");          <h1 class="tit">제이쿼리</h1>
11:    });
12:  </script>
13:  </head>
14:  <body>
15:    <h1 class="tit">제이쿼리</h1>
16:    <h2>선택자</h2>
17:    <h3 class="tit">직접 선택자</h3>
18:  </body>
```

⭐ 결과 화면

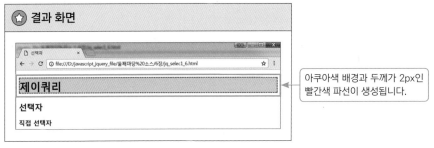

아쿠아색 배경과 두께가 2px인 빨간색 파선이 생성됩니다.

인접 관계 선택자

인접 관계 선택자는 직접 선택자로 요소를 먼저 선택하고 그 선택한 요소와 가까운(이전과 다음 요소) 요소를 선택할 때 사용합니다. 즉, 현재 선택한 요소의 형제 요소나 자식 요소와 관계된 선택을 할 수 있습니다. 인접 관계 선택자를 자유자재로 사용하려면 문서 객체 구조와 관계를 잘 이해해야 합니다. 다음을 보면서 예를 들어 설명하겠습니다.

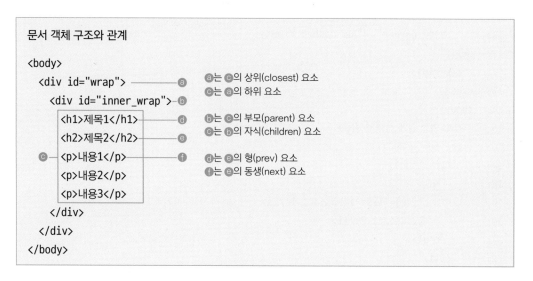

```
❶ $("h2").next( ).css("color", "green");
❷ $("h2").parent( ).css("border", "1px solid #f00");
```

❶ 동생 요소 선택자인 next( ) 함수를 사용하여 \<h2>의 동생 요소인 \<p>내용1\</p>를 선택한 다음, 글자색을 초록색으로 적용합니다.
❷ 부모 요소 선택자인 parent( ) 함수를 사용하여 \<h2>의 부모 요소인 \<div id="inner_wrap">을 선택한 다음, 두께가 1px인 빨간색 실선을 생성합니다.

문서 객체 구조와 관계를 이해했나요? 그러면 인접 관계 선택자의 종류와 사용법에 대해 좀 더 자세히 알아보겠습니다.

부모 요소 선택자

부모 요소 선택자는 선택한 요소를 감싸고 있는 부모 요소를 선택합니다. 이 선택자는 선택한 요소에서 바로 1단계 상위의 부모 요소를 선택합니다. 기본형은 다음과 같습니다.

```
기본형    $("요소 선택").parent( );
```

다음은 문단 태그 영역의 부모 요소 선택자를 적용한 예제입니다. 〈li id="list_1"〉의 부모 요소는 안쪽에 있는 〈ul〉 태그인 것을 알 수 있습니다.

```
07:     <script>
08:     $(function(){
09:       $("#list_1").parent( )
10:         .css("border", "2px dashed #f00");
11:     });
12:     </script>
13:   </head>
14:   <body>
15:     <h1>인접 관계 선택자</h1>
16:     <ul id="wrap">
17:       <li>리스트1
18:         <ul>
19:           <li id="list_1">리스트1-1</li>
20:           <li>리스트1-2</li>
21:         </ul>
22:       </li>
23:       <li>리스트2</li>
24:       <li>리스트3</li>
25:     </ul>
26:   </body>
```

코딩해 보세요!　　실습 파일 jq_selec1_7_test.html　　완성 파일 jq_selec1_7.html

09번 줄 설명: 〈ul〉 〈li id="list_1"〉제이쿼리〈/li〉

19번 줄 설명: 〈ul〉의 자식인 〈li〉 태그

결과 화면

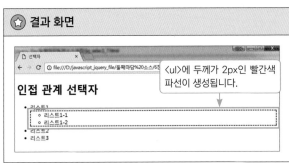

〈ul〉에 두께가 2px인 빨간색 파선이 생성됩니다.

인접 관계 선택자

- 리스트1
  - 리스트1-1
  - 리스트1-2
- 리스트2
- 리스트3

하위 요소 선택자

하위 요소 선택자는 기준 요소 안에서 특정 하위 요소를 선택합니다. 기본형은 다음과 같습니다.

기본형 $("기준 요소 선택1 요소 선택2")
        예 $("#wrap h1") // id="wrap"인 요소가 기준 요소

다음은 하위 요소 선택자를 적용한 예제입니다. id값이 'wrap'인 요소가 감싸고 있는 〈h1〉을 모두 선택합니다.

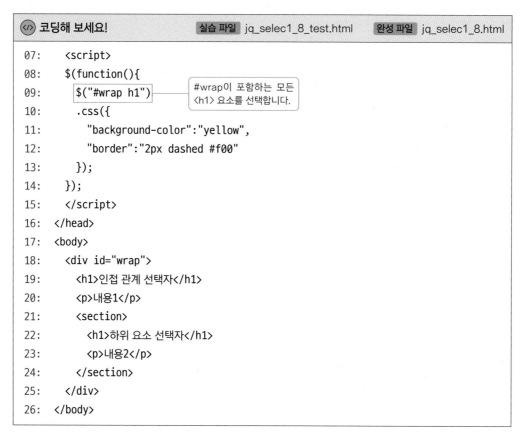

〈/〉 코딩해 보세요!　　　실습 파일 jq_selec1_8_test.html　　완성 파일 jq_selec1_8.html

```
07:    <script>
08:    $(function(){
09:      $("#wrap h1")          #wrap이 포함하는 모든
                                 <h1> 요소를 선택합니다.
10:      .css({
11:        "background-color":"yellow",
12:        "border":"2px dashed #f00"
13:      });
14:    });
15:    </script>
16:  </head>
17:  <body>
18:   <div id="wrap">
19:     <h1>인접 관계 선택자</h1>
20:     <p>내용1</p>
21:     <section>
22:       <h1>하위 요소 선택자</h1>
23:       <p>내용2</p>
24:     </section>
25:   </div>
26:  </body>
```

☆ 결과 화면

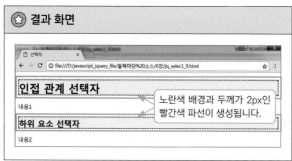

노란색 배경과 두께가 2px인 빨간색 파선이 생성됩니다.

자식 요소 선택자

자식 요소 선택자는 선택된 요소를 기준으로 직접 지정한 자식 요소만 선택합니다. 기본형은 다음과 같습니다.

기본형	① $("요소 선택 > 자식 요소 선택") ② $("요소 선택").children("자식 요소 선택") ③ $("요소 선택").children( )

① 선택한 요소의 직접 자식 요소만 선택합니다.
② 선택한 요소의 특정 자식 요소만 선택합니다.
③ 선택한 요소의 모든 직접 자식 요소를 선택합니다.

다음은 문단 태그 영역에 자식 요소 선택자를 적용한 예제입니다. 실습 파일을 열어 코드를 작성한 다음, 파일을 실행하여 결과 화면을 확인해 보세요.

</> 코딩해 보세요!　　실습 파일 jq_selec1_9_test.html　　완성 파일 jq_selec1_9.html

```
07:    <script>
08:    $(function(){
09:      $("#wrap > h1").css("border", "2px dashed #f00");
10:
11:      $("#wrap > section").children( )
12:      .css({
13:        "background-color":"yellow",
14:        "border":"2px solid #f00"
15:      });
16:    });
17:    </script>
18:  </head>
19:  <body>
20:    <div id="wrap">
21:      <h1>인접 관계 선택자</h1>
22:      <p>내용1</p>
23:      <section>
24:        <h1>자식 요소 선택자</h1>
25:        <p>내용2</p>
26:      </section>
27:    </div>
28:  </body>
```

```
<div id="wrap">
  <h1>인접 관계 선택자</h1>
```

```
<section>
  <h1>자식 요소 선택자</h1>
  <p>내용2</p>
</section>
```

앞 코드의 09행과 11행을 보면 선택한 요소에 스타일을 적용하는 방법이 2가지임을 알 수 있습니다.

---

① 인잣값을 사용해 CSS 속성과 값을 전달하는 방식
$("요소 선택").css("속성명1", "값1").css("속성명2", "값2");

② 객체를 사용해 CSS 속성과 값을 전달하는 방식
$("요소 선택").css({"속성명1" : "값1", "속성명2" : "값2", ..., "속성명n" : "값n"});

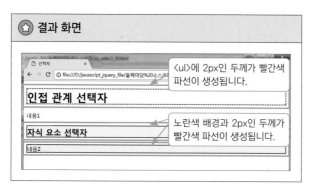

⭐ 결과 화면

⟨ul⟩에 2px인 두께가 빨간색 파선이 생성됩니다.

노란색 배경과 2px인 두께가 빨간색 파선이 생성됩니다.

형(이전) / 동생(다음) 요소 선택자

형 요소 선택자는 선택한 요소를 기준으로 바로 이전 형제 요소만 선택합니다. 그리고 동생 요소 선택자는 선택한 요소를 기준으로 바로 다음 형제 요소만 선택합니다.

기본형

① $("요소 선택").prev( )
② $("요소 선택").next( )
③ $("요소 선택1 + 요소 선택2")

---

① 선택한 요소를 기준으로 이전에 오는 형제 요소만 선택합니다.
② 선택한 요소를 기준으로 다음에 오는 형제 요소만 선택합니다.
③ 선택한 요소를(요소 선택1) 기준으로 바로 다음에 오는 선택한 요소(요소 선택2)만 선택합니다.

다음은 문단 태그 영역에 형 요소 선택자와 동생 요소 선택자를 적용한 예제입니다. class값이 txt인 요소를 기준으로 이전 형제 요소(⟨p⟩내용1⟨/p⟩)와 다음 형제 요소(⟨p⟩내용3⟨/p⟩), 다음 다음 형제 요소(⟨p⟩내용4⟨/p⟩)를 선택합니다.

```
07:    <script>
08:    $(function(){
09:      var style_1 = {
10:        "background-color":"#0ff",
11:        "border":"2px solid #f00"
12:      }
13:      var style_2 = {
14:        "background-color":"#ff0",
15:        "border":"2px dashed #f00"
16:      }
17:
18:      $(".txt").prev( )          <p>내용1</p>
                                    <p class="txt">내용2</p>
19:        .css(style_1);
20:                                 <p class="txt">내용2</p>
                                    <p>내용3</p>
21:      $(".txt + p").css(style_2);
22:
23:      $(".txt").next( ).next( )  <p class="txt">내용2</p>
                                    <p>내용3</p>
                                    <p>내용4</p>
24:        .css(style_2);
25:    });
26:    </script>
27:  </head>
28:  <body>
29:    <div id="wrap">
30:      <h1>인접 관계 선택자</h1>
31:      <p>내용1</p>
32:      <p class="txt">내용2</p>
33:      <p>내용3</p>
34:      <p>내용4</p>
35:    </div>
36:  </body>
```

⭐ 결과 화면

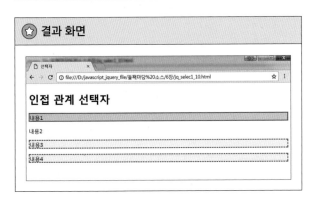

전체 형(이전) / 동생(다음) 요소 선택자

전체 형 요소 선택자는 선택한 요소를 기준으로 이전에 오는 전체 형제 요소를 선택합니다. 그리고 전체 동생 요소 선택자는 선택한 요소를 기준으로 다음에 오는 전체 형제 요소를 선택합니다.

기본형
> ❶ $("요소 선택").prevAll( )
> ❷ $("요소 선택").nextAll( )

❶ 선택한 요소의 모든 이전 형태 요소를 선택합니다.
❷ 선택한 요소의 모든 이후 형태 요소를 선택합니다.

다음은 문단 태그 영역에 전체 형 요소 선택자와 전체 동생 요소 선택자를 적용한 예제입니다. class 값이 txt인 요소를 기준으로 이전에 오는 형제 요소와 다음에 오는 형제 요소를 확인해 보세요.

</> 코딩해 보세요!　　　실습 파일 jq_selec1_11_test.html　　　완성 파일 jq_selec1_11.html

```
07:    <script>
08:    $(function(){
09:      var style_1 = {
10:        "background-color":"#0ff",
11:        "border":"2px solid #f00"
12:      }
13:      var style_2 = {
14:        "background-color":"#ff0",
15:        "border":"2px dashed #f00"
16:      }
17:
18:      $(".txt").prevAll( )        ┌ <h1>인접 관계 선택자</h1>
19:        .css(style_1);            │ <p>내용1</p>
                                     └ <p class="txt">내용2</p>
20:
21:      $(".txt").nextAll( )        ┌ <p class="txt">내용2</p>
22:        .css(style_2);            │ <p>내용3</p>
                                     └ <p>내용4</p>
23:    });
24:    </script>
25:  </head>
26:  <body>
27:    <div id="wrap">
28:      <h1>인접 관계 선택자</h1>
29:      <p>내용1</p>
30:      <p class="txt">내용2</p>
```

```
31:        <p>내용3</p>
32:        <p>내용4</p>
33:    </div>
34: </body>
```

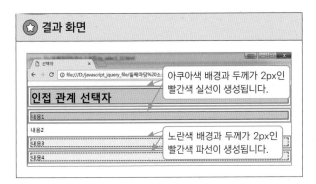

전체 형제 요소 선택자

전체 형제 요소 선택자는 선택한 요소 가운데 형제 요소를 모두 선택합니다. 기본형은 다음과 같습니다.

기본형 | $("요소 선택").siblings( );

다음은 문단 태그 영역에 전체 형제 요소 선택자를 적용한 예제입니다. class값이 txt인 요소를 기준으로 전체 형제 요소를 확인해 보세요.

코딩해 보세요!　실습 파일 jq_selec1_12_test.html　완성 파일 jq_selec1_12.html

```
07:  <script>
08:  $(function(){
09:    var style_1 = {
10:      "background-color":"#0ff",
11:      "border":"2px solid #f00"
12:    }
13:
14:    $(".txt").siblings( )
15:    .css(style_1);
16:  });
17:  </script>
18:  </head>
19:  <body>
```

```
<h1>인접 관계 선택자</h1>
<p>내용1</p>
<p class="txt">내용2</p>
<p>내용3</p>
<p>내용4</p>
```

```
20:    <div id="wrap">
21:      <h1>인접 관계 선택자</h1>
22:      <p>내용1</p>
23:      <p class="txt">내용2</p>
24:      <p>내용3</p>
25:      <p>내용4</p>
26:    </div>
27:  </body>
```

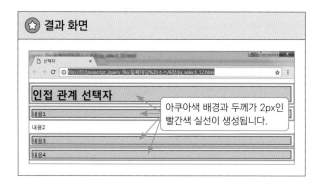

★ 결과 화면

인접 관계 선택자

아쿠아색 배경과 두께가 2px인
빨간색 실선이 생성됩니다.

내용1
내용2
내용3
내용4

범위 제한 전체 형/동생 요소 선택자

범위 제한 전체 형/동생 요소 선택자는 선택한 요소를 기준으로 형제 요소 중에서 지정한 범위 내의 전체 형 요소 또는 전체 동생 요소를 선택합니다. 기본형은 다음과 같습니다.

기본형
❶ $("요소 선택").prevUntil("범위 제한 요소 선택")
❷ $("요소 선택").nextUntil("범위 제한 요소 선택")

❶ 선택한 요소를 기준으로 범위 제한 요소까지 전체 형 요소를 선택합니다.
❷ 선택한 요소를 기준으로 범위 제한 요소까지 전체 동생 요소를 선택합니다.

다음은 범위 제한 전체 형/동생 선택자를 적용한 예제입니다. class값이 txt3인 요소를 기준으로 전체 형/동생 요소를 선택합니다. class="title"과 class="txt6"이 어느 요소에 포함되어 있는지 살펴보세요.

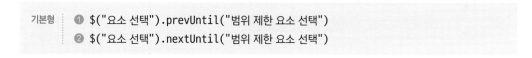

</> 코딩해 보세요!   실습 파일 jq_selec1_13_test.html   완성 파일 jq_selec1_13.html

```
07:  <script>
08:  $(function(){
09:    var style_1 = {
10:      "background-color":"#0ff",
```

```
11:          "border":"2px solid #f00"
12:       }
13:
14:   $(".txt3").prevUntil(".title")
15:     .css(style_1);
16:
17:   $(".txt3").nextUntil(".txt6")
18:     .css(style_1);
19:   });
20:   </script>
21:   </head>
22:   <body>
23:   <div id="wrap">
24:     <h1 class="title">선택자</h1>
25:     <p>내용1</p>
26:     <p>내용2</p>
27:     <p class="txt3">내용3</p>
28:     <p>내용4</p>
29:     <p>내용5</p>
30:     <p class="txt6">내용6</p>
31:   </div>
32:   </body>
```

```
<h1 class="title">선택자</h1>
<p>내용1</p>
<p>내용2</p>
<p class="txt3">내용3</p>
<p>내용4</p>
<p>내용5</p>
<p class="txt6">내용6</p>
```

⭐ 결과 화면

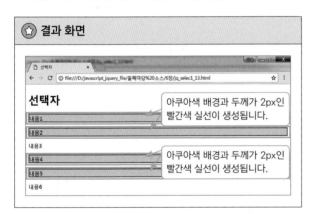

상위 요소 선택자

상위 요소 선택자는 선택한 요소를 기준으로 모든 상위 요소를 선택하거나 상위 요소 중에서
선택하고자 하는 요소만 선택할 때 사용합니다.

기본형   ❶ $("요소 선택").parents( )
         ❷ $("요소 선택").parents("요소 선택")

❶ 선택한 요소를 기준으로 상위 요소를 모두 선택합니다.
❷ 선택한 요소를 기준으로 상위 요소 중에서 선택한 요소만 선택합니다.

다음은 문단 태그 영역에 상위 요소 선택자를 적용한 예제입니다. class값이 txt1인 요소와
txt2인 요소의 상위 요소를 어떻게 선택하는지 살펴보세요.

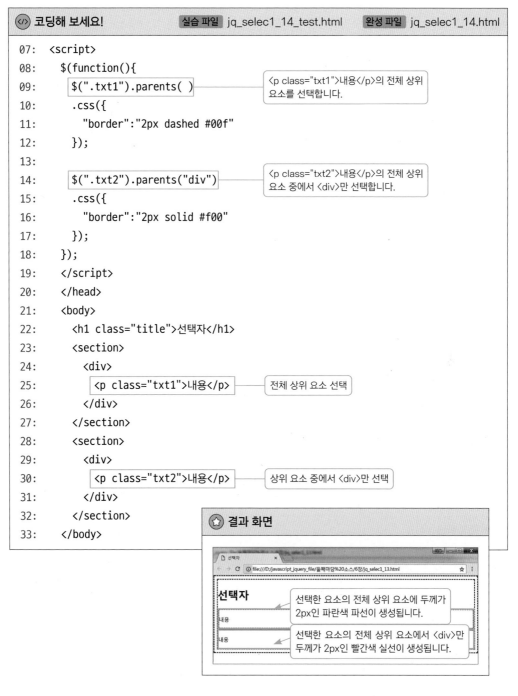

```
07:  <script>
08:    $(function(){
09:      $(".txt1").parents( )        ┐  <p class="txt1">내용</p>의 전체 상위
10:      .css({                          요소를 선택합니다.
11:        "border":"2px dashed #00f"
12:      });
13:
14:      $(".txt2").parents("div")    ┐  <p class="txt2">내용</p>의 전체 상위
15:      .css({                          요소 중에서 <div>만 선택합니다.
16:        "border":"2px solid #f00"
17:      });
18:    });
19:  </script>
20:  </head>
21:  <body>
22:    <h1 class="title">선택자</h1>
23:    <section>
24:      <div>
25:        <p class="txt1">내용</p>    ─ 전체 상위 요소 선택
26:      </div>
27:    </section>
28:    <section>
29:      <div>
30:        <p class="txt2">내용</p>    ─ 상위 요소 중에서 <div>만 선택
31:      </div>
32:    </section>
33:  </body>
```

코딩해 보세요!   실습 파일 jq_selec1_14_test.html   완성 파일 jq_selec1_14.html

⭐ 결과 화면

선택자

선택한 요소의 전체 상위 요소에 두께가
2px인 파란색 파선이 생성됩니다.

선택한 요소의 전체 상위 요소에서 <div>만
두께가 2px인 빨간색 실선이 생성됩니다.

가장 가까운 상위 요소 선택자

가장 가까운 상위 요소 선택자는 선택한 요소를 기준으로 가장 가까운 상위 요소만 선택할 때 사용합니다. 기본형은 다음과 같습니다.

> 기본형 | $("요소 선택").closest("요소 선택")

다음은 가장 가까운 상위 요소 선택자를 적용한 예제입니다. class값이 txt1인 요소를 기준으로 상위 요소 중에서 가장 가까운 〈div〉가 어떤 요소인지 먼저 살펴본 다음, 파일을 실행하여 결과를 확인하세요.

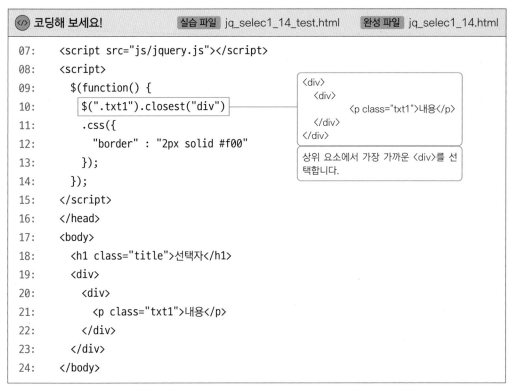

```
07:    <script src="js/jquery.js"></script>
08:    <script>
09:      $(function() {
10:        $(".txt1").closest("div")
11:         .css({
12:           "border" : "2px solid #f00"
13:         });
14:      });
15:    </script>
16:    </head>
17:    <body>
18:      <h1 class="title">선택자</h1>
19:      <div>
20:        <div>
21:          <p class="txt1">내용</p>
22:        </div>
23:      </div>
24:    </body>
```

```
<div>
  <div>
        <p class="txt1">내용</p>
  </div>
</div>
```
상위 요소에서 가장 가까운 〈div〉를 선택합니다.

결과 화면

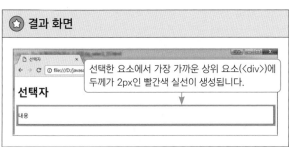

선택한 요소에서 가장 가까운 상위 요소(〈div〉)에 두께가 2px인 빨간색 실선이 생성됩니다.

제이쿼리 탐색 선택자

탐색 선택자

탐색 선택자를 사용하면 기본 선택자로 선택한 요소 중에서 원하는 요소를 한 번 더 탐색해서 좀 더 정확하게 선택할 수 있습니다. 대표적인 탐색 선택자에는 배열의 인덱스Index를 사용해 선택하는 '위치 탐색 선택자'와 배열에 담긴 요소 가운데 지정된 속성과 값으로 선택하는 '속성 탐색 선택자'가 있습니다.

🔍 콘텐츠 포함 여부로 다시 선택할 수 있는 '콘텐츠 탐색 선택자'와 '필터링 선택자'도 있습니다.

위치 탐색 선택자

기본 선택자로 선택한 요소는 배열에 담깁니다. 이때 배열의 인덱스를 사용하면 특정 요소를 좀 더 정확하게 선택할 수 있습니다. 다음은 위치 탐색 선택자의 종류를 간단히 정리한 표입니다.

🔍 앞에서 살펴본 기본 선택자를 정확하게 이해한 다음 탐색 선택자를 공부하세요.

위치 탐색 선택자의 종류

종류	사용법	설명
$("요소 선택:first")	$("li:first")	전체 ⟨li⟩ 요소 중 첫 번째 요소만 선택합니다.
$("요소 선택").first( )	$("li").first( )	
$("요소 선택:last")	$("li:last")	전체 ⟨li⟩ 요소 중 마지막 요소만 선택합니다.
$("요소 선택").last( )	$("li").last( )	
$("요소 선택:even")	$("li:even")	⟨li⟩ 요소 무리 중 홀수 번째(짝수 인덱스) 요소만 선택합니다.
$("요소 선택:odd")	$("li:odd")	⟨li⟩ 요소 무리 중 짝수 번째(홀수 인덱스) 요소만 선택합니다.
$("요소 선택:first-of-type")	$("li:first-of-type")	⟨li⟩ 요소 무리 중 첫 번째 요소만 선택합니다.
$("요소 선택:last-of-type")	$("li:last-of-type")	⟨li⟩ 요소 무리 중 마지막 요소만 선택합니다.
$("요소 선택:nth-child(숫자)")	$("li:nth-child(3)")	⟨li⟩ 요소 무리 중 세 번째 요소만 선택합니다.
$("요소 선택:nth-child(숫자n)")	$("li:nth-child(3n)")	⟨li⟩ 요소 무리 중 3의 배수 번째 요소만 선택합니다.
$("요소 선택:nth-last-of-type(숫자)")	$("li:nth-last-of-type(2)")	⟨li⟩ 요소 무리 중 마지막 위치에서 두 번째 요소만 선택합니다.

$("요소 선택:only-child")	$("li:only-child")	부모 요소 내에 〈li〉 요소가 1개뿐인 〈li〉 요소만 선택합니다.
$("요소 선택:eq(index)")	$("li:eq(2)")	〈li〉 요소 중 인덱스 2가 참조하는 요소를 불러옵니다.
$("요소 선택").eq(index)	$("li").eq(2)	
$("요소 선택:lt(index)")	$("li:lt(1)")	〈li〉 요소 중 인덱스 1보다 작은 인덱스가 참조하는 요소를 불러옵니다.
$("요소 선택:gt(index)")	$("li:gt(1)")	〈li〉 요소 중 인덱스 1보다 큰 인덱스가 참조하는 요소를 불러옵니다.
$("요소 선택").slice(index)	$("li").slice(2)	〈li〉 요소 중 인덱스 2부터 참조하는 요소를 불러옵니다.

그러면 지금부터 위 표에 정리한 위치 탐색 선택자를 하나씩 알아보겠습니다.

first/last 선택자

first 선택자는 선택한 요소 중 첫 번째 요소만 선택합니다. 이와 반대로 last 선택자는 선택한 요소 중 마지막 요소만 선택합니다. 다음은 ❶ first 선택자와 ❷ last 선택자의 기본형입니다.

기본형
❶ $("요소 선택:first") 또는 $("요소 선택").first( )
❷ $("요소 선택:last") 또는 $("요소 선택").last( )

다음은 문단 태그 영역에 first 선택자와 last 선택자를 사용해 첫 번째 항목에 노란색, 마지막 항목에 아쿠아색 배경을 적용한 예제입니다.

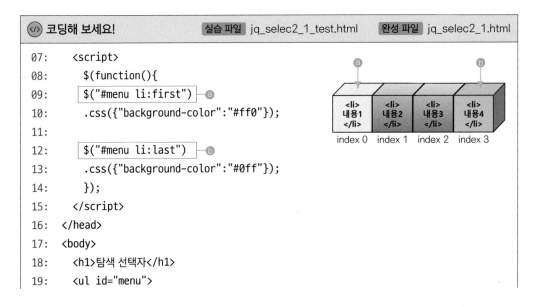

```
07:    <script>
08:      $(function(){
09:        $("#menu li:first")      ⓐ
10:          .css({"background-color":"#ff0"});
11:
12:        $("#menu li:last")       ⓑ
13:          .css({"background-color":"#0ff"});
14:      });
15:    </script>
16:  </head>
17:  <body>
18:    <h1>탐색 선택자</h1>
19:    <ul id="menu">
```

```
20:     <li>내용1</li>
21:     <li>내용2</li>
22:     <li>내용3</li>
23:     <li>내용4</li>
24:   </ul>
25: </body>
```

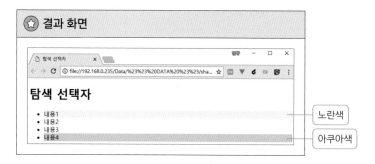

⭐ 결과 화면

노란색
아쿠아색

even / odd 선택자

even 선택자는 선택한 요소 중 홀수 번째(짝수 인덱스) 요소만 선택하고, 이와 반대로 odd 선택자는 짝수 번째(홀수 인덱스) 요소만 선택합니다. 다음은 ❶ even 선택자와 ❷ odd 선택자의 기본형입니다.

기본형   ❶ $("요소 선택:even")
        ❷ $("요소 선택:odd")

다음은 even과 odd 선택자를 사용해 #menu의 짝수 번째 항목에 노란색, 홀수 번째 항목에 아쿠아색 배경을 적용한 예제입니다.

⟨/⟩ 코딩해 보세요!   실습 파일 jq_selec2_2_test.html   완성 파일 jq_selec2_2.html

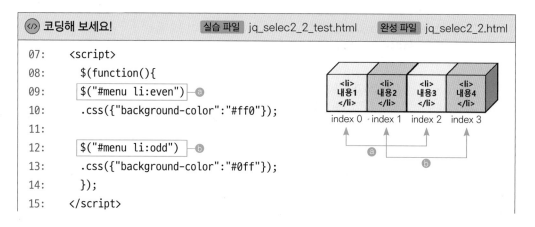

```
07:   <script>
08:     $(function(){
09:       $("#menu li:even")       ⓐ
10:         .css({"background-color":"#ff0"});
11:
12:       $("#menu li:odd")        ⓑ
13:         .css({"background-color":"#0ff"});
14:     });
15:   </script>
```

```
16:     </head>
17:     <body>
18:         <h1>탐색 선택자</h1>
19:         <ul id="menu">
20:         <li>내용1</li>
21:         <li>내용2</li>
22:         <li>내용3</li>
23:         <li>내용4</li>
24:         </ul>
25:     </body>
```

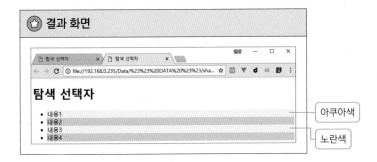

eq(index) / lt(index) / gt(index) 탐색 선택자

eq(index) 탐색 선택자는 선택한 요소 중 지정한 인덱스가 참조하는 요소만 선택하고 lt (index) 선택자는 선택한 요소 중 지정한 인덱스보다 작은(lt, less than) 인덱스를 참조하는 요소만 선택합니다. 이와 반대로 gt(index)는 선택한 요소 중 지정한 인덱스보다 큰(gt, greater than) 인덱스를 참조하는 요소만 선택합니다. 다음은 ❶ eq(index), ❷ lt(index), ❸ gt(index) 선택자의 기본형입니다.

기본형	❶ $("요소 선택:eq(index)") 또는 $("요소 선택").eq(index)
	❷ $("요소 선택:lt(index)")
	❸ $("요소 선택:gt(index)")

다음은 문단 태그 영역에 eq( ), lt( ), gt( )의 선택자를 적용한 예제입니다.

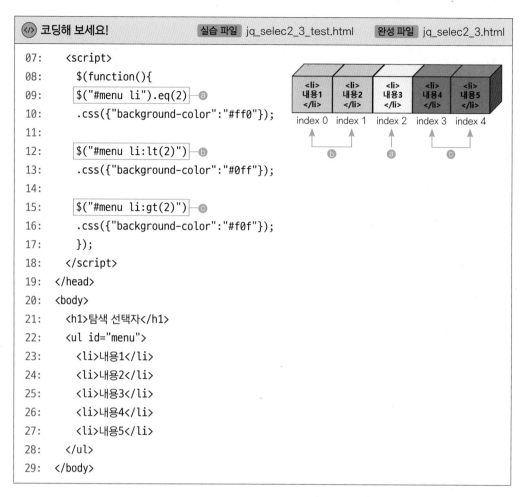

```
07:    <script>
08:      $(function(){
09:        $("#menu li").eq(2)
10:          .css({"background-color":"#ff0"});
11:
12:        $("#menu li:lt(2)")
13:          .css({"background-color":"#0ff"});
14:
15:        $("#menu li:gt(2)")
16:          .css({"background-color":"#f0f"});
17:      });
18:    </script>
19:  </head>
20:  <body>
21:    <h1>탐색 선택자</h1>
22:    <ul id="menu">
23:      <li>내용1</li>
24:      <li>내용2</li>
25:      <li>내용3</li>
26:      <li>내용4</li>
27:      <li>내용5</li>
28:    </ul>
29:  </body>
```

결과 화면

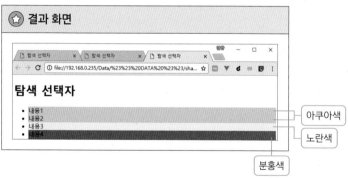

first-of-type/last-of-type 선택자

first-of-type 선택자는 선택한 요소의 무리 중 첫 번째 요소만 선택합니다. 이와 반대로 last-of-type 선택자는 선택한 요소의 무리 중 마지막에 위치한 요소만 선택합니다. ❶ first-of-type 선택자와 ❷ last-of-type 선택자의 기본형은 다음과 같습니다.

다음 문단 태그에는 〈ul〉 태그가 2개 있고, 그 안의 〈li〉 태그를 모두 선택할 경우 2개의 무리가 나타납니다. 이때 first-of-type을 이용하면 두 무리에서 각각 첫 번째에 위치한 〈li〉 태그가 선택되고, last-of-type을 이용하면 마지막에 위치한 〈li〉 태그가 선택됩니다.

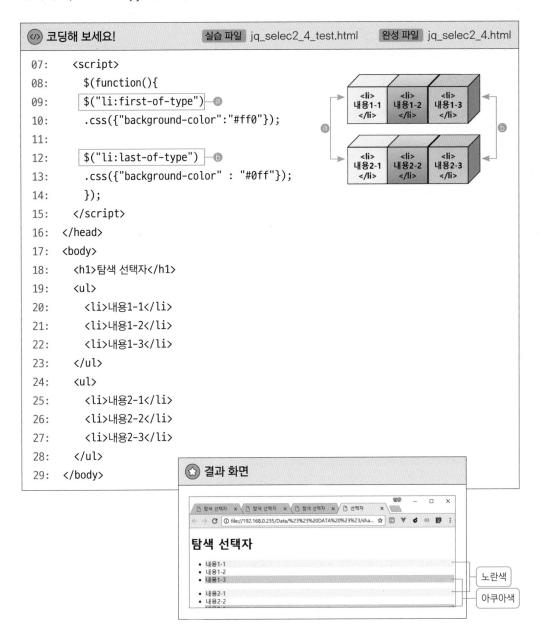

코딩해 보세요!   실습 파일 jq_selec2_4_test.html   완성 파일 jq_selec2_4.html

```
07:    <script>
08:      $(function(){
09:        $("li:first-of-type")        ⓐ
10:        .css({"background-color":"#ff0"});
11:
12:        $("li:last-of-type")         ⓑ
13:        .css({"background-color" : "#0ff"});
14:      });
15:    </script>
16:  </head>
17:  <body>
18:    <h1>탐색 선택자</h1>
19:    <ul>
20:      <li>내용1-1</li>
21:      <li>내용1-2</li>
22:      <li>내용1-3</li>
23:    </ul>
24:    <ul>
25:      <li>내용2-1</li>
26:      <li>내용2-2</li>
27:      <li>내용2-3</li>
28:    </ul>
29:  </body>
```

⭐ **결과 화면**

nth-child(숫자) / nth-child(숫자*n*) / nth-last-of-type(숫자) 선택자

nth-child(숫자*n*) 선택자는 선택한 요소의 무리 중 지정한 숫자(배수)의 요소를 선택합니다. 예를 들어 li:nth-child(2)는 선택한 요소의 무리 중 두 번째의 〈li〉 태그를 가리키고, li:nth-child(2*n*)은 선택한 요소의 무리 중 2의 배수의 〈li〉 태그를 가리킵니다. 이에 비해 nth-last-of-type(숫자) 선택자는 선택한 요소의 무리 중 마지막에서 지정한 숫자의 요소를 선택합니다.

기본형
① $("요소 선택:nth-child(숫자)")
② $("요소 선택:nth-child(숫자*n*)")
③ $("요소 선택:nth-last-child(숫자)")

① 선택한 요소 중 지정한 숫자에 위치한 요소를 선택합니다.
② 선택한 요소 중 지정한 배수에 위치한 요소를 선택합니다.
③ 선택한 요소 중 마지막 위치에서 지정한 숫자에 위치한 요소를 선택합니다.

다음은 문단 태그 영역에 nth-child( )와 nth-last-child( )를 적용한 예제입니다.

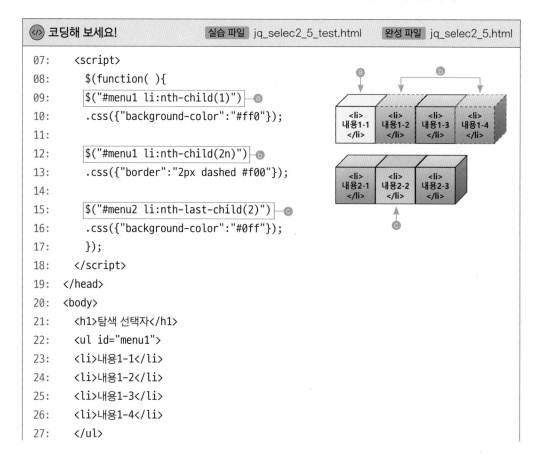

```
07:    <script>
08:      $(function( ){
09:        $("#menu1 li:nth-child(1)")       ⓐ
10:          .css({"background-color":"#ff0"});
11:
12:        $("#menu1 li:nth-child(2n)")       ⓑ
13:          .css({"border":"2px dashed #f00"});
14:
15:        $("#menu2 li:nth-last-child(2)")   ⓒ
16:          .css({"background-color":"#0ff"});
17:      });
18:    </script>
19:  </head>
20:  <body>
21:    <h1>탐색 선택자</h1>
22:    <ul id="menu1">
23:    <li>내용1-1</li>
24:    <li>내용1-2</li>
25:    <li>내용1-3</li>
26:    <li>내용1-4</li>
27:    </ul>
```

```
28:    <ul id="menu2">
29:      <li>내용2-1</li>
30:      <li>내용2-2</li>
31:      <li>내용2-3</li>
32:    </ul>
33:  </body>
```

결과 화면

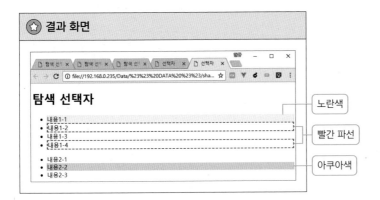

only-child / slice(index) 선택자

only-child 선택자는 선택한 요소가 '부모 요소에게 하나뿐인 자식 요소'인 경우에 선택합니다. slice(start index, end index) 선택자는 선택한 요소의 지정 구간 인덱스의 요소를 선택합니다. 다음은 only-child 선택자와 slice(start index, end index) 선택자의 기본형입니다.

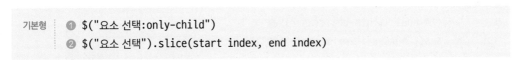

기본형
❶ $("요소 선택:only-child")
❷ $("요소 선택").slice(start index, end index)

❶ 선택한 요소가 부모 요소에게 하나뿐인 자식 요소면 선택합니다.
❷ 지정 구간 인덱스의 요소를 선택합니다. 예를 들어 slice(1, 3)은 1 초과 3 이하의 요소를 선택합니다.

다음은 only-child 선택자와 slice(start index, end index) 선택자를 적용한 예제입니다. ⟨ul id="menu1"⟩에는 ⟨li⟩ 태그가 4개지만 ⟨ul id="menu2"⟩에는 ⟨li⟩ 태그가 1개입니다.

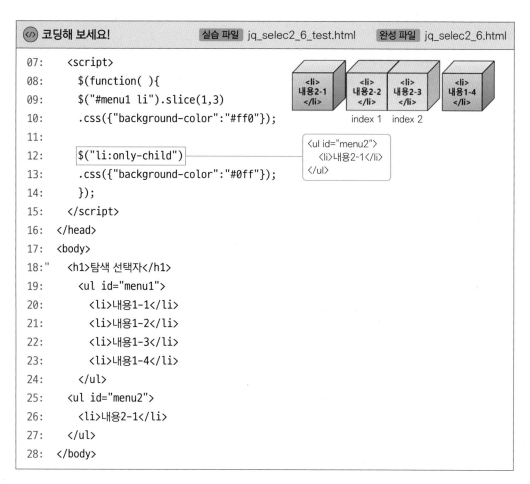

```
07:     <script>
08:       $(function( ){
09:       $("#menu1 li").slice(1,3)
10:       .css({"background-color":"#ff0"});
11:
12:       $("li:only-child")
13:       .css({"background-color":"#0ff"});
14:       });
15:     </script>
16:   </head>
17:   <body>
18:"    <h1>탐색 선택자</h1>
19:       <ul id="menu1">
20:         <li>내용1-1</li>
21:         <li>내용1-2</li>
22:         <li>내용1-3</li>
23:         <li>내용1-4</li>
24:       </ul>
25:     <ul id="menu2">
26:       <li>내용2-1</li>
27:     </ul>
28:   </body>
```

⭐ 결과 화면

지금까지는 위치 탐색 선택자를 알아보았습니다. 제이쿼리에는 배열 관련 탐색 선택자 외에도 유용한 배열 관련 메서드가 내장되어 있습니다. 속성 탐색 선택자를 살펴보기 전에 미리 배열 관련 메서드를 짚고 넘어가겠습니다.

제이쿼리 배열 관련 메서드

제이쿼리에는 배열 관련 메서드도 있습니다. 다음은 제이쿼리 배열 관련 메서드의 종류와 사용법을 간단히 정리한 표입니다.

제이쿼리 배열 관련 메서드의 종류

종류	사용법	설명
each( )	$("요소 선택").each(function)	배열에 저장된 문서 객체만큼 메서드를 반복 실행합니다. 배열에 저장된 객체의 인덱스 순서대로 하나씩 접근하여 객체를 선택하고 인덱스를 구합니다.
$.each( )	$.each($("요소 선택"), function)	
$.map( )	$.map(Array, function)	배열에 저장된 데이터 수만큼 메서드를 반복 실행합니다. 함수에서 반환된 데이터는 새 배열에 순서대로 저장됩니다. 새로 저장된 배열 객체를 반환합니다.
$.grep( )	$.grep(Array, function)	배열에 저장된 데이터 수만큼 메서드를 반복 실행합니다. 반환값이 true인 경우에만 배열의 데이터가 인덱스 오름차순으로 새 배열에 저장되며, 그 배열을 반환합니다.
$.inArray( )	$.inArray(data, Array, start index)	배열 안에서 데이터를 찾으면 맨 앞 데이터의 인덱스를 반환하고, 찾지 못하면 -1을 반환합니다. start index의 값을 지정하면 해당 위치부터 데이터를 찾습니다.
$.isArray( )	$.isArray(object)	입력한 객체가 배열 객체라면 true를, 아니면 false를 반환합니다.
$.merge( )	$.merge(Array1, Array2)	인잣값으로 입력한 배열 객체 2개를 하나로 그룹화합니다.
index( )	$("요소 선택").index("지정 요소 선택")	선택자로 요소를 먼저 선택한 다음, 지정한 요소의 인덱스 정보를 가져옵니다.

each( )/$.each( ) 메서드

선택자로 선택한 요소(문서 객체)는 배열에 순서대로 저장됩니다. 이때 each( )와 $.each( ) 메서드는 배열에 저장된 요소를 순서대로 하나씩 선택하면서 인덱스 정보를 가져옵니다.

기본형
① $("요소 선택").each(function(매개변수1, 매개변수2) { })
② $.each($("요소 선택"), function(매개변수1, 매개변수2) { })
③ $("요소 선택").each(function( ) {$(this)})
④ $.each($("요소 선택"), function( ) {$(this)})

①, ② 배열에 저장된 요소의 개수만큼 메서드를 반복 실행합니다. 메서드를 실행할 때마다 매개변수 1, 매개변수2에는 배열에 저장된 요소와 인덱스의 값이 오름차순으로 대입됩니다.

③, ④ 배열에 저장된 요소의 개수만큼 메서드를 반복 실행합니다. 메서드를 실행할 때마다 $(this)에는 배열에 저장된 요소가 오름차순으로 대입됩니다.

지금까지 설명으로는 **①**, **②**, **③**, **④**의 메서드를 어떻게 사용하는지 잘 이해되지 않을 것입니다. 다음 실습 예제로 사용법을 익혀 보겠습니다.

다음 예제는 배열에 저장된 요소를 each( ), $.each( ) 메서드를 사용해 순서대로 선택합니다. 그런 다음 인덱스 정보를 콘솔 패널에 출력합니다.

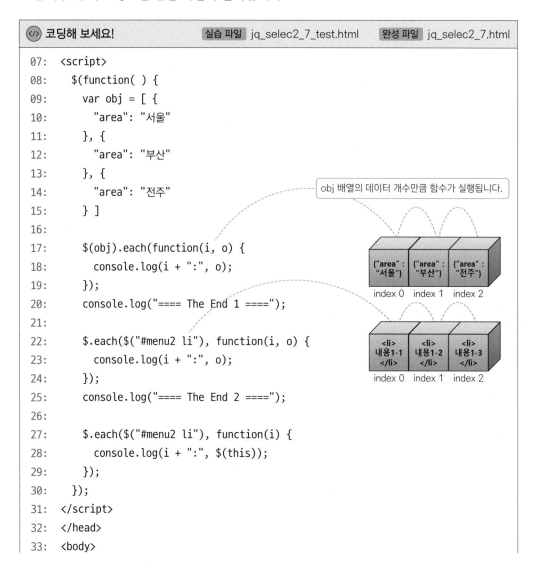

</> 코딩해 보세요!　　　**실습 파일** jq_selec2_7_test.html　　**완성 파일** jq_selec2_7.html

```
07:  <script>
08:    $(function( ) {
09:      var obj = [ {
10:        "area": "서울"
11:      }, {
12:        "area": "부산"
13:      }, {
14:        "area": "전주"
15:      } ]
16:
17:      $(obj).each(function(i, o) {
18:        console.log(i + ":", o);
19:      });
20:      console.log("==== The End 1 ====");
21:
22:      $.each($("#menu2 li"), function(i, o) {
23:        console.log(i + ":", o);
24:      });
25:      console.log("==== The End 2 ====");
26:
27:      $.each($("#menu2 li"), function(i) {
28:        console.log(i + ":", $(this));
29:      });
30:    });
31:  </script>
32:  </head>
33:  <body>
```

obj 배열의 데이터 개수만큼 함수가 실행됩니다.

{"area": "서울"} {"area": "부산"} {"area": "전주"}
index 0　index 1　index 2

<li>내용1-1</li> <li>내용1-2</li> <li>내용1-3</li>
index 0　index 1　index 2

```
34:     <h1>탐색 선택자</h1>
35:     <ul id="menu1">
36:       <li>내용1-1</li>
37:       <li>내용1-2</li>
38:       <li>내용1-3</li>
39:     </ul>
40:     <ul id="menu2">
41:       <li>내용2-1</li>
42:       <li>내용2-2</li>
43:       <li>내용2-3</li>
44:     </ul>
45:   </body>
```

17~19행 배열에 저장된 객체의 개수만큼 메서드를 반복 실행합니다. 메서드를 반복 실행할 때마다 배열에 저장된 객체에 오름차순으로 접근하고, 매개변수 i와 o에는 배열의 인덱스값과 객체가 대입됩니다.

27~29행 선택한 요소만큼 메서드를 반복 실행합니다. 배열에 저장된 요소는 인덱스 오름차순으로 $(this)에 반환됩니다.

다음 결과 화면과 같이 코드를 실행하고 콘솔 패널을 열어보면 인덱스 정보가 출력되는 것을 확인할 수 있습니다.

☆ 결과 화면

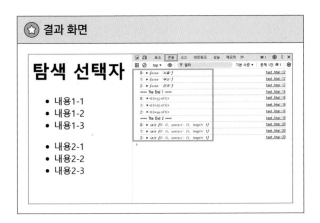

$.map( )/$.grep( ) 메서드

$.map( ) 메서드는 배열에 저장된 데이터 수만큼 메서드를 반복 실행합니다. 그리고 메서드에서 반환된 데이터는 새 배열에 저장되고 그 배열 객체를 반환합니다.

$.grep( ) 메서드는 배열에 저장된 데이터 수만큼 메서드를 반복 실행하며 인덱스 오름차순으로 배열의 데이터를 불러옵니다. 메서드의 반환값이 true면 데이터가 새 배열에 저장되고 배열을 반환합니다.

```
기본형    ❶ $.map( ) 메서드
         $.map(Array, function(매개변수1, 매개변수2){
           return 데이터;
         });

         ❷ $.grep( ) 메서드
         $.grep(Array, function(매개변수1, 매개변수2){
           return [true ¦ false];
         });
```

❶ 배열에 저장된 요소만큼 메서드를 반복 실행합니다. 메서드를 반복 실행할 때마다 매개변수1, 매개변수2에는 배열의 데이터와 인덱스값이 인덱스 오름차순으로 대입됩니다. 반환된 데이터는 새 배열에 저장되고 새롭게 가공된 배열 객체를 반환합니다.

❷ 배열에 저장된 요소만큼 메서드를 반복 실행합니다. 메서드를 반복 실행할 때마다 매개변수1, 매개변수2에는 배열에 데이터와 인덱스 정보가 인덱스 오름차순으로 대입됩니다. 반환된 데이터가 true면 인덱스 오름차순으로 데이터를 새 배열에 저장하고 새롭게 가공된 배열 객체를 반환합니다.

다음은 $.map( ), $.grep( ) 메서드를 사용해 배열에 저장된 객체 중 'area'의 속성값이 '서울'인 객체만 선택한 후 새 배열로 가공하는 예제입니다. 그런 다음 변수에 참조시키고 새롭게 가공한 두 배열의 객체를 콘솔 패널에 출력합니다.

</> 코딩해 보세요!　　　　**실습 파일** jq_selec2_8_test.html　　　**완성 파일** jq_selec2_8.html

```
07:  <script>
08:  $(function( ) {
09:    var arr1 = [ {
10:      "area": "서울",
11:      "name": "무대리"
12:    }, {
13:      "area": "부산",
```

```
14:        "name": "홍과장"
15:      }, {
16:        "area": "대전",
17:        "name": "박사장"
18:      }, {
19:        "area": "서울",
20:        "name": "빅마마"
21:      } ]
22:
23:    var arr2 = $.map(arr1, function(a, b) {
24:      if (a.area == "서울") {
25:        return a;
26:      }
27:    });
28:    console.log(arr2);
29:    console.log("==== first End ====");
30:
31:    var arr3 = $.grep(arr1, function(a, b) {
32:      if (a.area == "서울") {
33:        return true;
34:      } else {
35:        return false;
36:      }
37:    });
38:    console.log(arr3);
39:    console.log("==== Second End ====");
40:  });
41: </script>
```

배열의 데이터 수만큼 메서드를 실행합니다. 객체의 속성값이 '서울'이면 true를 반환합니다.

23~27행 배열에 저장된 객체 수만큼 메서드를 반복 실행합니다. 메서드를 반복 실행할 때마다 배열에 저장된 객체에 인덱스 오름차순으로 접근합니다. 매개변수 a, b에는 배열의 객체와 인덱스값이 대입됩니다. 객체의 'area' 속성이 '서울'이면 새 배열에 객체(매개변수 a)를 저장하고 새롭게 가공한 배열 객체를 반환합니다.

다음 결과 화면과 같이 새롭게 가공한 배열의 객체가 콘솔 패널에 출력되는 것을 확인할 수 있습니다.

결과 화면

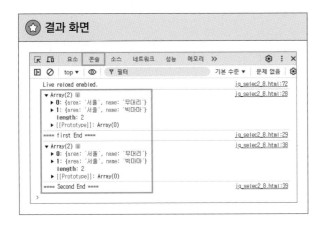

$.inArray( )/$.isArray( )/$.merge( ) 메서드

$.inArray( ) 메서드는 배열에 저장된 데이터 중 지정한 데이터를 찾아 인덱스값을 반환합니다. 또한 $.isArray( ) 메서드는 지정한 데이터가 배열 객체면 true를, 배열 객체가 아니면 false를 반환합니다. $.merge( ) 메서드는 두 배열 객체를 하나의 객체로 묶습니다.

> 기본형
> ❶ $.inArray(data, Array, start index)
> ❷ $.isArray(object)
> ❸ $.merge(Array1, Array2)

❶ 배열에 저장된 데이터 중 지정한 데이터를 인덱스 오름차순으로 찾아 먼저 찾은 데이터의 인덱스값을 반환합니다.
❷ 지정한 객체가 배열 객체면 true를, 아니면 false를 반환합니다.
❸ 두 배열 객체를 하나의 배열 객체로 묶습니다.

이번에는 $.inArray( ), $.isArray( ) 메서드를 사용해 배열 객체의 정보를 구해 보겠습니다. $.merge( ) 메서드로는 두 배열 객체를 하나의 배열 객체로 묶었습니다. 다음 예제에서 배열과 객체를 구분하고, 변수 arr1이 참조하는 배열 객체에 '부산'이 몇 번째 인덱스에 포함되어 있는지 확인하세요.

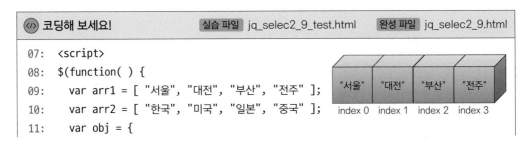

코딩해 보세요!　　실습 파일 jq_selec2_9_test.html　　완성 파일 jq_selec2_9.html

```
07:  <script>
08:  $(function( ) {
09:    var arr1 = [ "서울", "대전", "부산", "전주" ];
10:    var arr2 = [ "한국", "미국", "일본", "중국" ];
11:    var obj = {
```

```
12:          "name": "정부장",
13:          "area": "서울"
14:      }
15:
16:      var idxNum = $.inArray("부산", arr1);
17:      console.log(idxNum); //2
18:
19:      var okArray1 = $.isArray(arr1);
20:      var okArray2 = $.isArray(obj);
21:      console.log(okArray1); //배열 객체면 true
22:      console.log(okArray2); //배열 객체가 아니면 false
23:
24:      $.merge(arr2, arr1);
25:      console.log(arr2); //["한국", "미국", "일본", "중국", "서울", "대전", "부산", "전주"]
26:  });
27: </script>
```

다음처럼 부산은 7번째인 6번 인덱
스로 출력됩니다.

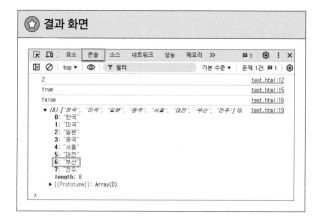

index( ) 메서드

$.index( ) 메서드는 지정 선택 요소를 찾아서 인덱스값을 반환합니다. 다음은 index( ) 메서
드의 기본형입니다.

기본형 $("요소 선택").index("지정 선택 요소");

다음은 index( ) 메서드를 사용한 예제입니다. 문단 태그 중 〈li〉의 id값이 'list3'인 요소를 확
인하세요.

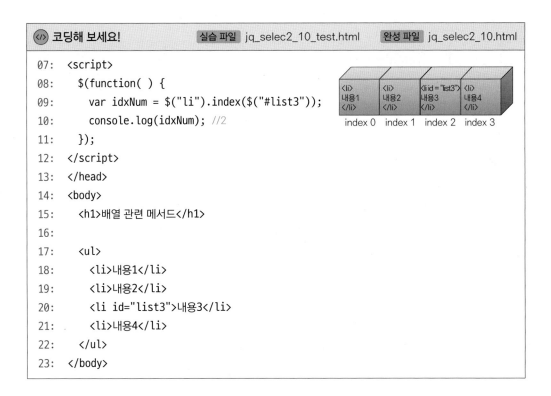

```
07:  <script>
08:    $(function( ) {
09:      var idxNum = $("li").index($("#list3"));
10:      console.log(idxNum); //2
11:    });
12:  </script>
13:  </head>
14:  <body>
15:    <h1>배열 관련 메서드</h1>
16:
17:    <ul>
18:      <li>내용1</li>
19:      <li>내용2</li>
20:      <li id="list3">내용3</li>
21:      <li>내용4</li>
22:    </ul>
23:  </body>
```

다음처럼 콘솔창에 2가 출력됩니다.

속성 탐색 선택자

속성 탐색 선택자는 선택한 요소를 기준으로 일치하는 속성의 포함 여부를 따져 요소를 선택합니다. 예를 들어 선택한 이미지(img) 요소 중 경로(src)가 'images/logo.gif'와 일치하는 이미지 요소만 선택하고자 할 때 사용합니다.

다음은 속성 탐색 선택자의 종류와 사용법을 간단히 정리한 표입니다.

속성 탐색 선택자의 종류

종류	사용법	설명
$("요소 선택[속성]")	$("li[title]")	\<li\> 요소 중 title 속성이 포함된 요소만 선택합니다.
$("요소 선택[속성=값]")	$("li[title='리스트']")	\<li\> 요소 중 title 속성값이 '리스트'인 요소만 선택합니다.
$("요소 선택[속성^=텍스트]")	$("a[href^='http://']")	\<li\> 요소 중 href 속성값이 'http://'로 시작하는 요소만 선택합니다.
$("요소 선택[속성$=텍스트]")	$("a[href$='.com']")	\<li\> 요소 중 href 속성값이 '.com'으로 끝나는 요소만 선택합니다.
$("요소 선택[href*=텍스트]")	$("a[href*='easyspub']")	\<li\> 요소 중 href 속성값 중에서 'easyspub'을 포함하는 요소만 선택합니다.
$("요소 선택:hidden")	$("li:hidden")	\<li\> 요소 중 숨겨 놓은 요소만 선택합니다.
$("요소 선택:visible")	$("li:visible")	\<li\> 요소 중 보이는 요소만 선택합니다.
$(":text")	$(":text")	\<input\> 요소 중 type 속성값이 'text'인 요소만 선택합니다.
$(":selected")	$(":selected")	selected 속성을 적용한 요소만 선택합니다.
$(":checked")	$(":checked")	checked 속성을 적용한 요소만 선택합니다.

그러면 지금부터 위 표에서 소개한 속성 탐색 선택자를 하나씩 살펴보겠습니다.

속성과 값에 따른 탐색 선택자

속성과 값에 따른 탐색 선택자는 선택한 요소 중 지정한 속성과 일치하는 속성이 있는지, 없는지를 따져서 요소를 선택합니다. 즉, 속성과 값에 따른 탐색 선택자는 특정 속성을 포함하는 요소를 선택할 때 주로 사용합니다.

속성과 값에 따른 탐색 선택자의 기본형은 각각 다음과 같습니다.

기본형
❶ $("요소 선택[속성]")
❷ $("요소 선택[속성 ^= 값]")
❸ $("요소 선택[속성 $= 값]")
❹ $("요소 선택[속성 *= 값]")
❺ $(":type 속성값")

① 선택한 요소 중 지정한 속성을 포함하는 요소만 선택합니다.

② 선택한 요소 중 속성값이 명시한 값으로 시작하는 요소만 선택합니다.

③ 선택한 요소 중 속성값이 명시한 값으로 끝나는 요소만 선택합니다.

④ 선택한 요소 중 속성값이 명시한 값을 포함하는 요소만 선택합니다.

⑤ input 요소 중 type 속성값이 일치하는 요소만 선택합니다.

다음은 속성과 값에 따른 탐색 선택자를 사용한 예제입니다. 문단 태그와 폼 태그에 포함된 속성과 값을 확인해 보세요.

◇◇ 코딩해 보세요!　　　　　　　　**실습 파일** jq_selec2_11_test.html　　　　**완성 파일** jq_selec2_11.html

```
07:     <script>
08:       $(function(){
09:         $("#wrap a[target]")              //target 속성을 포함하는 요소만 선택
10:           .css({"color":"#f00"});
11:
12:         $("#wrap a[href^=https]")         //href 속성값이 "https"로 시작하는 요소만 선택
13:           .css({"color":"#0f0"});
14:
15:         $("#wrap a[href$=net]")           //href 속성값이 "net"으로 끝나는 요소만 선택
16:           .css({"color":"#00f"});
17:
18:         $("#wrap a[href*=google]")        //href 속성값에 "google"이 포함된 요소만 선택
19:           .css({"color":"#000"});
20:
21:         $("#member_f :text")             //input 요소 중 type 속성값이 "text"인 요소만 선택
22:           .css({"background-color":"#ff0"});
23:
24:         $("#member_f :password")         //input 요소 중 type 속성값이 "password"인 요소만 선택
25:           .css({"background-color":"#0ff"});
26:       });
27:     </script>
28:   </head>
29:   <body>
30:     <div id="wrap">
31:       <p><a href="https://easyspub.co.kr" target="_blank">EasysPub</a></p>
32:       <p><a href="https://naver.com">Naver</a></p>
33:       <p><a href="https://google.co.kr">Google</a></p>
34:       <p><a href="https://daum.net">Daum</a></p>
35:     </div>
36:     <form action="#" method="get" id="member_f">
```

```
37:        <p>
38:          <label for="user_id">아이디</label>
39:          <input type="text" name="user_id" id="user_id">
40:        </p>
41:        <p>
42:          <label for="user_pw">비밀번호</label>
43:          <input type="password" name="user_pw" id="user_pw">
44:        </p>
45:      </form>
46:    </body>
```

다음 결과 화면과 같이 속성에 적용한 값에 따라 선택한 요소의 스타일이 바뀌었음을 확인할
수 있습니다.

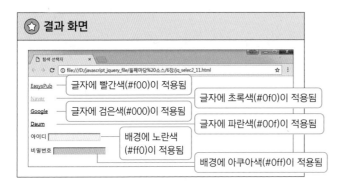

속성 상태에 따른 탐색 선택자

속성 상태에 따른 탐색 선택자는 선택한 요소 중 속성 상태에 따라 요소를 선택합니다. 기본형
은 다음과 같습니다.

> 기본형
> ❶ $("요소 선택:[visible | hidden]")
> ❷ $(":selected")
> ❸ $(":checked")

❶ 선택한 요소 중 숨어 있는 상태 또는 보이는 상태의 요소만 선택합니다.
❷ 선택 상자 중 현재 선택된 옵션 요소만 선택합니다.
❸ 체크 박스(checkbox) 또는 라디오(radio) 버튼 요소 중 체크된 요소만 선택합니다.

다음은 속성 상태에 따른 탐색 선택자를 사용한 예제입니다. 폼 태그 중 선택 상자의 selected 속성이 포함된 요소와 체크 박스 또는 라디오 버튼에 checked 속성이 포함된 요소를 확인해 보세요.

코딩해 보세요!　　　**실습 파일** jq_selec2_12_test.html　　　**완성 파일** jq_selec2_12.html

```
07:  <script>
08:    $(function( ){
09:      $("#wrap p:hidden").css({     //선택한 <p> 요소 중 숨어 있는 상태의 요소만 선택
10:        "display":"block",
11:        "background":"#ff0"
12:      });
13:
14:      var z1 = $("#zone1 :selected").val( );
15:      console.log(z1);
16:
17:      var z2 = $("#zone2 :checked").val( );
18:"     console.log(z2);
19:
20:      var z3 = $("#zone3 :checked").val( );
21:      console.log(z3);
22:    });
23:  </script>
24:  </head>
25:  <body>
26:    <div id="wrap">
27:      <p>내용1</p>
28:      <p style="display: none">내용2</p>
29:      <p>내용3</p>
30:    </div>
31:    <form action="#">
32:      <p id="zone1">
33:        <select name="course" id="course">
34:          <option value="opt1">옵션1</option>
35:          <option value="opt2" selected>옵션2</option>
36:          <option value="opt3">옵션3</option>
37:        </select>
38:      </p>
39:      <p id="zone2">
40:        <input type="checkbox" name="hobby1" value="독서"> 독서
41:        <input type="checkbox" name="hobby2" value="자전거"> 자전거
```

> id값이 'zone1'인 요소의 하위 <select> 요소 중 selected된 <option> 요소만 선택합니다.

> id값이 'zone2'인 요소의 하위 <input> 요소 중 checked된 <input> 요소만 선택합니다.

```
42:        <input type="checkbox" name="hobby3" value="등산" checked> 등산
43:      </p>
44:      <p id="zone3">
45:        <input type="radio" name="gender" value="male"> 남성
46:        <input type="radio" name="gender" value="female" checked> 여성
47:      </p>
48:    </form>
49:  </body>
```

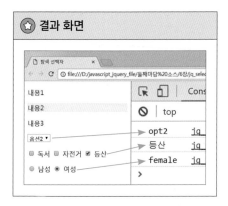

그 외의 선택자 — 콘텐츠 탐색 선택자

콘텐츠 탐색 선택자는 요소 또는 속성의 포함 여부에 따라 특정 요소를 선택합니다. 다음은 콘텐츠 탐색 선택자의 종류와 사용법을 정리한 표입니다.

콘텐츠 탐색 선택자의 종류

종류	사용법	설명
$("요소 선택:contains(텍스트)")	$("li:contains('내용2')")	\<li\> 요소 중 '내용2'라는 텍스트를 포함하는 요소만 선택합니다.
$("요소 선택").contents( )	$("p").contents( )	선택한 요소의 하위 요소 중 가장 가까운 하위 요소를 선택합니다.
$("요소 선택:has(요소명)")	$("li:has('span')")	\<li\> 요소 중 \<span\>을 포함하는 요소만 선택합니다.
$("요소 선택").has(요소명)	$("li").has('span')	
$("요소 선택:not(:제외 요소)")	$("li:not(:first)")	\<li\> 요소 중 첫 번째 요소만 제외하고 선택합니다.
$("요소 선택").not(:제외 요소)	$("li")	
$(요소 선택).filter(필터 요소)	$("li").filter(".list2")	\<li\> 요소 중 class값이 'list2'인 요소만 선택합니다.

\$(요소 선택1).find(요소 선택2)	\$("li").find("strong")	<li> 요소의 하위 요소인 <strong>만 선택합니다.
\$("요소 선택1").closest("요소 선택2")	\$("strong").closest("div")	<strong>을 감싸는 상위 <div> 요소 중 가장 가까운 상위 요소를 선택합니다.
\$("요소 선택").탐색 선택자( ).end( )	\$("li").children("a").end( )	필터링이 실행되기 이전의 요소인 <li>가 선택됩니다.

앞 표에 정리한 콘텐츠 탐색 선택자를 하나씩 살펴보겠습니다.

contains( )/contents( )/has( )/not( )/end( ) 탐색 선택자

contains( ) 탐색 선택자는 선택한 요소 중 지정한 텍스트를 포함하는 요소만 선택하고, contents( ) 탐색 선택자는 선택한 요소의 하위 요소 중 1 깊이의 텍스트와 태그 노드를 선택합니다. has( ) 탐색 선택자는 선택한 요소 중 지정한 태그를 포함하는 요소만 선택합니다. not( ) 탐색 선택자는 선택한 요소 중 지정한 요소만 제외한 채 선택하고, end( ) 탐색 선택자는 필터링되기 이전의 선택자가 적용되도록 합니다. 다음은 contains( )/contents( )/has( )/not( )/end( ) 탐색 선택자의 기본형입니다.

```
기본형  ❶ $("요소 선택:contains(텍스트)")
        ❷ $("요소 선택").contents( )
        ❸ $("요소 선택:has(요소명)") / $("요소 선택").has("요소명")
        ❹ $("요소 선택:not(제외 요소)") / $("요소 선택").not(제외 요소)
        ❺ $("요소 선택").탐색 선택자( ).end( )
```

🔍 ❺의 탐색 선택자는 239쪽에서 설명한 탐색 선택자를 의미합니다.

다음은 선택한 요소에 지정한 텍스트 또는 태그를 포함하는지 여부에 따라 선택을 결정하는 예제입니다. 문단 태그 영역에 있는 '내용3'과 <strong> 태그를 포함하고 있는 <li> 태그를 확인하고 넘어가세요.

> **</> 코딩해 보세요!**　　　　실습 파일 jq_selec2_13_test.html　　　완성 파일 jq_selec2_13.html

```
07:  <script>
08:    $(function( ){
09:      $("#inner_1 p:contains(내용1)")      ❶ 선택한 <p> 요소 중 '내용1'을
10:        .css({"background-color":"#ff0"});    포함하는 요소만 선택합니다.
11:
```

```
12:        $("#inner_1 p:has(strong)")                    ❷ 선택한 〈p〉 요소 중 〈strong〉 요소를
13:          .css({"background-color":"#0ff"});              포함하는 요소만 선택합니다.

14:
15:        $("#outer_wrap").contents( )                   ❸ id값이 'outer_wrap'인 요소의 하위
16:          .css({"border":"1px dashed #00f"});             요소 텍스트와 태그 노드 선택합니다.

17:
18:        $("#inner_2 p").not(":first")                  ❹ id값이 'inner_2'인 요소의 하위 〈p〉 요소에서
19:          .css({"background-color":"#0f0"});              첫 번째 요소만 제외하고 선택합니다.

20:
21:        $("#inner_2 p").eq(2).end( )                   ❺ id값이 'inner_2'인 요소의 하위 〈p〉 요소에서 인덱스가
22:          .css({"color":"#f00"});                         2인 요소를 선택합니다. 그러나 다시 end( ) 메서드를 적용
23:      });                                                  하기 때문에 인덱스를 선택하기 전의 선택자가 적용됩니다.
24:    </script>
25:  </head>
26:  <body>
27:    <div id="outer_wrap">
28:      <h1>콘텐츠 탐색 선택자</h1>
29:      <section id="inner_1">
30:        <h1>contains( ), contents( ), has( )</h1>
31:        <p>
32:          <span>내용1</span>
33:        </p>
34:        <p>
35:          <strong>내용2</strong>
36:        </p>
37:        <p>
38:          <span>내용3</span>
29:        </p>
40:      </section>
41:      <section id="inner_2">
42:        <h1>not( ), end( )</h1>
43:        <p>내용4</p>
44:        <p>내용5</p>
45:        <p>내용6</p>
46:      </section>
47:    </div>
48:  </body>
```

오른쪽은 결과 화면입니다. 코드 설명과 결과 화면의 번호를 대응해 보며 결과를 확인하세요.

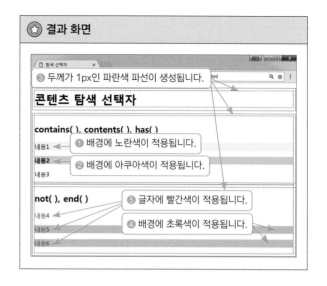

find( )/filter( ) 탐색 선택자

find( ) 탐색 선택자는 선택한 하위 요소 중에서 find( )로 필터링한 요소만 선택합니다. filter( ) 탐색 선택자는 선택한 요소 중에서 filter( )로 필터링한 요소만 선택합니다. 다음은 find( )와 filter( ) 탐색 선택자의 기본형입니다.

🔍 즉, 둘의 차이점은 필터링 대상이 선택 요소를 기준으로 '하위 요소'인지, '선택한 요소'인지로 구분한다는 것입니다.

기본형	① $("요소 선택").find("선택한 하위 요소 중 필터링한 요소 선택") ② $("요소 선택").filter("선택한 요소 중 필터링한 요소 선택")

다음은 find( )와 filter( ) 탐색 선택자를 사용한 예제입니다. class값 'txt1'과 'txt2'가 포함된 〈p〉 요소를 확인하세요. filter(function( ) {}) 함수의 인잣값으로 익명 함수를 전달하여 익명 함수가 true를 반환하면 해당 요소를 선택하도록 합니다.

> **</> 코딩해 보세요!** 실습 파일 jq_selec2_14_test.html 완성 파일 jq_selec2_14.html

```
07:    <script>
08:      $(function( ){
09:        $("#inner_1").find(".txt1")
10:          .css({"background-color":"#ff0"});
11:
12:        $("#inner_1 p").filter(".txt2")
13:          .css({"background-color":"#0ff"});
14:
```

❶ id값이 'inner_1'인 요소의 하위 요소 중 class 값이 '.txt1'인 요소를 선택합니다.

❷ id값이 'inner_1'인 요소의 하위 요소 중 class 값이 '.txt2'인 요소를 선택합니다.

```
15:        $("#inner_2 p").filter(function(idx, obj){
16:          console.log(idx);
17:          return idx % 2 == 0;
18:        })
19:        .css({"background-color":"#0f0"});
20:      });
21:    </script>
22:  </head>
23:  <body>
24:    <div id="outer_wrap">
25:      <h1>콘텐츠 탐색 선택자</h1>
26:      <section id="inner_1">
27:        <h2>find( ), filter( )</h2>
28:        <p class="txt1">내용1</p>
29:        <p class="txt2">내용2</p>
30:      </section>
31:
32:      <section id="inner_2">
33:        <h2>filter(function)</h2>
34:        <p>index 0</p>
35:        <p>index 1</p>
36:        <p>index 2</p>
37:        <p>index 3</p>
38:      </section>
39:    </div>
40:  </body>
```

❸ id값이 'inner_2'이며 하위 요소인 <p>의 개수만큼 익명 함수가 실행됩니다.

⭐ 결과 화면

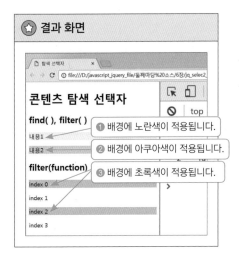

콘텐츠 탐색 선택자

find( ), filter( )

내용1 ◀━━ ❶ 배경에 노란색이 적용됩니다.

내용2 ◀━━ ❷ 배경에 아쿠아색이 적용됩니다.

filter(function)

index 0 ◀━━ ❸ 배경에 초록색이 적용됩니다.

index 1

index 2

index 3

선택자와 함께 알아 두면 유용한 메서드

이번에는 선택자와 함께 알아 두면 편리한 메서드를 알아보겠습니다. 다음은 메서드의 종류와 사용법을 정리한 표입니다.

메서드의 종류

종류	사용법	설명
is(":요소 상태")	$(".txt1").is(":visible")	선택한 요소가 보이면 true를 반환합니다.
$.noConflict( )	var 변수 = $.noConflict( ); 변수("요소 선택")	$.noConflict( ) 함수를 이용하면 현재 제이쿼리에서 사용하는 $ 메서드 사용을 중단하고 새로 지정한 변수명 메서드를 사용합니다.
get( )	$("요소 선택").get(0). style.color = "#f00"	선택자에 get(0)을 적용하면 자바스크립트 DOM 방식의 스타일을 사용할 수 있습니다.

🔍 제이쿼리로 선택한 요소는 자바스크립트 DOM 방식의 스타일을 사용할 수 없습니다.

is( ) 메서드

is( ) 메서드는 선택한 요소의 상태가 지정한 속성과 일치하면 true를 반환하고, 그렇지 않으면 false를 반환합니다. is( ) 메서드는 입력 요소의 체크 박스나 선택 상자의 '선택 여부' 또는 '보이는지 여부'를 알아볼 때 주로 사용합니다.

기본형 $("요소 선택").is(":[checked ¦ selected ¦ visible ¦ hidden ¦ animated]")

① 선택한 체크 박스(checkbox) 또는 라디오(radio) 버튼 요소가 체크된(checked) 상태면 true 를, 아니면 false를 반환합니다.
② 선택한 선택 상자(select)에 옵션(option) 요소가 선택된(selected) 상태면 true를, 아니면 false를 반환합니다.
③ 선택한 요소가 보이면(visible) true를, 아니면 false를 반환합니다.
④ 선택한 요소가 숨어 있는(hidden) 상태면 true를, 아니면 false를 반환합니다.
⑤ 선택한 요소가 애니메이션 동작(animated) 상태면 true를, 아니면 false를 반환합니다.

다음은 is( ) 메서드를 사용한 예제입니다. 문단 태그와 폼 태그에 포함된 속성과 값을 확인하세요.

> </> **코딩해 보세요!**   실습 파일 jq_selec2_15_test.html   완성 파일 jq_selec2_15.html

```
07:  <script>
08:    $(function( ){
09:      var result_1 = $("#inner_1 p")
10:      .eq(0).is(":visible");
11:      console.log(result_1);  //true
```

```
12:
13:     var result_2 = $("#inner_1 p")
14:       .eq(1).is(":visible");
15:     console.log(result_2); //false
16:
17:     var result_3 = $("#chk1").is(":checked");
18:     console.log(result_3); //true
19:
20:     var result_4 = $("#chk2").is(":checked");
21:     console.log(result_4); //false
22:   });
23:   </script>
24: </head>
25: <body>
26:   <div id="outer_wrap">
27:     <h1>is( )</h1>
28:     <section id="inner_1">
29:       <h2>문단 태그 영역</h2>
30:       <p>내용1</p>
31:       <p style="display: none;">내용2</p>
32:     </section>
33:
34:     <section id="inner_2">
35:       <h2>폼 태그 영역</h2>
36:       <p>
37:         <input type="checkbox" name="chk1" id="chk1" checked> <label
38:           for="chk1">체크1</label> <input type="checkbox" name="chk2" id="chk2">
39:         <label for="chk2">체크2</label>
40:       </p>
41:     </section>
42:   </div>
43: </body>
```

⭐ 결과 화면

탐색 선택자	×	
file:///D:/javascript_jquery_file/둘째마당%20소스/6장/jq_selec2_1		

is( )

문단 태그 영역

내용1

폼 태그 영역

☑ 체크1 ☐ 체크2

▣ 🗔	Console
🚫 | top	
true	jq
false	jq
true	jq
false	jq
>	

객체 조작

객체 조작 메서드

이제부터 객체를 생성·복제·삭제·속성을 변환하는 객체 조작 메서드를 살펴보겠습니다. 객체 조작 메서드는 속성 조작 메서드와 수치 조작 메서드 그리고 객체 편집 메서드로 나눌 수 있습니다.

속성 조작 메서드는 요소의 속성을 바꿀 때 사용하고, 수치 조작 메서드는 요소의 너빗값 또는 높잇값 같은 수치를 바꿀 때 사용합니다. 이 두 메서드는 선택한 요소의 속성을 바꾸는 메서드이므로 성격이 비슷하다고 볼 수 있습니다. 그리고 객체 편집 메서드는 말 그대로 객체를 생성하거나 삭제 또는 복제할 때 사용합니다.

예를 들어 제이쿼리에 객체를 조작하거나 생성하는 메서드는 다음 4가지 기능을 말합니다.

1. 새 요소 생성 — 선택한 요소에 새 요소를 만듭니다.

```
<div></div>          ➡          <div><p>내용</p></div>
```

2. 복제 — 요소를 복제하여 선택한 요소에 삽입합니다.

```
<p>내용1</p>          ➡          <p>내용1</p>
                                 <p>내용1</p>
```

3. 삭제 — 선택한 요소를 삭제합니다.

```
<div><p>내용</p></div>          ➡          <div></div>
```

4. 속성 변환 — 선택한 요소의 속성을 변경 또는 추가할 뿐 아니라 기존의 속성도 삭제합니다.

```
<img src="bnt_on.gif" alt="버튼1" />    ➡    <img src="bnt_out.gif" alt="버튼1" />
```

먼저 요소의 속성을 바꿀 때 사용하는 속성 조작 메서드를 자세히 살펴보겠습니다.

속성 조작 메서드

속성 조작 메서드는 요소의 속성을 바꿀 때 사용합니다. 다음은 속성 조작 메서드의 종류와 사용법을 정리한 표입니다.

속성 조작 메서드의 종류

종류	사용법	설명
html( )	$("요소 선택").html( );	선택한 요소의 하위 요소를 가져옵니다.
html("새 요소")	$("요소 선택").html("새 요소");	선택한 요소의 하위 요소를 모두 제거하고, 그 위치에 지정한 새 요소를 생성합니다.
text( )	$("요소 선택").text( );	선택한 요소가 감싸는 모든 텍스트를 가져옵니다.
text("새 텍스트")	$("요소 선택").text("새 텍스트");	선택한 요소의 하위 요소를 모두 제거하고, 그 위치에 지정한 새 텍스트를 생성합니다.
attr("속성명")	$("요소 선택").attr("속성명");	선택한 요소에서 지정한 속성(attribute) 값을 가져옵니다.
attr("속성명","새 값")	$("요소 선택").attr("속성명","새 값");	요소를 선택하여 지정한 속성에 새 값을 적용합니다.
removeAttr("속성명")	$("요소 선택").removeAttr("속성명");	선택한 요소의 지정한 속성만 제거합니다.
addClass("class값")	$("요소 선택").addClass("class값");	선택한 요소의 class 속성에 새 값을 추가합니다.
removeClass("class값")	$("요소 선택").removeClass("class값");	선택한 요소의 class 속성에서 지정한 값만 제거합니다.
toggleClass("class값")	$("요소 선택").toggleClass("class값")	선택한 요소의 class값에 지정한 값이 포함되어 있으면 제거하고, 속성값이 없으면 추가합니다.
hasClass("class값")	$("요소 선택").hasClass("class값")	선택한 요소의 class값에 지정한 클래스값이 포함되어 있으면 true를, 없으면 false를 반환합니다.
prop("상태 속성명")	$("요소 선택").prop("상태 속성명");	선택한 요소의 상태 속성값을 가져옵니다.

prop("상태 속성명", 새 값)	$("요소 선택").prop("상태 속성명","새 값");	요소를 선택하여 상태 속성에 새 값을 적용합니다.
val( )	$("요소 선택").val( );	선택한 폼 요소의 value 값을 가져옵니다.
val("새 값")	$("요소 선택").val("새 값");	폼 요소를 선택하여 value 속성에 새 값을 적용합니다.
css("속성명")	$("요소 선택").css("속성명");	선택한 요소에서 지정한 스타일(CSS) 속성값을 가져옵니다.
css("속성명","새 값")	$("요소 선택").css("속성명","새 값");	요소를 선택하여 지정한 스타일(CSS) 속성에 새 값을 적용합니다.

위 표에 정리한 속성 조작 메서드를 하나씩 살펴보겠습니다.

html( )/text( ) 메서드

html( ) 메서드는 선택한 요소의 하위 요소를 가져와 문자열로 반환하거나 하위 요소를 전부 제거하고 새 요소로 바꿀 때 사용합니다. 그리고 text( ) 메서드는 선택한 요소에 포함되어 있는 전체 텍스트를 가져오거나 선택한 하위 요소를 전부 제거하고 새 텍스트를 생성할 때 사용합니다.

기본형
1 $("요소 선택").html( );
2 $("요소 선택").html("새 요소");
3 $("요소 선택").text( );
4 $("요소 선택").text("새 텍스트");

1 선택한 요소의 하위 요소를 가져와 문자열로 반환합니다.
2 선택한 요소의 하위 요소를 전부 제거하고 지정한 새 요소를 생성합니다.
3 선택한 요소의 텍스트만 가져옵니다.
4 선택한 요소의 하위 요소를 전부 제거하고 지정한 텍스트를 생성합니다.

다음 예제로 html( ), text( ) 메서드를 어떻게 사용하는지 알아보겠습니다.

</> **코딩해 보세요!**   **실습 파일** jq_selec3_1_test.html   **완성 파일** jq_selec3_1.html

```
06:  <script src="js/jquery.js"></script>
07:  <script>
08:    $(function() {
09:      var result_1 = $("#sec_1").html( );
10:      console.log(result_1);
```

id값이 'sec_1'인 요소의 하위 요소를 문자열로 가져와 result_1에 저장합니다.

```
11:        $("#sec_1 p").html("<a href=\"#\">Text1</a>");
12:
13:        var result_2 = $("#sec_2").text( );
14:        console.log(result_2);
15:        $("#sec_2 h2").text("text( )");
16:    });
17: </script>
18: </head>
19: <body>
20:    <h1>
21:        <strong>객체 조작 및 생성</strong>
22:    </h1>
23:    <section id="sec_1">
24:        <h2>
25:            <em>html( )</em>
26:        </h2>
27:        <p>내용1</p>
28:    </section>
29:    <section id="sec_2">
30:        <h2>
31:            <em>텍스트( )</em>
32:        </h2>
33:        <p>내용2</p>
34:    </section>
35: </body>
```

> id값이 'sec_1'인 요소의 하위 요소 중 〈p〉 요소의 하위 요소를 새 요소로 바꿉니다.

> id값이 'sec_2'인 요소의 텍스트를 result_2에 저장합니다.

> id값이 'sec_2'인 요소의 하위 요소 중 〈h2〉 요소의 하위 요소를 모두 제거합니다. 그런 다음 새로운 텍스트를 생성합니다.

⭐ 결과 화면

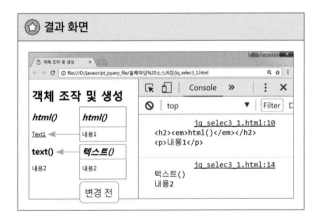

attr( )/removeAttr( ) 메서드

attr( ) 메서드는 선택한 요소에 새 속성을 생성하거나 기존의 속성을 변경할 때 또는 요소의 속성값을 불러올 때 사용합니다. removeAttr( ) 메서드는 선택한 요소에서 기존의 속성을 삭제할 때 사용합니다.

attr( ) 메서드의 기본형은 다음과 같습니다.

기본형
> ❶ $("요소 선택").attr("속성명");
> ❷ $("요소 선택").attr("속성명", "새 값");
> ❸ $("요소 선택").attr({"속성명1" : "새 값1", "속성명2" : "새 값2", ..., "속성명n" : "새 값n"});

❶ 선택한 요소에서 지정한 속성값을 가져옵니다.
❷ 요소를 선택하여 지정한 속성값을 적용합니다.
❸ 요소를 선택하여 지정한 여러 개의 속성값을 적용합니다.

removeAttr( ) 메서드의 기본형은 다음과 같습니다.

기본형
> $(요소 선택).removeAttr("속성");

선택한 요소에서 지정한 속성을 삭제합니다.

다음과 같이 문단 태그 영역을 작성하여 attr( ) 메서드와 removeattr( ) 메서드가 어떻게 작용하는지 알아보겠습니다. ⟨img⟩ 태그의 속성을 중점적으로 확인해 보세요.

</> 코딩해 보세요! 실습 파일 jq_selec3_2_test.html 완성 파일 jq_selec3_2.html

```
06:  <script src="js/jquery.js"></script>
07:  <script>
08:    $(function(){
09:      var srcVal = $("#sec_1 img").attr("src");
10:      console.log(srcVal);
11:
12:      $("#sec_1 img")
13:      .attr({
14:        "width":200,
15:        "src": srcVal.replace("1.jpg","2.jpg"),
16:        "alt": "바위"
17:      })
18:      .removeAttr("border");
```

> 09: id값이 'sec_1'인 요소의 하위 ⟨img⟩ 요소를 선택하여 'src'값을 srcVal에 저장합니다.

> 12~18: id값이 'sec_1'인 요소의 하위 ⟨img⟩ 요소를 선택하여 각각의 값을 지정한 값으로 바꾸거나 새로 지정합니다.

```
19:        });
20:      </script>
21:    </head>
22:    <body>
23:      <h1>
24:        <strong>객체 조작 및 생성</strong>
25:      </h1>
26:      <section id="sec_1">
27:        <h2>이미지 속성</h2>
28:        <p>
29:          <img src="images/math_img_1.jpg" alt="가위" border="2">
30:        </p>
31:      </section>
32:    </body>
```

⭐ 결과 화면

〈img〉 태그의 src 속성값 적용 전   〈img〉 태그의 src 속성값 적용 후

addClass( )/removeClass( )/toggleClass( )/hasClass( ) 메서드

addClass( ) 메서드는 선택한 요소에 클래스를 생성하고, removeClass( ) 메서드는 선택한 요소에서 지정한 클래스를 삭제합니다. toggleClass( ) 메서드는 선택한 요소에 지정한 클래스가 없으면 생성하고, 있으면 삭제합니다. hasClass( ) 메서드는 선택한 요소에 지정한 클래스가 있으면 true를 반환하고, 없으면 false를 반환합니다. 각각의 기본형은 다음과 같습니다.

기본형
❶ $("요소 선택").addClass("class값");
❷ $("요소 선택").removeClass("class값");
❸ $("요소 선택").toggleClass("class값");
❹ $("요소 선택").hasClass("class값");

❶ 선택한 요소에 지정한 class값을 생성합니다.
❷ 선택한 요소에서 지정한 class값을 삭제합니다.
❸ 선택한 요소에 지정한 class값이 없으면 생성하고, 있으면 삭제합니다.
❹ 선택한 요소에 지정한 class값이 있으면 true를, 없으면 false를 반환합니다.

다음과 같이 문단 태그 영역을 작성하여 각각의 메서드를 어떻게 작용하는지 알아보겠습니다.
태그에 입력한 클래스(class) 속성과 스타일(CSS)을 중점적으로 확인해 보세요.

코딩해 보세요!　　　실습 파일 jq_selec3_3_test.html　　　완성 파일 jq_selec3_3.html

```
06:  <script src="js/jquery.js"></script>
07:  <script>
08:    $(function(){
09:      $("#p1").addClass("aqua");
10:      $("#p2").removeClass("red");
11:      $("#p3").toggleClass("green");
12:      $("#p4").toggleClass("green");
13:      $("#p6").text($("#p5").hasClass("yellow"));
14:    });
15:  </script>
16:  <style>
17:  .aqua { background-color: #0ff; }
18:  .red { background-color: #f00; }
19:  .green { background-color: #0f0; }
20:  .yellow { background-color: #ff0; }
21:  </style>
22:  </head>
23:  <body>
24:    <p id="p1">내용1</p>
25:    <p id="p2" class="red">내용2</p>
26:    <p id="p3">내용3</p>
27:    <p id="p4" class="green">내용4</p>
28:    <p id="p5" class="yellow">내용5</p>
29:    <p id="p6"></p>
30:  </body>
```

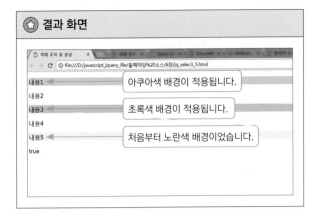

val( ) 메서드

val( ) 메서드는 선택한 폼 요소의 value 속성값을 가져오거나 새 값을 적용할 때 사용합니다. 기본형은 다음과 같습니다.

> **기본형** ❶ $("요소 선택").val( );
> ❷ $("요소 선택").val("새 값");

❶ 선택한 폼 요소의 value 속성값을 가져옵니다.
❷ 요소를 선택하여 value 속성에 새 값을 적용합니다.

다음과 같은 폼 태그를 작성하여 val( ) 메서드를 어떻게 작용하는지 알아보겠습니다. 그리고 value 속성의 초깃값을 알려 주는 prop("defaultValue") 메서드를 어떻게 사용하는지도 살펴보겠습니다. 〈input〉 태그의 value 속성을 확인해 보세요.

> **</> 코딩해 보세요!**   **실습 파일** jq_selec3_4_test.html   **완성 파일** jq_selec3_4.html

```
06:  <script src="js/jquery.js"></script>
07:  <script>
08:    $(function(){
09:      var result_1 = $("#user_name").val( );
10:      console.log(result_1);  //용대리
11:
12:      $("#user_id").val("javascript");
13:
14:      var result_2 = $("#user_id").prop("defaultValue");
15:      console.log(result_2);  //hello
16:    });
```

```
17:    </script>
18:  </head>
19:  <body>
20:    <h1>객체 조작 및 생성</h1>
21:    <form action="#" id="form_1">
22:      <p>
23:        <label for="user_name">이름</label> <input type="text" name="user_name"
24:          id="user_name" value="용대리">
25:      </p>
26:      <p>
27:        <label for="user_id">아이디</label> <input type="text" name="user_id"
28:          id="user_id" value="hello">
29:      </p>
30:    </form>
31:  </body>
```

결과 화면

prop( ) 메서드

prop( ) 메서드는 선택한 폼 요소(선택 상자, 체크 박스, 라디오 버튼)의 상태 속성값을 가져오거나 새롭게 설정할 때 사용합니다. 그리고 선택한 요소의 태그명(tagName), 노드 타입(nodeType), 선택 상자에서 선택된 옵션의 인덱스(Index)값도 알 수 있습니다.

기본형
① $("요소 선택").prop("[checked ¦ selected]");
② $("요소 선택").prop("[checked ¦ selected]", [true ¦ false]);
③ $("요소 선택").prop("[tagName ¦ nodeType ¦ selectedIndex ¦ defaultValue]");

① 선택한 폼 요소(선택 상자, 체크 박스, 라디오 버튼)를 체크한(checked) 상태인지, 선택한(selected) 상태인지 알 수 있습니다. 예를 들어 선택한 요소가 체크 박스(checkbox)이고 체크한 상태에서 prop("checked")를 적용했다면 true를, 아니면 false를 반환합니다.
② 폼 요소(선택 상자, 체크 박스, 라디오 버튼)를 선택하여 체크 또는 선택 상태를 바꿀 수 있습니다.

❸ 선택한 요소의 태그명(tagName)이나 노드 타입(nodeType), 선택한 옵션의 인덱스값을 구합니다. 이때 폼 요소에 prop("defaultValue")를 사용하면 사용자가 value 속성값을 바꿔도 초기의 value 속성값을 가져옵니다.

</> 코딩해 보세요!　　　　　**실습 파일** jq_selec3_5_test.html　　**완성 파일** jq_selec3_5.html

```
06:    <script src="js/jquery.js"></script>
07:    <script>
08:      $(function( ){
09:        var result_1 = $("#chk1").prop("checked");
10:        console.log(result_1); //false
11:
12:        var result_2 = $("#chk2").prop("checked");
13:        console.log(result_2); //true
14:
15:        var result_2 = $("#chk3").prop("checked", true);
16:
17:        var result_3 = $("#se_1").prop("selectedIndex");
18:        console.log(result_3); //2
19:      });
20:    </script>
21:  </head>
22:  <body>
23:    <h1>
24:      <strong>객체 조작 및 생성</strong>
25:    </h1>
26:    <form action="#" id="form_1">
27:      <p>
28:        <input type="checkbox" name="chk1" id = "chk1">
29:        <label for="chk1">chk1</label>
30:        <input type="checkbox" name="chk2" id="chk2" checked>
31:        <label for="chk2">chk2</label>
32:        <input type="checkbox" name="chk3" i ="chk3">
33:        <label for="chk3">chk2</label>
34:      </p>
35:      <p>
36:        <select name="se_1" id = "se_1">
37:          <option value="opt1">option1</option>
38:          <option value="opt2">option2</option>
39:          <option value="opt3" selected>option3</option>
40:        </select>
41:      </p>
```

> id값이 'chk1'인 요소가 체크된 상태이면 true를 반환하여 result_1에 저장합니다(반대의 경우는 false).

> id값이 'chk3'인 요소의 체크상태를 true로 바꿉니다.

> id값이 'se_1'인 요소의 옵션 중 selected 옵션의 인덱스값을 가져옵니다.

```
42:        </form>
43:    </body>
```

코드를 실행하면 콘솔 패널에는 체크 박스(checkbox)가 체크되고 선택 상자(select)의 옵션 (option) 요소 중 선택한 옵션의 인덱스값(2)을 출력합니다. 그리고 'chk3'의 체크 박스를 체크한(selected) 상태로 바뀝니다.

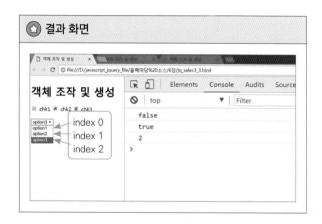

수치 조작 메서드

수치 조작 메서드는 요소의 너빗값 또는 높잇값 같은 수치를 바꿀 때 사용하는 메서드입니다. 다음은 수치 조작 메서드의 종류와 사용법을 정리한 표입니다.

수치 조작 메서드의 종류

구분	종류	사용법	설명
요소 너비/높이	height( )	$("요소 선택").height( );	안쪽 여백과 선을 제외한 높잇값을 반환하거나 변경합니다.
		$("요소 선택").height(100);	
	width( )	$("요소 선택").width( );	안쪽 여백과 선을 제외한 너빗값을 반환하거나 변경합니다.
		$("요소 선택").width(100);	
	innerHeight( )	$("요소 선택").innerHeight( );	안쪽 여백을 포함한 높잇값을 반환하거나 변경합니다.
		$("요소 선택").innerHeight(300);	
	innerWidth( )	$("요소 선택").innerWidth( );	안쪽 여백을 포함한 너빗값을 반환하거나 변경합니다.
		$("요소 선택").innerWidth(100);	
	outerHeight( )	$("요소 선택").outerHeight( );	선과 안쪽 여백을 포함한 높잇값을 반환하거나 변경합니다.
		$("요소 선택").outerHeight(100);	

요소 너비/높이	outerWidth( )	$("요소 선택").outerWidth( );	선과 안쪽 여백을 포함한 너빗값을 반환하거나
		$("요소 선택").outerWidth(100);	변경합니다.
요소 위치	position( )	$("요소 선택").position( ).left;	선택한 요소의 포지션 위칫값을 반환합니다.
		$("요소 선택").position( ).top;	
	offset( )	$("요소 선택").offset( ).left;	선택한 요소가 문서에서 수평/수직으로 얼마나
		$("요소 선택").offset( ).top;	떨어져 있는지에 대한 값을 반환합니다.
스크롤바 위치	scrollTop( )	$(window).scrollTop( );	웹 브라우저에서 수직으로 스크롤할 때 이동한 너빗값을 반환합니다.
	scrollLeft( )	$(window).scrollLeft( );	웹 브라우저의에서 수평으로 스크롤할 때 이동 한 높잇값을 반환합니다.

위 표에 정리한 수치 조작 메서드를 하나씩 살펴보겠습니다.

요소의 높이/너비 메서드

height( )와 width( ) 메서드는 여백과 선 두께를 제외한 요소의 순수 높잇값과 너빗값을 계산
합니다. innerHeight( )와 innerWidth( ) 메서드는 여백을 포함한 요소의 높잇값과 너빗값을
계산하고, outerHeight( )와 outerWidth( ) 메서드는 여백과 선을 포함한 요소의 높잇값과
너빗값을 계산합니다.

다음은 선택한 요소에 각 메서드를 적용하여 너빗값 또는 높잇값을 불러올 때 계산하는 범위
를 그림으로 나타낸 것입니다.

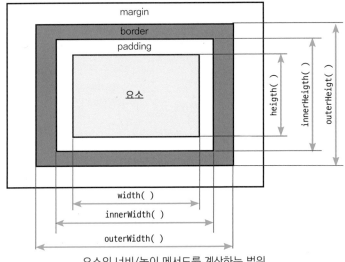

요소의 너비/높이 메서드를 계산하는 범위

이 메서드들의 기본형은 다음과 같습니다.

```
기본형  ❶
        $(요소 선택).height( ); / $(요소 선택).width( );
        $(요소 선택).height(값); / $(요소 선택).width(값);

        ❷
        $(요소 선택).innerHeight( ); / $(요소 선택).innerWidth( );
        $(요소 선택).innerHeight(값); / $(요소 선택).innerWidth(값);

        ❸
        $(요소 선택).outerHeight( ); / $(요소 선택).outerWidth( );
        $(요소 선택).outerHeight(값); / $(요소 선택).outerWidth(값);
```

❶ 요소의 높잇값과 너빗값을 반환 또는 변경합니다.
❷ 여백을 포함한 요소의 높잇값과 너빗값을 반환 또는 변경합니다.
❸ 여백과 선 두께를 포함한 요소의 높잇값과 너빗값을 반환 또는 변경합니다.

다음과 같은 문단 태그 영역을 작성하여 요소의 높이/너비 메서드를 어떻게 사용하는지 알아보겠습니다. id값이 'p1'인 요소와 id값이 'p2'인 요소에 적용한 너비, 높이, 여백과 선의 값을 확인해 보세요.

| </> 코딩해 보세요! | 실습 파일 jq_selec3_6_test.html | 완성 파일 jq_selec3_6.html |

```
07:  <script>
08:   $(function(){
09:     var w1 = $("#p1").height( );
10:     console.log(w1);
11:
12:     var w2 = $("#p1").innerHeight( );
13:     console.log(w2);
14:
15:     var w3 = $("#p1").outerHeight( );
16:     console.log(w3);
17:
18:     $("#p2")
19:     .outerWidth(100)
20:     .outerHeight(100);
21:   });
22:  </script>
```

```
23:  <style>
24:  * {
25:    padding: 0;
26:  }
27:
28:  #p1, #p2 {
29:    width: 100px;
30:    height: 50px;
31:    padding: 20px;
32:    border: 5px solid #000;
33:    background-color: #ff0;
34:  }
35:  </style>
36:  </head>
37:  <body>
38:    <h1>수치 조작 메서드</h1>
39:    <p id="p1">내용1</p>
40:    <p id="p2">내용2</p>
41:  </body>
```

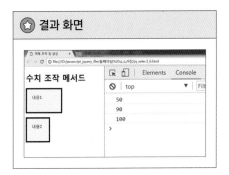

요소 위치 메서드

요소 위치 메서드에는 position( ) 메서드와 offset( ) 메서드가 있습니다. position( ) 메서드는 포지션 기준이 되는 요소를 기준으로 선택한 요소에서 가로/세로로 떨어진 위치의 좌푯값을 반환하거나 변경할 때 사용합니다. offset( ) 메서드는 문서(document)를 기준으로 선택한 요소의 가로/세로로 떨어진 위치의 좌푯값을 반환하거나 변경할 때 사용합니다. 각 메서드의 기본형은 다음과 같습니다.

❶ 포지션 요소를 기준으로 선택한 요소의 위치 좌푯값을 반환합니다.
❷ 문서(document)를 기준으로 선택한 요소의 위치 좌푯값을 반환합니다.

다음은 선택한 요소에 위치 메서드를 적용하여 위칫값을 구한 position( )과 offset( ) 메서드의 차이를 그림으로 나타낸 것입니다.

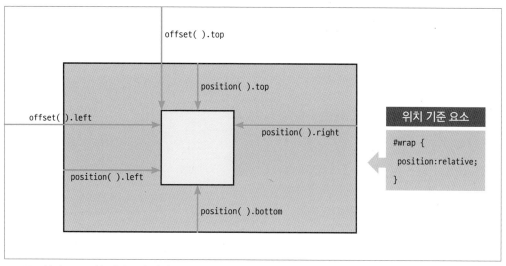

position( )과 offset( ) 메서드의 차이

다음과 같이 문단 태그 영역을 작성하여 요소 위치 메서드를 어떻게 사용하는지 알아보겠습니다. 〈div id="box_wrap"〉의 position 속성에는 'relative'값을 적용하고 〈p class="box"〉의 position 속성에는 'absolute'값을 적용했습니다.

코딩해 보세요!　　실습 파일 jq_selec3_7_test.html　　완성 파일 jq_selec3_7.html

```
07:  <script>
08:    $(function(){
09:      var $txt1 = $(".txt_1 span"),
10:          $txt2 = $(".txt_2 span"),
11:          $box = $(".box");
12:
13:      var off_t = $box.offset( ).top;     //100
14:      var pos_t = $box.position( ).top;   //50
15:
```

```
16:      $txt1.text(off_t);
17:      $txt2.text(pos_t);
18:    });
19:  </script>
20:  <style>
21:    *{margin:0;padding:0;}
22:    #box_wrap{
23:      width:300px;
24:      height:200px;
25:      margin:50px auto 0;
26:      position: relative;
27:      background-color:#ccc;
28:    }
29:    .box{
30:      width:50px; height:50px;
31:      position:absolute;
32:      left:100px; top:50px;
33:      background-color:#f00;
34:    }
35:  </style>
36:  </head>
37:  <body>
38:    <div id="box_wrap">
39:      <p class="box">박스</p>
40:    </div>
41:      <p class="txt_1">절대 top위칫값: <span></span></p>
42:      <p class="txt_2">상대 top위칫값: <span></span></p>
43:  </body>
```

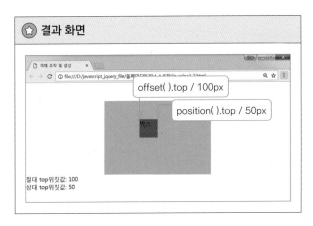

⭐ 결과 화면

스크롤바 위치 메서드

scrollTop( ) 메서드는 웹 브라우저의 스크롤바가 수직/수평으로 이동한 위칫값을 반환하거나 변경할 때 사용합니다. 다음은 scrollTop( ) 메서드의 기본형입니다.

기본형
① $(요소 선택).scrollTop( ); $(요소 선택).scrollLeft( );
② $(요소 선택).scrollTop(새 값); $(요소 선택).scrollLeft(새 값);

① 웹 브라우저에서 스크롤바가 수직 또는 수평으로 이동한 위칫값을 반환합니다.
② 입력한 수치만큼 수직 또는 수평으로 스크롤바를 이동시킵니다.

다음은 속성과 값에 따른 스크롤바 위치 메서드를 사용한 예제입니다. 문단 태그와 폼 태그에 포함된 속성과 값을 확인해 보세요.

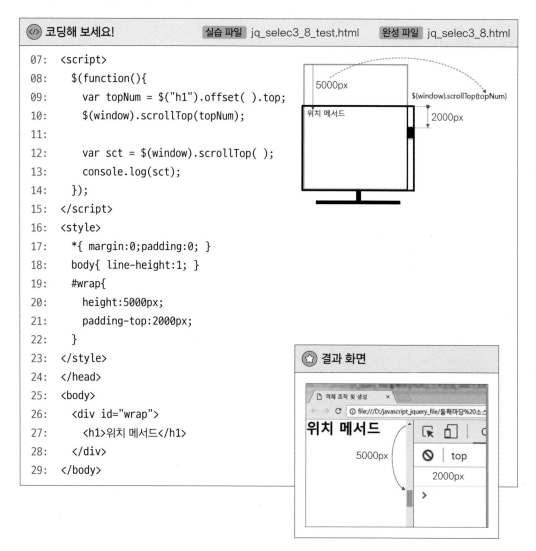

```
07:  <script>
08:    $(function(){
09:      var topNum = $("h1").offset( ).top;
10:      $(window).scrollTop(topNum);
11:
12:      var sct = $(window).scrollTop( );
13:      console.log(sct);
14:    });
15:  </script>
16:  <style>
17:    *{ margin:0;padding:0; }
18:    body{ line-height:1; }
19:    #wrap{
20:      height:5000px;
21:      padding-top:2000px;
22:    }
23:  </style>
24:  </head>
25:  <body>
26:    <div id="wrap">
27:      <h1>위치 메서드</h1>
28:    </div>
29:  </body>
```

코딩해 보세요! 실습 파일 jq_selec3_8_test.html 완성 파일 jq_selec3_8.html

객체 편집 메서드

지금까지는 요소 속성 관련 메서드와 수치 속성 관련 메서드를 살펴봤습니다. 이번에는 선택한 요소를 복제하거나 새 요소를 생성하는 메서드와, 복제하거나 새로 생성한 요소를 의도한 위치에 삽입하고 선택한 요소를 삭제하는 기능을 살펴보겠습니다.

다음은 객체 편집 메서드의 종류와 사용법을 간략하게 정리한 표입니다.

객체 편집 메서드의 종류

종류	사용법	설명
before( )	$("요소 선택").before("새 요소");	선택한 요소 앞에 새 요소를 형제 요소로 추가합니다.
after( )	$("요소 선택").after("새 요소");	선택한 요소 뒤에 새 요소를 형제 요소로 추가합니다.
append( )	$("요소 선택").append("새 요소");	선택한 요소의 마지막 영역에 새 요소를 자식 요소로 추가합니다.
appendTo( )	$("새 요소").appendTo("요소 선택");	새 요소를 선택한 요소의 마지막 영역에 자식 요소로 추가합니다.
prepend( )	$("요소 선택").prepend("새 요소");	선택한 요소의 앞 영역에 새 요소를 자식 요소로 추가합니다.
prependTo( )	$("새 요소").prependTo("요소 선택");	새 요소를 선택한 요소의 앞 영역에 자식 요소로 추가합니다.
insertBefore( )	$("새 요소").insertBefore("요소 선택");	선택한 요소의 이전 위치에 새 요소를 추가합니다.
insertAfter( )	$("새 요소").insertAfter("요소 선택");	선택한 요소의 다음 위치에 새 요소를 추가합니다.
clone( )	$("요소 선택").clone(true or false);	선택한 문서 객체를 복제합니다. 이때 인잣값이 true 이면 하위 요소까지 모두 복제하고, false이면 선택한 요소만 복제합니다.
empty( )	$("요소 선택").empty( );	선택한 요소의 하위 내용을 모두 삭제합니다.
remove( )	$("요소 선택").remove( );	선택한 요소를 삭제합니다.
replaceAll( )	$("새 요소").replaceAll("요소 선택");	선택한 요소를 새 요소로 교체합니다.
replaceWith( )	$("요소 선택").replaceWith("새 요소");	
unwrap( )	$("요소 선택").unwrap( );	선택한 요소의 부모 요소를 삭제합니다.
wrap( )	$("요소 선택").wrap(새 요소);	선택한 요소를 새 요소로 각각 감쌉니다.
wrapAll( )	$("요소 선택").wrapAll( );	선택한 요소를 새 요소로 한꺼번에 감쌉니다.
wrapInner( )	$("요소 선택").wrapInner(새 요소);	선택한 요소의 내용을 새 요소로 각각 감쌉니다.

before( )/insertBefore( )/after( )/insertAfter( ) 메서드

before( )와 insertBefore( ) 메서드는 선택한 요소의 이전 위치에 새 요소를 생성하고, after( )와 insertAfter( ) 메서드는 선택한 요소의 다음 위치에 새 요소를 생성합니다. 이 4가지 메서드의 기본형은 다음과 같습니다.

기본형
```
❶ $("요소 선택").before("새 요소");
❷ $("새 요소").insertBefore("요소 선택");
❸ $("요소 선택").after("새 요소");
❹ $("새 요소").insertAfter("요소 선택");
```

❶과 ❸, ❷와 ❹는 서로 사용법만 다를 뿐 기능은 같습니다.

다음은 before( ), insertBefore( ), after( ), insertAfter( ) 메서드를 사용한 예제입니다. 문단 태그와 폼 태그에 포함된 속성과 값을 확인해 보세요.

코딩해 보세요!　　실습 파일 jq_selec3_9_test.html　　완성 파일 jq_selec3_9.html

```
07:  <script>
08:  $(function(){
09:    $("#wrap p:eq(2)").after("<p>After</p>");           ← 선택한 요소 다음에
10:    $("<p>insertAfter</p>").insertAfter("#wrap p:eq(1)");   새 요소를 생성합니다.
11:
12:    $("#wrap p:eq(1)").before("<p>Before</p>");          ← 선택한 요소 이전에
13:    $("<p>insertBefore</p>").insertBefore("#wrap p:eq(0)");  새 요소를 생성합니다.
14:  });
15:  </script>
16:  </head>
17:  <body>
18:    <div id="wrap">
19:      <p>내용1</p>
20:      <p>내용2</p>
21:      <p>내용3</p>
22:    </div>
23:  </body>
```

append( )/appendTo( )/prepend( )/prependTo( ) 메서드

append( ) 메서드와 appendTo( ) 메서드는 선택한 요소 안의 마지막 위치에 새 요소를 생성하고 추가합니다. prepend( ) 메서드와 prependTo( ) 메서드는 선택한 요소 안의 맨 앞 위치에 새 요소를 생성하고 추가합니다. 각 메서드의 기본형은 다음과 같습니다.

```
기본형   ❶
        $(요소 선택).append(새 요소);
        $(새 요소).appendTo(요소 선택);


        ❷
        $(요소 선택).prepend(새 요소);
        $(새 요소).prependTo(요소 선택);
```

❶ 선택한 요소 안의 마지막 위치에 새 요소를 생성하고 추가합니다.
❷ 선택한 요소 안의 앞 위치에 새 요소를 생성하고 추가합니다.

다음과 같이 문단 태그 영역을 작성하여 appendTo( ) 메서드와 prepend( ) 메서드를 어떻게 사용하는지 살펴보겠습니다. ⟨ul⟩ 태그에 id="listZone"이 포함된 것을 확인해 보세요.

clone( )/empty( )/remove( ) 메서드

clone( ) 메서드는 선택한 요소를 복제합니다. empty( ) 메서드는 선택한 요소의 모든 하위 요소를 삭제하고, remove( ) 메서드는 선택한 요소를 삭제합니다. 이 3가지 메서드의 기본형 은 다음과 같습니다.

기본형
1 $("요소 선택").clone([true ¦ false]);
2 $("요소 선택").empty( );
3 $("요소 선택").remove( );

1 선택한 요소를 복제합니다. 인잣값이 true면 이벤트까지 복제하고, false면 요소만 복제합니다. 기본값은 false입니다.
2 선택한 요소의 모든 하위 요소를 삭제합니다.
3 선택한 요소를 삭제합니다.

다음과 같이 문단 태그를 작성하여 clone( ) 함수, empty( ) 함수, remove( ) 메서드를 살펴 보겠습니다.

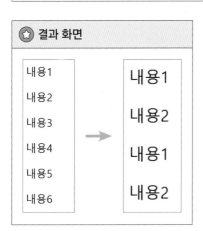

코딩해 보세요!　　　　실습 파일 jq_selec3_11_test.html　　　완성 파일 jq_selec3_11.html

```
07:  <script>
08:  $(function( ){
09:    var copyObj = $(".box1").children( ).clone( );
10:
11:    $(".box2").remove( );
12:
13:    $(".box3").empty( );
14:    $(".box3").append(copyObj);
15:  });
16:  </script>
17:  </head>
18:  <body>
19:    <div class="box1">
20:      <p>내용1</p>
21:      <p>내용2</p>
22:    </div>
23:    <div class="box2">
24:      <p>내용3</p>
25:      <p>내용4</p>
26:    </div>
27:    <div class="box3">
28:      <p>내용5</p>
29:      <p>내용6</p>
30:    </div>
31:  </body>
```

> class값이 'box1'인 요소의 모든 자식 요소를 복제합니다. 그런 다음 copyObj에 참조시킵니다.

> class값이 'box2'인 요소를 삭제합니다.

> class값이 'box3'인 요소의 모든 하위 요소를 삭제합니다.

> copyObj에 저장한 요소를 class값이 'box3'인 요소 맨 뒤에 추가합니다.

결과 화면

내용1
내용2
내용3
내용4
내용5
내용6

→

내용1

내용2

내용1

내용2

replaceAll( )/replaceWith( ) 메서드

replaceAll( ) 메서드와 replaceWith( ) 메서드는 선택한 요소를 새 요소로 바꿀 때 사용합니다. 주로 선택한 모든 요소를 한꺼번에 바꿀 때 사용하며 두 메서드의 기본형은 다음과 같습니다.

> 기본형
> ❶ $("새 요소").replaceAll("요소 선택");
> ❷ $("요소 선택").replaceWith("새 요소");

다음은 〈h2〉 태그에 replaceWith( ) 함수를 지정하고, 모든 〈div〉 태그에는 replaceAll( ) 메서드를 지정하는 예제와 결과 화면입니다.

```
07:  <script>
08:  $(function(){
09:     $("h2").replaceWith("<h3>replace method</h3>");
10:     $("<p>Change</p>").replaceAll("div");
11:  });
12:  </script>
13:  </head>
14:  <body>
15:    <section class="box1">
16:       <h2>제목1</h2>
17:       <div>내용1</div>
18:       <div>내용2</div>
19:    </section>
20:    <section class="box2">
21:       <h2>제목2</h2>
22:       <div>내용3</div>
23:       <div>내용4</div>
24:    </section>
25:  </body>
```

실습 파일 jq_selec3_12_test.html 완성 파일 jq_selec3_12.html

> 모든 〈h2〉 요소와 〈div〉 요소를 새 요소로 바꿉니다.

⭐ 결과 화면

제목1
내용1
내용2
제목2
내용3
내용4

→

replace method
Change
Change
replace method
Change
Change

unwrap( )/wrap( )/wrapAll( )/wrapInner( ) 메서드

unwrap( ) 메서드는 선택한 요소의 부모 요소를 삭제합니다. wrap( ) 메서드는 선택한 요소를 새 요소로 각각 감싸고, wrapAll( ) 메서드는 선택한 요소를 새 요소로 한꺼번에 감쌉니다. wrapInner( ) 메서드는 선택한 요소의 하위 요소를 새 요소로 모두 감쌉니다. 이 4가지 메서드의 기본형은 다음과 같습니다.

```
기본형    ❶ $("요소 선택").unwrap( );
         ❷ $("요소 선택").wrap(새 요소);
         ❸ $("요소 선택").wrapAll(새 요소);
         ❹ $("요소 선택").wrapInner(새 요소);
```

❶ 선택한 요소의 부모 요소를 삭제합니다.
❷ 선택한 요소를 새 요소로 각각 감쌉니다.
❸ 선택한 요소를 새 요소로 한꺼번에 감쌉니다.
❹ 선택한 요소의 하위 요소를 새 요소로 모두 감쌉니다.

앞에서 소개한 4가지 메서드를 어떻게 사용하는지 알아보겠습니다. 다음 문단 태그에서 〈div〉 태그에 스타일(CSS)을 이용해 배경이 아쿠아색으로 적용되는 것을 확인해 보세요.

</> 코딩해 보세요! 　　　　**실습 파일** jq_selec3_13_test.html　　　**완성 파일** jq_selec3_13.html

```
07:    <script>
08:    $(function(){
09:      $("strong").unwrap( );              //<strong> 요소를 감싸는 부모 요소를 제거
10:      $(".ct1").wrap("<div />");          //class값이 "ct1"인 요소를 <div> 요소로 감싸기
11:      $(".ct2").wrapAll("<div />");       //class값이 "ct2"인 요소를 <div> 요소로 감싸기
12:      $("li").wrapInner("<h3 />");        //<li> 요소의 하위 요소를 <h3> 요소로 모두 감싸기
13:    });
14:    </script>
15:    <style>
16:      div{background-color:aqua;}
17:    </style>
18:    </head>
19:    <body>
20:      <h1 id="tit_1">
21:      <strong>객체 조작 및 생성</strong>
22:      </h1>
23:      <p class="ct1">내용1</p>
24:      <p class="ct1">내용2</p>
```

```
25:    <p class="ct2">내용3</p>
26:    <p class="ct2">내용4</p>
27:    <ul>
28:       <li>내용3</li>
29:       <li>내용4</li>
30:    </ul>
31: </body>
```

⭐ 결과 화면

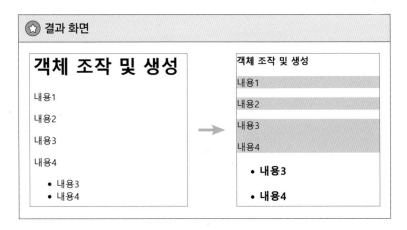

🏅 총정리 실습 | 주요 선택자 정리하기

앞에서 배운 선택자 중에서 실제로 자주 사용하는 선택자만 정리하여 살펴보겠습니다. 선택자를 사용하여 원하는 위치에 배경과 배경색, 글자색을 지정하고 테두리를 만드는 등 여러 스타일을 적용해 보세요.

jquery-selec-last-test.html 실습 파일을 열고 다음 완성 코드를 보며 차근차근 코드를 작성해 보세요. 예제를 완성하고 나면 주요 선택자의 기능도 이해할 수 있을 것입니다.

</> 코딩해 보세요!   　실습 파일 jq-selec-last-test.html   　완성 파일 jq_selec_last.html

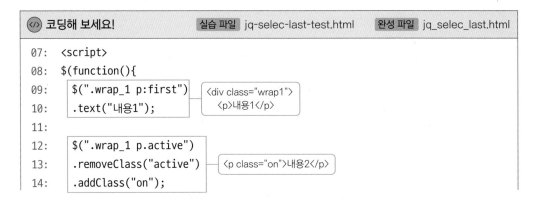

```
15:
16:    $(".wrap_1 p:eq(2) a")                         ──  <p><a href="#">네이버</a></p>
17:      .attr("href","http://www.naver.com");
18:
19:    $(".wrap_1 p:eq(3) input").val("Korea");       ──  <input type="text" value="Korea">
20:
21:    $(".wrap_2 p:first").after("<p>After(추가1)</p>");       ──  <div class="wrap_2">
22:    $(".wrap_2 p:first").before("<p>Before(추가2)</p>");             <p>Before(추가2)</p>
23:                                                                     <p>내용5</p>
24:    $(".wrap_3 p")                                                   <p>After(추가1)</p>
25:      .unwrap( )                               ──  <div class="wrap_3">
26:      .wrapInner("<strong/>");                         <p><strong>내용7</strong></p>
27:    });                                                 <p><strong>내용8</strong></p>
28:    </script>                                      </div>
29:    </head>
30:    <body>
31:      <div class="wrap_1">
32:        <p>텍스트1</p>
33:        <p class="active">내용2</p>
34:        <p><a href="#">네이버</a></p>
35:        <p>
36:          <input type="text" value="Hello">
37:        </p>
38:      </div>
39:      <div class="wrap_2">
40:        <p>내용5</p>
41:        <p>내용6</p>
42:      </div>
43:      <div class="wrap_3">
44:        <div>
45:          <p>내용7</p>
46:          <p>내용8</p>
47:        </div>
48:      </div>
49:    </body>
```

다음은 앞에서 작성한 코드를 실행한 결과 화면입니다. 지정한 선택자와 메서드의 실행 결과가 제대로 출력되었는지 확인해 보세요.

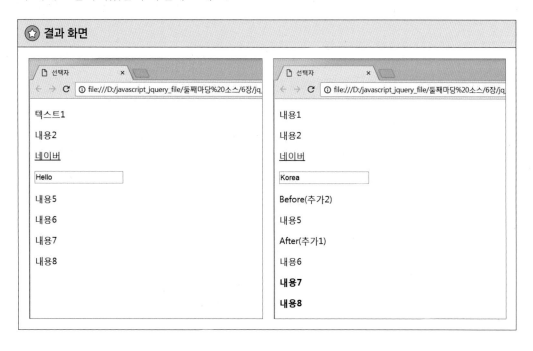

☆ 마무리 문제 ☆

 Q1 제이쿼리 not( ) 메서드를 이용하여 첫 번째 〈li〉 요소만 제외시킨 〈li〉의 배경에 노란색을
적용해 보세요.

실습 파일 selector_test_1_test.html

```
15:  <body>
16:  <ul id="myList">
17:    <li>내용1</li>
18:    <li>내용2</li>
19:    <li>내용3</li>
20:    <li>내용4</li>
21:  </ul>
22:  </body>
```

Q2 제이쿼리 위치 탐색자를 이용해 세 번째 〈li〉 태그만 선택하여 배경을 노란색으로 적용해
보세요.

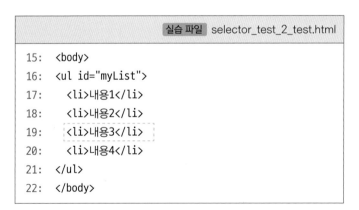

실습 파일 selector_test_2_test.html

```
15:  <body>
16:  <ul id="myList">
17:    <li>내용1</li>
18:    <li>내용2</li>
19:    <li>내용3</li>
20:    <li>내용4</li>
21:  </ul>
22:  </body>
```

완성 파일 **Q1.** selector_test_1.html, **Q2.** selector_test_2.html

08 | 제이쿼리 이벤트

이 장에서는 방문자가 웹사이트에 방문하여 동작을 취했을 때 제이쿼리 코드가 실행 되도록 만드는 방법을 알아보겠습니다. 이때 방문자의 모든 동작을 '이벤트'라고 하고, 이벤트가 발생했을 때 코드를 실행시키는 것을 '이벤트 핸들러'라고 합니다.

예를 들어 방문자가 웹사이트에 방문했을 때 지정한 버튼에 마우스 포인터를 올리거나 클릭했을 때 글자의 크기가 커졌다면 여기서 버튼 위에 마우스 포인터를 올린 행위는 이벤트라 볼 수 있으며, 이 행위로 글자의 크기가 변경된 것은 동작이 일어났을 때 실행되는 코드이므로 이벤트 핸들러라 볼 수 있습니다. 그러면 지금부터 이런 다양한 이벤트의 종류와 이벤트를 등록하는 방법을 알아보겠습니다.

이벤트 등록 메서드

이벤트 등록 메서드란?

이벤트란 웹사이트에서 방문자가 취하는 모든 행위를 말하고, 이벤트 핸들러는 이벤트가 발생했을 때 실행되는 코드를 말합니다. 여기에서는 이벤트 등록 메서드를 살펴볼 것입니다. 이 메서드를 이용하면 방문자가 지정한 요소에서 어떠한 특정 동작이 일어났을 때 저장된 코드를 실행시킬 수 있습니다.

이벤트 등록 메서드에는 이벤트를 하나만 등록할 수 있는 단독 이벤트 등록 메서드와 2개 이상 등록할 수 있는 그룹 이벤트 등록 메서드가 있습니다. 단독 이벤트 메서드는 한 동작으로 이루어진 이벤트를 등록할 때 사용하는 메서드입니다. 예를 들어 '요소를 클릭했을 때', '요소를 더블클릭했을 때', '요소에 마우스 포인터를 올렸을 때' 등 한 이벤트에만 대응하여 이벤트 핸들러의 코드가 실행됩니다.

앞으로 배울 이벤트의 기본형은 다음과 같습니다.

기본형	`<button id="btn">버튼</button>`	이벤트 대상을 지정할 때 이 값이 id인지 class인지에 따라 샵(#) 또는 점(.)을 사용합니다.

다음 예제에서 '❶ 버튼을 ❷ 클릭했을 때 ❸ 경고 창을 나타내라'라는 명령이 있을 경우 '❶ 버튼'은 이벤트의 대상이 되고 '❷ 클릭했을 때'는 방문자의 특정 동작을 가리키는데, 이는 이벤트 등록 메서드가 됩니다. 마지막으로 '❸ 경고 창을 나타내라'는 이벤트가 발생했을 때 실행되는 이벤트 핸들러가 됩니다.

```
       ┌ ❶ 이벤트 대상    ┌ ❷ 이벤트 종류
$("#btn").click(function( ){
    자바스크립트 코드;          ← ❸ 이벤트 핸들러
});
```

❶ `$("#btn")` 이벤트 대상
❷ `click( )` 이벤트 등록 메서드
❸ `function( ){...}` 이벤트 핸들러

이러한 단독 이벤트 등록 메서드는 로딩 이벤트, 마우스 이벤트, 포커스 이벤트, 키보드 이벤트, 기타 이벤트로 나눌 수 있습니다. 이벤트 등록 메서드의 종류를 우선 다음 표로 살펴보겠습니다.

이벤트 등록 메서드의 종류

구분	종류	설명
로딩 이벤트 메서드	load( )	선택한 이미지 또는 프레임 요소에 연동된 소스의 로딩이 완료된 후 이벤트가 발생합니다.
	ready( )	지정한 HTML 문서 객체의 로딩이 완료된 후 이벤트가 발생합니다.
	error( )	이벤트 대상 요소에서 오류가 발생하면 이벤트가 발생합니다.
마우스 이벤트 메서드	click( )	선택한 요소를 클릭했을 때 이벤트가 발생합니다.
	dblclick( )	선택한 요소를 연속해서 2번 클릭했을 때 이벤트가 발생합니다.
	mouseover( )	선택한 요소의 영역에 마우스 포인터를 올렸을 때 이벤트가 발생됩니다.
	mouseout( )	선택한 요소의 영역에서 마우스 포인터가 벗어났을 때 이벤트가 발생합니다. 이때 하위 요소의 영향을 받습니다.
	hover( )	선택한 요소에 마우스 포인터를 올렸을 때와 벗어났을 때 각각 이벤트가 발생합니다.
	mousedown( )	선택한 요소에서 마우스 버튼을 눌렀을 때 이벤트가 발생합니다.
	mouseup( )	선택한 요소에서 마우스 버튼을 눌렀다 떼었을 때 이벤트가 발생합니다.
	mouseenter( )	선택한 요소 범위에 마우스 포인터를 올렸을 때 이벤트가 발생합니다.
	mouseleave( )	선택한 요소 범위에서 마우스 포인터가 벗어났을 때 이벤트가 발생합니다.
	mousemove( )	선택한 요소 범위에서 마우스 포인터를 움직였을 때 이벤트가 발생합니다.
	scroll( )	가로, 세로 스크롤바를 움직일 때마다 이벤트가 발생합니다.
포커스 이벤트 메서드	focus( )	선택한 요소에 포커스가 생성되었을 때 이벤트를 발생하거나 선택한 요소에 강제로 포커스를 생성합니다.
	focusin( )	선택한 요소에 포커스가 생성되었을 때 이벤트가 발생합니다.
	focusout( )	포커스가 선택한 요소에서 다른 요소로 이동했을 때 이벤트가 발생합니다.
	blur( )	포커스가 선택한 요소에서 다른 요소로 이동했을 때 이벤트가 발생하거나 선택한 요소의 포커스가 강제로 사라지도록 합니다.
	change( )	이벤트 대상인 입력 요소의 값이 변경되고, 포커스가 이동하면 이벤트가 발생합니다. 그리고 강제로 change 이벤트를 발생시킬 때도 사용합니다.
	keydown( )	선택한 요소에서 키보드를 눌렀을 때 이벤트가 발생합니다. 키보드에서 모든 키의 코드값을 반환합니다.
	keyup( )	선택한 요소에서 키보드를 눌렀다가 손을 떼었을 때 이벤트가 발생합니다.
	keypress( )	선택한 요소에서 키보드를 눌렀을 때 이벤트가 발생합니다. 그리고 문자 키를 제외한 키의 코드값을 반환합니다.

앞 표에 정리한 이벤트 등록 메서드의 사용법을 알아보기 전에 이벤트를 등록하는 방법을 살펴보겠습니다. 또, 이벤트가 등록되었을 경우 강제로 이벤트를 발생시키는 방법과 등록된 이벤트를 삭제하는 방법도 배우겠습니다.

이벤트 등록 방식 알아보기

지정한 요소에 이벤트를 등록하는 방법에는 단독 이벤트 등록 방식과 그룹 이벤트 등록 방식의 두 종류가 있습니다. 예를 들어 마우스 포인터를 올렸을 때 환영 메시지를 출력하려면 단독 이벤트 등록 메서드나 그룹 이벤트 등록 메서드를 사용하고, 마우스 포인터를 올리거나 클릭했을 때 환영 메시지를 출력하려면 그룹 이벤트 등록 메서드를 사용합니다.

즉, 동작이 1가지인 이벤트 등록 방식에는 단독 이벤트 등록 메서드나 그룹 이벤트 등록 메서드를 사용하고, 동작이 2가지 이상인 이벤트 등록 방식에는 그룹 이벤트 등록 메서드를 사용합니다. 그러면 단독 이벤트 등록 메서드 먼저 알아보겠습니다.

단독 이벤트 등록 메서드

단독 이벤트 등록 메서드는 대상에 동작이 1가지인 이벤트만 등록할 수 있습니다. 다음은 단독 이벤트 등록 메서드를 사용하는 기본형입니다.

기본형
```
$("이벤트 대상 선택").이벤트 등록 메서드(function( ) {
    자바스크립트 코드;
});
```

다음은 사용자가 버튼을 클릭하면 환영 메시지를 경고 창에 나타내는 예제입니다.

```
<button class="btn1">버튼</button>
$(".btn1").click(function( ) {
    alert("welcome");
});
```
여기서는 class 이름이 btn1인 요소를 선택하려고 선택자에 .btn1을 사용했습니다.

그룹 이벤트 등록 메서드

그룹 이벤트 등록 메서드는 대상에 동작이 2가지 이상인 이벤트를 등록할 수 있습니다. 다음은 그룹 이벤트 등록 메서드를 사용하는 기본형입니다. on( ) 메서드를 사용하여 이벤트를 등록합니다.

기본형

```
❶ on( ) 메서드 등록 방식 1
$("이벤트 대상 선택").on("이벤트 종류1 이벤트 종류2, …, 이벤트 종류n",
function( ) {
  자바스크립트 코드;
});

❷ on( ) 메서드 등록 방식 2
$("이벤트 대상 선택").on({
  "이벤트 종류1  이벤트 종류2, …, 이벤트 종류n" : function( ) {
    자바스크립트 코드;
  }
});

❸ on( ) 메서드 등록 방식 3
$("이벤트 대상 선택").on({
  "이벤트 종류1" : function( ) {자바스크립트 코드;1},
  "이벤트 종류2" : function( ) {자바스크립트 코드;2},
      …
  "이벤트 종류n" : function( ) {자바스크립트 코드;n}
});
```

다음은 그룹 이벤트 등록 메서드의 예제입니다. 사용자가 버튼에 마우스 포인터를 올리거나 키보드를 사용하여 버튼에 포커스를 맞추면 환영 메시지가 콘솔 패널에 출력됩니다.

```
<button class="btn1">버튼</button>
```

❶ on( ) 메서드 등록 방식 1

```
$(".btn1").on("mouseover focus", function( ) {
  console.log("welcome");
})
```

❷ on( ) 메서드 등록 방식 2

```
$(".btn1").on({
  "mouseover focus" : function( ) {
    console.log("welcome");
  }
});
```

❸ on( ) 메서드 등록 방식 3

```
$(".btn1").on({
  "mouseover" : function( ) {
    console.log("welcome");
  },
  "focus" : function( ) {
    console.log("welcome");
  }
});
```

다음 예제에서 단독 이벤트 등록 메서드(click( ))와 그룹 이벤트 등록 메서드(on( ))로 이벤트를 어떻게 등록하는지 알아보겠습니다.

</> 코딩해 보세요!　　　　　실습 파일 jq_event1_1_test.html　　　완성 파일 jq_event1_1.html

```
07:   <script>
08:   $(function( ) {
09:     $(".btn1").click(function( ) {
10:       $(".btn1").parent( ).next( )
11:       .css({"color" : "#f00"});
12:     });
13:
14:     $(".btn2").on({
15:       "mouseover focus" : function( ) {
16:         $(".btn2").parent( ).next( )
17:         .css({"color" : "#0f0"});
18:       },
```

> 사용자가 [버튼1]을 클릭하면 <p>내용1</p>의 글자를 빨간색(#f00)으로 변경합니다.

> 사용자가 [버튼2]에 마우스 포인터를 올리거나 포커스를 이동하면 <p>내용2</p>의 글자를 초록색(#0f0)으로 변경합니다.

```
19:        "mouseout blur" : function( ) {
20:          $(".btn2").parent( ).next( )
21:          .css({"color" : "#000"});
22:        },
23:      });
24:   });
25:   </script>
26:   </head>
27:   <body>
28:     <p>
29:       <button class="btn1">버튼1</button>
30:     </p>
31:     <p>내용1</p>
32:     <p>
33:       <button class="btn2">버튼2</button>
34:     </p>
35:     <p>내용2</p>
36:   </body>
```

> 사용자가 [버튼2]에서 다른 요소로 마우스 포인터를 옮기거나 포커스를 이동하면 \<p\>내용2\</p\>의 글자를 검은색(#000)으로 변경합니다.

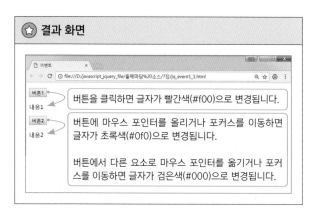

결과 화면

버튼을 클릭하면 글자가 빨간색(#f00)으로 변경됩니다.

버튼에 마우스 포인터를 올리거나 포커스를 이동하면 글자가 초록색(#0f0)으로 변경됩니다.

버튼에서 다른 요소로 마우스 포인터를 옮기거나 포커스를 이동하면 글자가 검은색(#000)으로 변경됩니다.

강제로 이벤트 발생시키기

'이벤트가 강제로 발생했다'는 말은 '사용자에 의해' 이벤트가 발생했음을 의미하는 것이 아니라 '핸들러에 의해' 자동으로 이벤트가 발생했음을 의미합니다. 예를 들어 버튼을 클릭할 때마다 변수의 값이 1씩 증가하는 버튼이 있다고 생각해 봅시다. 변수의 값을 증가시키려면 사용자가 직접 버튼을 클릭해야 합니다. 하지만 단독 이벤트 등록 메서드를 사용하거나 trigger( ) 메서드를 사용하면 강제로 이벤트를 발생시킬 수 있습니다. 즉, 사용자가 버튼을 클릭하지 않아도 변수가 증가합니다.

다음은 단독 이벤트 등록 메서드와 trigger( ) 메서드를 사용해 강제로 이벤트를 발생시키는 메서드의 기본형과 예제입니다.

기본형
① `$("이벤트 대상").단독 이벤트 등록 메서드( );`
② `$("이벤트 대상").trigger("이벤트 종류");`

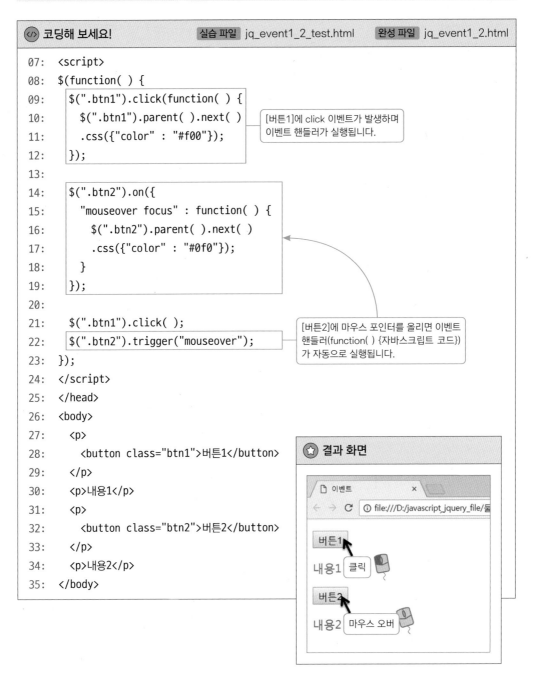

코딩해 보세요!　　실습 파일 jq_event1_2_test.html　　완성 파일 jq_event1_2.html

```
07:   <script>
08:   $(function( ) {
09:     $(".btn1").click(function( ) {
10:       $(".btn1").parent( ).next( )
11:       .css({"color" : "#f00"});
12:     });
13:
14:     $(".btn2").on({
15:       "mouseover focus" : function( ) {
16:         $(".btn2").parent( ).next( )
17:         .css({"color" : "#0f0"});
18:       }
19:     });
20:
21:     $(".btn1").click( );
22:     $(".btn2").trigger("mouseover");
23:   });
24:   </script>
25:   </head>
26:   <body>
27:     <p>
28:       <button class="btn1">버튼1</button>
29:     </p>
30:     <p>내용1</p>
31:     <p>
32:       <button class="btn2">버튼2</button>
33:     </p>
34:     <p>내용2</p>
35:   </body>
```

[버튼1]에 click 이벤트가 발생하며 이벤트 핸들러가 실행됩니다.

[버튼2]에 마우스 포인터를 올리면 이벤트 핸들러(function( ) {자바스크립트 코드}) 가 자동으로 실행됩니다.

결과 화면

버튼1
내용1 클릭
버튼2
내용2 마우스 오버

이벤트 제거 메서드

이벤트를 제거하는 메서드로 off( )가 있습니다. 다음은 이벤트를 제거하는 off( ) 메서드의 기본형입니다.

> 기본형 $("이벤트 대상").off("제거할 이벤트 종류");

다음은 off( ) 메서드를 이용하여 두 버튼에 등록된 이벤트를 어떻게 제거하는지 알아보겠습니다.

코딩해 보세요! 실습 파일 jq_event1_3_test.html 완성 파일 jq_event1_3.html

```
07:  <script>
08:    $(function( ) {
09:      $(".btn1").click(function( ) {
10:        $(".btn1").parent( ).next( )
11:        .css({"color" : "#f00"});
12:      });
13:
14:      $(".btn2").on({
15:        "mouseover focus" : function( ) {
16:          $(".btn2").parent( ).next( )
17:          .css({"color" : "#0f0"});
18:        }
19:      });
20:
21:      $(".btn1").off("click");          [버튼1]에 등록된 클릭 이벤트를 제거합니다.
22:      $(".btn2").off("mouseover focus");   [버튼2]에 등록된 마우스 오버, 포커스 이벤트를 제거합니다.
23:    });
24:  </script>
25:  </head>
26:  <body>
27:    <p>
28:      <button class="btn1">버튼1</button>
29:    </p>
30:    <p>내용1</p>
31:    <p>
32:      <button class="btn2">버튼2</button>
33:    </p>
34:    <p>내용2</p>
35:  </body>
```

첫 번째 화면은 버튼에 click 이벤트를 등록한 경우이고, 두 번째 화면은 off( ) 메서드로 이벤트를 제거한 경우입니다. 개발자 도구를 사용하면 이벤트 등록 여부를 확인할 수 있습니다. off( ) 메서드로 버튼에 등록된 이벤트를 제거하면 더 이상 사용자의 동작에 반응하지 않는 것을 알 수 있습니다.

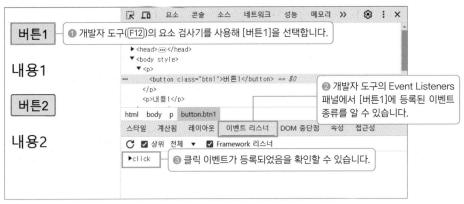

버튼에 click 이벤트를 등록한 경우

off 메서드로 이벤트를 제거한 경우

로딩 이벤트 메서드

로딩 이벤트 메서드는 사용자가 웹 브라우저에서 HTML 문서를 요청하여 HTML 문서의 로딩이 완료되면 이벤트 핸들러를 실행합니다. 로딩 이벤트 메서드에는 ready( )와 load( )가 있습니다.

ready( ) / on("load", 이벤트 핸들러 함수) 이벤트

ready( ) 이벤트 메서드는 사용자가 사이트를 방문할 때 요청한 HTML 문서 객체(document)의 로딩이 끝나면 이벤트를 발생시킵니다. on("load", 이벤트 핸들러 함수) 이벤트는 외부에 연동된 소스(iframe, img, video)의 로딩이 끝나면 이벤트를 발생시킵니다. 다음은 ready( )와 on("load", 이벤트 핸들러 함수) 이벤트를 사용한 기본형입니다.

🔍 load( ) 메서드는 제이쿼리 3.0부터 삭제되었지만 on("load", 이벤트 핸들러 함수)는 제이쿼리 3.0 이상 버전에서도 사용할 수 있습니다.

기본형
① `$(document).ready(function( ) {자바스크립트 코드;});`
② `$(document).on("ready", function( ) {자바스크립트 코드;});`
③ `$(window).on("load", function( ) {자바스크립트 코드;});`

다음은 ready( ), on("load", 이벤트 핸들러 함수) 이벤트를 사용한 예제입니다. 외부에서 불러온 이미지의 로딩이 끝나면 이미지의 높잇값을 콘솔 패널에 출력합니다. 이 예제를 따라 하며 두 이벤트의 차이점을 알아보겠습니다.

🔍 https://place-hold.it에서 다음과 같이 웹사이트 URL에 너빗값과 높잇값을 입력하여 지정한 크기의 임시 이미지를 불러올 수 있습니다.

</> 코딩해 보세요!   실습 파일 jq_event1_4_test.html   완성 파일 jq_event1_4.html

```
07: <script>
08: $(function( ) {
09:
10:
11:   $(document).ready(function() {
12:
13:     var h1 = $(".img1").height();
14:     console.log("ready :", h1);   // ready : 0
15:   });
16:
17:
```

HTML에 전체 요소가 로딩되면 이벤트 핸들러가 실행됩니다.

```
18:    $(window).on("load", function () {
19:
20:      var h2 = $(".img1").height();
21:      console.log("load :", h2);     // load : 300
22:    });
23:  });
24:  </script>
```

외부 소스(이미지)가 완전히 로딩되면 이벤트 핸들러가 실행되며 이미지 높잇값(300)이 출력됩니다.

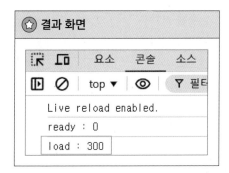

⭐ 결과 화면

```
Live reload enabled.
ready : 0
load : 300
```

마우스 이벤트

마우스 이벤트는 사용자가 웹사이트에서 마우스를 이용하는 모든 행위를 말합니다. 예를 들어 사용자가 지정한 요소에 마우스 포인터를 올리거나 클릭하는 등의 행위를 말합니다.

click( )/dblclick( ) 이벤트 메서드

click( ) 이벤트 메서드는 선택한 요소를 클릭했을 때 이벤트를 발생시키거나 선택한 요소에 강제로 클릭 이벤트를 발생시킬 때 사용합니다. click( ) 이벤트 메서드를 등록하는 기본형은 다음과 같습니다.

기본형

❶ click 이벤트 등록
```
$("이벤트 대상 선택").click(function( ) {자바스크립트 코드;});
$("이벤트 대상 선택").on("click", function( ) {자바스크립트 코드;});
```

❷ click 이벤트 강제 발생
```
$("이벤트 대상 선택").click( );
```

dblclick( ) 이벤트 메서드는 선택한 요소를 연속해서 2번 클릭했을 때 이벤트를 발생시키거나 선택한 요소에 강제로 더블클릭 이벤트를 발생시킵니다. dblclick( ) 이벤트 메서드를 등록하는 기본형은 다음과 같습니다.

```
기본형   ❶ dblclick 이벤트 등록
        $("이벤트 대상 선택").dblclick(function( ) {자바스크립트 코드;});
        $("이벤트 대상 선택").on("dblclick", function( ) {자바스크립트 코드;});

        ❷ dblclick 이벤트 강제 발생
        $("이벤트 대상 선택").dblclick( );
```

〈a〉, 〈form〉 태그에 클릭 이벤트 적용 시 기본 이벤트 차단하기

〈a〉 요소에 click이나 dblclick을 등록하면 클릭할 때마다 〈a〉에 링크된 주소로 이동하는 문제가 발생합니다. 이 문제를 해결하려면 〈a〉 요소의 기본 이벤트를 차단해야 합니다. 〈form〉 요소의 제출 버튼(submit)도 action에 등록된 주소로 이동시키는 문제가 발생합니다. 우리가 등록한 이벤트를 정상으로 수행하려면 이러한 기본 이벤트를 차단해야 합니다.

다음은 〈a〉, 〈form〉 태그에 이벤트를 등록하기 위해 기본 이벤트를 차단하는 기본형입니다.

```
기본형   ❶ return false를 이용한 차단 방식
        $("a 또는 form").이벤트 메서드(function( ) {
            자바스크립트 코드;
            return false;
        });

        ❷ preventDefault( ) 메서드를 이용한 차단 방식
        $("a 또는 form").이벤트 메서드(function(e) {
            e.preventDefault( );      prevent는 '막다'를, Default는 '기본 이벤트'를 의미합니다.
            자바스크립트 코드;
        });
```

다음은 〈a〉와 〈button〉에 각각 click, dblclick 이벤트를 등록하는 예제입니다. 〈a〉 요소에 click 이벤트를 등록할 때 기본 이벤트를 차단하면 어떻게 되는지 알아보겠습니다.

```
07:  <script>
08:  $(function( ) {
09:    $(".btn1").on("click", function(e) {
10:      e.preventDefault( );  ──  <a> 요소에 링크된 페이지로 이동하는 기본 이벤트를 차단합니다.
11:      $(".txt1").css({"background-color" : "#ff0"});
12:    });
13:    $(".btn2").on("click", function(e) {
14:      $(".txt2").css({"background-color" : "#0ff"});
15:    });
16:    $(".btn3").on("dblclick", function( ) {
17:      $(".txt3").css({"background-color" : "#0f0"});
18:    });
19:  });
20:  </script>
21:  </head>
22:  <body>
23:    <p>
24:      <a href="http://www.easyspub.co.kr/" class="btn1">버튼1</a>
25:    </p>
26:    <p class="txt1">내용1</p>
27:    <p><a href="http://www.easyspub.co.kr/" class="btn2">버튼2</a></p>
28:    <p class="txt2">내용2</p>
29:    <p><button class="btn3">버튼3</button></p>
30:    <p class="txt3">내용3</p>
31:  </body>
```

결과 화면

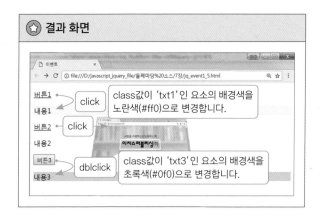

버튼1 ← click : class값이 'txt1'인 요소의 배경색을 노란색(#ff0)으로 변경합니다.

버튼2 ← click

버튼3 ← dblclick : class값이 'txt3'인 요소의 배경색을 초록색(#0f0)으로 변경합니다.

mouseover( )/mouseout( )/hover( ) 이벤트 메서드

mouseover( ) 이벤트 메서드는 선택한 요소에 마우스 포인터를 올릴 때마다 이벤트를 발생시키거나 선택한 요소에 mouseover 이벤트를 강제로 발생시킵니다. mouseout( ) 이벤트 메서드는 선택한 요소에서 마우스 포인터가 벗어날 때마다 이벤트를 발생시키거나 선택한 요소에 mouseout 이벤트를 강제로 발생시킵니다. 그리고 hover( ) 이벤트 메서드는 선택한 요소에 마우스 포인터가 올라갈 때와 선택한 요소에서 벗어날 때 각각 이벤트를 발생시키며, 이때 각각 다른 이벤트 핸들러를 실행시킵니다.

다음은 mouseover( ), mouseout( ), hover( ) 이벤트 메서드의 기본형입니다.

기본형
```
❶ mouseover 이벤트 등록
$("이벤트 대상 선택").mouseover(function( ) {자바스크립트 코드;});
$("이벤트 대상 선택").on("mouseover", function( ) {자바스크립트 코드;});


❷ mouseover 이벤트 강제 발생
$("이벤트 대상 선택").mouseover( );
```

기본형
```
❶ mouseout 이벤트 등록
$("이벤트 대상 선택").mouseout(function( ) {자바스크립트 코드;});
$("이벤트 대상 선택").on("mouseout", function( ) {자바스크립트 코드;});


❷ mouseout 이벤트 강제 발생
$("이벤트 대상 선택").mouseout( );
```

기본형
```
hover 이벤트 등록
$("이벤트 대상 선택").hover(
  function( ) {마우스 오버 시 실행될 코드},
  function( ) {마우스 아웃 시 실행될 코드}
);
```

다음은 버튼 요소에 mouseover, mouseout, hover 이벤트 메서드를 적용한 예제입니다.

```
07:   <script>
08:   $(function( ) {
09:     $(".btn1").on({
10:       "mouseover" : function( ) {
11:         $(".txt1").css({"background-color" : "yellow"});
12:       },
13:       "mouseout" : function( ) {
14:         $(".txt1").css({"background" : "none"});
15:       }
16:     });
17:
18:     $(".btn2").hover(function( ) {
19:       $(".txt2").css({"background-color" : "aqua"});
20:     }, function( ) {
21:       $(".txt2").css({"background" : "none"});
22:     });
23:   });
24:   </script>
25:   </head>
26:   <body>
27:     <p>
28:       <button class="btn1">Mouse Over/Mouse Out</button>
29:     </p>
30:     <p class="txt1">내용1</p>
31:     <p>
32:       <button class="btn2">Hover</button>
33:     </p>
34:     <p class="txt2">내용2</p>
35:   </body>
```

> [Mouse Over/Mouse Out] 버튼에 마우스 포인터를 올리면 class값이 'txt1'인 요소의 배경색을 노란색으로 변경합니다.

> 버튼에서 마우스 포인터가 벗어나면 배경색을 다시 제거합니다.

mouseenter( )/mouseleave( ) 이벤트 메서드

mouseenter( ) 이벤트 메서드는 대상 요소의 경계 범위에 마우스 포인터가 들어오면 이벤트를 발생시키고, mouseleave( ) 이벤트 메서드는 대상 요소의 경계 범위에서 마우스 포인터가 완전히 벗어나면 이벤트를 발생시킵니다. 그러면 다음과 같은 궁금증이 생길 것입니다.

'mouseover와 mouseenter 이벤트의 차이점은 무엇이고, mouseout과 mouseleave 이벤트의 차이점은 무엇인가요?'

mouseover는 대상 요소에 마우스 포인터가 올라가면 발생하는 이벤트이고, mouseenter는 이벤트 대상이 포함된 범위에 마우스 포인터가 들어오면 발생하는 이벤트입니다.

mouseout은 대상 요소에서 마우스 포인터가 벗어나면 발생하는 이벤트이고, mouseleave 는 대상이 포함된 범위에서 마우스 포인터가 완전히 벗어나면 발생하는 이벤트입니다.

mouseenter( ), mouseleave( ) 이벤트 메서드는 해당 범위의 하위 요소를 제외한 '해당 범위'에 마우스 포인터가 '들어왔는지' 또는 '떠났는지'를 기준으로 이벤트를 발생시킵니다. 하지만 mouseover( ), mouseout( ) 이벤트 메서드는 범위를 기준으로 하지 않습니다. 요소에 정확하게 마우스 포인터가 '올라왔는지' 또는 '벗어났는지'를 기준으로 이벤트를 발생시킵니다.

다음은 mouseenter( )와 mouseleave( ) 이벤트 메서드의 기본형입니다.

기본형
```
❶ mouseenter 이벤트 등록
$("이벤트 대상 선택").mouseenter(function( ) {자바스크립트 코드;});
$("이벤트 대상 선택").on("mouseenter", function( ) {자바스크립트 코드;});


❷ mouseenter 이벤트 강제 발생
$("이벤트 대상 선택").mouseenter( );
```

다음과 같이 문단 태그 영역을 작성하고 mouseout( )와 mouseleave( ) 이벤트 메서드를 적용하여 차이점을 비교해 보겠습니다.

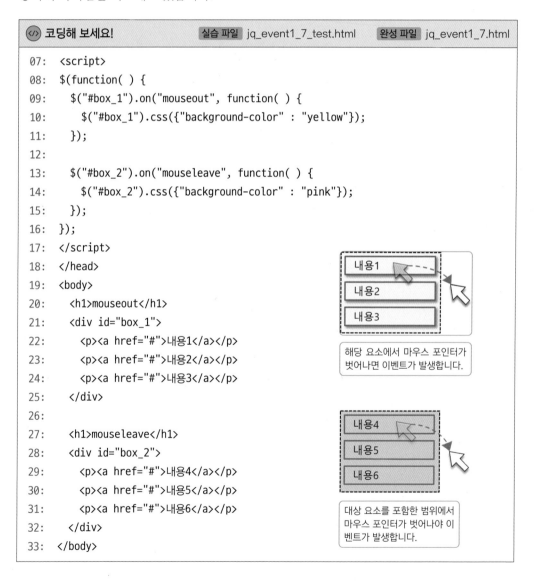

```
07:  <script>
08:  $(function( ) {
09:    $("#box_1").on("mouseout", function( ) {
10:      $("#box_1").css({"background-color" : "yellow"});
11:    });
12:
13:    $("#box_2").on("mouseleave", function( ) {
14:      $("#box_2").css({"background-color" : "pink"});
15:    });
16:  });
17:  </script>
18:  </head>
19:  <body>
20:    <h1>mouseout</h1>
21:    <div id="box_1">
22:      <p><a href="#">내용1</a></p>
23:      <p><a href="#">내용2</a></p>
24:      <p><a href="#">내용3</a></p>
25:    </div>
26:
27:    <h1>mouseleave</h1>
28:    <div id="box_2">
29:      <p><a href="#">내용4</a></p>
30:      <p><a href="#">내용5</a></p>
31:      <p><a href="#">내용6</a></p>
32:    </div>
33:  </body>
```

코딩해 보세요!   실습 파일 jq_event1_7_test.html   완성 파일 jq_event1_7.html

내용1
내용2
내용3

해당 요소에서 마우스 포인터가 벗어나면 이벤트가 발생합니다.

내용4
내용5
내용6

대상 요소를 포함한 범위에서 마우스 포인터가 벗어나야 이벤트가 발생합니다.

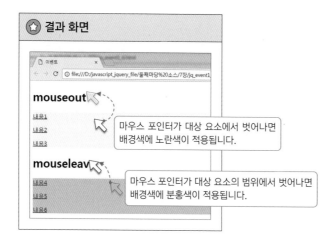

결과 화면

마우스 포인터가 대상 요소에서 벗어나면 배경색에 노란색이 적용됩니다.

마우스 포인터가 대상 요소의 범위에서 벗어나면 배경색에 분홍색이 적용됩니다.

mousemove( ) 이벤트 메서드

기본형

❶ mousemove 이벤트 등록

```
$("이벤트 대상 선택").mousemove(function( ) {자바스크립트 코드;});
$("이벤트 대상 선택").on("mousemove", function( ) {자바스크립트 코드;});
```

❷ mousemove 이벤트 발생

```
$("이벤트 대상 선택").mousemove( );
```

다음은 mousemove 이벤트가 발생할 때마다 마우스 포인터의 좌푯값을 각각 〈span〉에 출력하는 예제입니다. 다음 예제로 mousemove( ) 이벤트 메서드를 살펴보겠습니다.

〈/〉 코딩해 보세요!　　　　실습 파일 jq_event1_8_test.html　　　완성 파일 jq_event1_8.html

```
07:  <script>
08:  $(function( ) {
09:    $(document).on("mousemove", function(e) {
10:      $(".posX").text(e.pageX);
11:      $(".posY").text(e.pageY);
12:    });
13:  });
14:  </script>
15:  </head>
16:  <body>
17:    <h1>mousemove</h1>
18:    <p>X : <span class="posX">0</span>px</p>
```

매개변수(이벤트 객체)

```
19:     <p>Y : <span class="posY">0</span>px</p>
20:   </body>
```

🔍 이벤트가 발생하면 이벤트 핸들러의 매개변수에 이벤트 객체가 생성됩니다. 생성된 이벤트 객체에는 이벤트 성격에 맞는 다양한 속성이 들어 있습니다.

⭐ 결과 화면

마우스 포인터를 움직이면 이벤트가 발생하여
마우스 포인터의 위치가 화면에 출력됩니다.

이벤트 객체와 종류

사용자가 이벤트를 발생시킬 때마다 이벤트 핸들러의 매개변수에는 이벤트 객체가 생성됩니다. 이벤트 객체에는 이벤트 타입에 맞는 다양한 정보를 제공하는 속성과 메서드가 포함되어 있습니다. 다음은 이벤트 객체를 생성하는 기본형입니다.

```
기본형   $("이벤트 대상 선택").mousemove(function( 매개변수 ) {
            매개변수(이벤트 객체).속성;
         });
```

다음은 이벤트 객체의 속성과 메서드 종류를 정리한 표입니다.

이벤트 객체의 속성과 메서드의 종류

구분	종류	설명
마우스 이벤트	clientX	마우스 포인터의 X 좌푯값을 반환(스크롤 이동 거리 무시)
	clientY	마우스 포인터의 Y 좌푯값을 반환(스크롤 이동 거리 무시)
	pageX	스크롤 X축의 이동한 거리를 계산하여 마우스 포인터의 X 좌푯값을 반환
	pageY	스크롤 Y축의 이동한 거리를 계산하여 마우스 포인터의 Y 좌푯값을 반환
	screenX	화면 모니터를 기준으로 마우스 포인터의 X 좌표값을 반환
	screenY	화면 모니터를 기준으로 마우스 포인터의 Y 좌표값을 반환
	layerX	position을 적용한 요소를 기준으로 마우스 포인터의 X 좌표값을 반환
	layerY	position을 적용한 요소를 기준으로 마우스 포인터의 Y 좌표값을 반환
	button	마우스 버튼의 종류에 따라 값을 반환(왼쪽: 0, 휠: 1, 오른쪽: 2)
키보드 이벤트	keyCode	키보드의 아스키 코드값을 반환
	altKey	이벤트 발생 시 Alt 키가 눌렸으면 true를, 아니면 false를 반환
	ctrlKey	이벤트 발생 시 Ctrl 키가 눌렸으면 true를, 아니면 false를 반환
	shiftKey	이벤트 발생 시 Shift 키가 눌렸으면 true를, 아니면 false를 반환
전체 이벤트	target	이벤트가 전파된 마지막 요소를 가리킵니다.
	cancelBubble	이벤트의 전파를 차단하는 속성으로, 기본값은 false며, true로 설정하면 전파가 차단됩니다.
	stopPropagation( )	이벤트의 전파를 차단합니다.
	preventDefault( )	기본 이벤트를 차단합니다. 예를 들어 <a>에 클릭 이벤트를 적용하고 사용자가 이벤트를 발생시키면 기본 이벤트가 등록되어 있어 링크 주소로 이동하는데, 이런 기본 이벤트를 차단할 수 있습니다.

scroll( ) 이벤트 메서드

scroll( ) 이벤트 메서드는 대상 요소의 스크롤바가 이동할 때마다 이벤트를 발생시키거나 강제로 scroll 이벤트를 발생시키는 데 사용합니다. 기본형은 다음과 같습니다.

기본형

```
❶ scroll 이벤트 등록
$("이벤트 대상 선택").scroll(function( ) {자바스크립트 코드;});
$("이벤트 대상 선택").on("scroll", function( ) {자바스크립트 코드;});


❷ scroll 이벤트 강제 발생
$("이벤트 대상 선택").scroll( );
```

이번에는 스타일을 사용하여 스크롤바를 생성한 다음, 사용자가 스크롤바를 이동시킬 때마다 이벤트가 발생하도록 해보겠습니다. 스크롤바를 직접 움직여 보며 scrollTop, scrollLeft의 속성값이 바뀌는 것을 확인해 보세요.

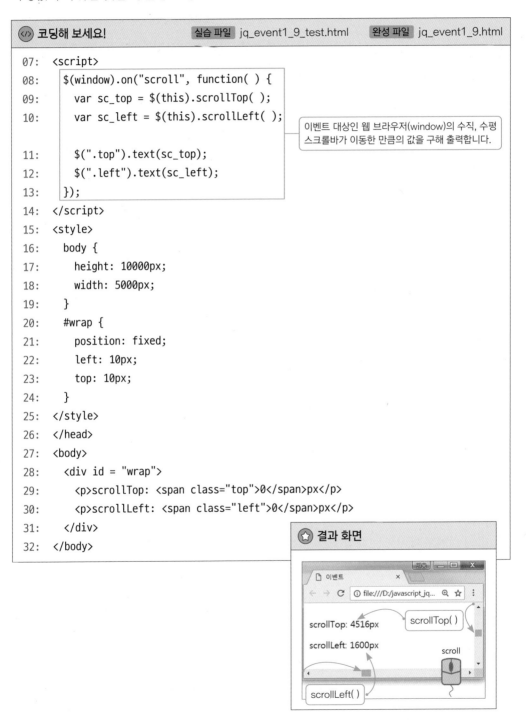

```
07:  <script>
08:  $(window).on("scroll", function( ) {
09:    var sc_top = $(this).scrollTop( );
10:    var sc_left = $(this).scrollLeft( );

11:    $(".top").text(sc_top);
12:    $(".left").text(sc_left);
13:  });
14:  </script>
15:  <style>
16:    body {
17:      height: 10000px;
18:      width: 5000px;
19:    }
20:    #wrap {
21:      position: fixed;
22:      left: 10px;
23:      top: 10px;
24:    }
25:  </style>
26:  </head>
27:  <body>
28:    <div id = "wrap">
29:      <p>scrollTop: <span class="top">0</span>px</p>
30:      <p>scrollLeft: <span class="left">0</span>px</p>
31:    </div>
32:  </body>
```

이벤트 대상인 웹 브라우저(window)의 수직, 수평 스크롤바가 이동한 만큼의 값을 구해 출력합니다.

코딩해 보세요!   실습 파일 jq_event1_9_test.html   완성 파일 jq_event1_9.html

결과 화면

포커스 이벤트

포커스는 마우스로 〈a〉 또는 〈input〉 태그를 클릭하거나 Tab 키를 누르면 생성됩니다. 우리가 앞에서 배운 마우스 이벤트는 마우스가 없으면 사용할 수 없습니다. 마우스가 없다면 사용자는 키보드만 사용해야겠죠. 이때 사용자가 키보드만으로 웹사이트를 이용해도 불편함이 없도록 제이쿼리가 잘 작동되어야 하는데, 이를 '키보드 접근성'이라 합니다. 키보드 접근성을 높이려면 마우스 이벤트를 등록할 때 될 수 있으면 〈a〉 또는 〈input〉 태그에 등록하고, 키보드가 없을 경우를 고려하여 마우스 이벤트에 대응할 수 있는 키보드 이벤트까지 등록해야 합니다.

🔍 키보드 접근성은 320쪽에서 자세히 다루겠습니다.

그러면 마우스 이벤트에 대응하는 focus( ), focusin( ), blur( ), focusout( ) 이벤트 메서드를 자세히 알아보겠습니다.

focus( )/blur( )/focusin( )/focusout( ) 이벤트 메서드

focus( ) 이벤트 메서드는 포커스가 대상 요소로 이동하면 이벤트를 발생시킵니다. blur( ) 이벤트 메서드는 포커스가 대상 요소에서 다른 요소로 이동하면 이벤트를 발생시킵니다. focusin( ) 이벤트 메서드는 포커스가 대상 요소의 하위 요소 중 입력 요소로 이동하면 이벤트를 발생시킵니다. focusout( ) 이벤트 메서드는 포커스가 대상 요소의 하위 요소 중 입력 요소에서 외부 요소로 이동하면 이벤트를 발생시킵니다.

다음은 focus( )와 blur( ) 이벤트 등록 메서드의 기본형입니다.

기본형
```
❶ focus  이벤트 등록
$("이벤트 대상 선택").focus(function( ) {자바스크립트 코드;});
$("이벤트 대상 선택").on("focus", function( ) {자바스크립트 코드;});

❷ focus  이벤트 강제 발생
$("이벤트 대상 선택").focus( );
```

기본형
```
❶ blur  이벤트 등록
$("이벤트 대상 선택").blur(function( ) {자바스크립트 코드;});
$("이벤트 대상 선택").on("blur", function( ) {자바스크립트 코드;});

❷ blur  이벤트 강제 발생
$("이벤트 대상 선택").blur( );
```

다음은 focusin과 focusout 이벤트 메서드의 기본형입니다.

기본형
① focusin 이벤트 등록.
```
$("이벤트 대상 선택").focusin(function( ) {자바스크립트 코드;});
$("이벤트 대상 선택").on("focusin", function( ) {자바스크립트 코드;});
```

② focusin 이벤트 강제 발생
```
$("이벤트 대상 선택").focusin( );
```

기본형
① focusout 이벤트 등록
```
$("이벤트 대상 선택").focusout(function( ) {자바스크립트 코드;});
$("이벤트 대상 선택").on("focusout", function( ) {자바스크립트 코드;});
```

② focusout 이벤트 강제 발생
```
$("이벤트 대상 선택").focusout( );
```

다음은 focus( ), blur( ), focusin( ), focusout( ) 이벤트 메서드를 이용한 예제입니다. 이 예제로 포커스 이벤트 메서드의 사용법을 익혀 보세요.

◇ **코딩해 보세요!** 　실습 파일 jq_event2_1_test.html　　완성 파일 jq_event2_1.html

```
07: <script>
08: $(function( ) {
09:   $("#user_id_1, #user_pw_1").on("focus",
10:   function( ) {
11:     $(this).css({
12:       "background-color" : "pink"
13:     });
14:   });
15:   $("#user_id_1, #user_pw_1").on("blur",
16:   function( ) {
17:     $(this).css({
18:       "background-color" : "#fff"
19:     });
20:   });
21:
```

> 포커스가 입력 요소로 이동하면 배경색을 분홍색으로 변경하고, 다른 요소로 이동하면 다시 배경색을 흰색으로 변경합니다.

```
22:   $("#frm_2").on("focusin",
23:   function( ) {
24:     $(this).css({
25:       "background-color" : "pink"
26:     });
27:   });
28:   $("#frm_2").on("focusout",
29:   function( ) {
30:     $(this).css({
31:       "background-color" : "#fff"
32:     });
33:   });
34: });
35: </script>
36: </head>
37: <body>
38:   <h1>focus / blur</h1>
39:   <form action="#">
40:     <p>
41:       <label for="user_id_1">ID</label> <input type="text" name="user_id_1"
42:         id="user_id_1">
43:     </p>
44:     <p>
45:       <label for="user_pw_1">PW</label> <input type="password"
46:         name="user_pw_1" id="user_pw_1">
47:     </p>
48:   </form>
49:   <h1>focusin / focusout</h1>
50:   <form action="#" id="frm_2">
51:     <p>
52:       <label for="user_id_2">ID</label> <input type="text" name="user_id_2"
53:         id="user_id_2">
54:     </p>
55:     <p>
56:       <label for="user_pw_2">PW</label> <input type="password"
57:         name="user_pw_2" id="user_pw_2">
58:     </p>
59:   </form>
60: </body>
```

포커스가 이벤트 대상 요소에서 입력 요소로 이동하면 이벤트가 발생한 요소(<form id = "frm_2">)의 배경색을 분홍색으로 변경합니다.

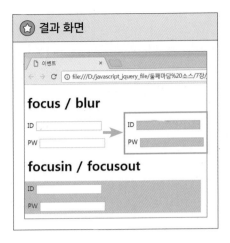
결과 화면

키보드로 마우스 이벤트 대응하기

키보드 접근성이란 어떤 대상 요소에 마우스 이벤트를 등록했을 때 마우스 없이 키보드로 대상 요소를 사용할 수 있게 하는 것을 말합니다. 다음과 같이 마우스 이벤트를 등록했을 때는 반드시 키보드로 작동할 수 있게 대응 이벤트를 함께 작성해야 합니다.

마우스 이벤트에 대한 키보드 대응 이벤트

마우스 이벤트	키보드 이벤트
mouseover	focus
mouseout	blur

다음은 버튼에 마우스 포인터를 올리면 마우스 이벤트가 발생하여 '내용1'을 숨기는 예입니다. 이 예는 마우스가 없으면 동작하지 않습니다.

키보드 접근성을 배려하지 않은 이벤트 예(비추천)

```
<button class="btn">버튼</button>
<p class="txt_1">내용1</p>
```

```
$(".btn").mouseover( function( ) {
  $(".txt_1").hide( );
} );
```

하지만 해당 이벤트에 대응하는 키보드 이벤트도 함께 등록 하면 마우스가 없는 사용자도 키보드를 사용해 이 버튼의 기능을 사용할 수 있습니다.

🔍 Tab 키를 누르면 포커스를 이동할 수 있습니다.

키보드 접근성을 배려한 이벤트 적용 예(추천)

```
<button class="btn">버튼</button>
<p class="txt_1">내용1</p>
```

```
$(".btn").on("mouseover focus", function( ) {
  $(".txt_1").hide( );
});
```

다음과 같이 코드를 작성하여 버튼에 마우스 이벤트를 2개 등록해 보겠습니다. 이때 하나는 키보드 접근성을 무시하고 나머지 하나는 키보드 접근성을 고려하여 등록합니다. 이렇게 이벤 트를 등록했을 때 두 버튼의 키보드 접근성에 어떤 차이가 있는지 비교해 보세요.

</> 코딩해 보세요!   실습 파일 jq_event2_2_test.html   완성 파일 jq_event2_2.html

```
07:  <script>
08:  $(function( ){
09:      $("#btn1")
10:      .data({"text":"javascript"})
11:      .on({
12:          "mouseover": overFnc,
13:          "mouseout": outFnc
14:      });
15:
16:      $("#btn2")
17:      .data({"text":"welcome!"})
18:      .on({
19:          "mouseover focus": overFnc,
20:          "mouseout blur": outFnc
21:      });
22:
23:      function overFnc( ) {
24:          $(".txt").text($(this).data("text"));
```

> [버튼1]에 마우스 포인터를 올리면 overFnc( ) 메서드를 호출합니다. 반대로 [버튼1]에서 마우스 포인터를 내리 면 outFnc( ) 메서드를 호출합니다.

```
25:        }
26:        function outFnc( ) {
27:            $(".txt").text("");
28:        }
29:    });
30:    </script>
31:    </head>
32:    <body>
33:        <p><button id="btn1">버튼1</button></p>
34:        <p><button id="btn2">버튼2</button></p>
35:        <p class="txt"></p>
36:    </body>
```

🔍 data( ) 메서드는 선택한 요소에 속성을 추가합니다.

change( ) 이벤트 메서드

change( ) 이벤트 메서드는 선택한 폼 요소의 값(value)을 새 값으로 바꿉니다. 그리고 포커스가 다른 요소로 이동하면 이벤트를 발생시킵니다. change( ) 이벤트 등록 메서드의 기본형은 다음과 같습니다.

기본형
> ❶ focus 이벤트 등록
> $("이벤트 대상 선택").change(function( ) {자바스크립트 코드;});
> $("이벤트 대상 선택").on("change", function( ) {자바스크립트 코드;});
>
> ❷ focus 이벤트 강제 발생
> $("이벤트 대상 선택").change( );

다음은 선택 상자에 change( ) 이벤트 메서드를 적용한 예제입니다. 〈select〉의 〈option〉 태그에는 각각 다른 값(value)이 포함되어 있습니다.

```
07:  <script>
08:  $(function( ) {
09:      $("#rel_site").on("change", function( ) {
10:          $(".txt").text($(this).val( ));
         });
11:  });
12:  </script>
13:  </head>
14:  <body>
15:    <select id="rel_site">
16:        <option value="">사이트 선택</option>
17:        <option value="www.google.com">구글</option>
18:        <option value="www.naver.com">네이버</option>
19:        <option value="www.daum.net">다음</option>
20:    </select>
21:    <p class="txt"></p>
22:  </body>
```

결과 화면

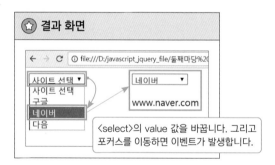

<select>의 value 값을 바꿉니다. 그리고 포커스를 이동하면 이벤트가 발생합니다.

키보드 이벤트

키보드 이벤트는 사용자가 키보드로 입력을 하면 발생합니다. 예를 들어 키를 누르거나 키에서 손을 떼면 키보드 이벤트가 발생합니다. 이번에는 키보드 이벤트 등록 메서드를 알아보겠습니다.

keydown( )/keyup( )/keypress( ) 이벤트 메서드

keydown( )와 keypress( ) 이벤트 메서드는 선택한 요소에서 키보드를 눌렀을 때 이벤트를 발생시키거나 해당 이벤트를 강제로 발생시킵니다. 두 이벤트의 차이점을 보면 keydown( )은 모든 키(한글 키 제외)에 이벤트를 발생시키지만 keypress( )는 기능키([F1]~[F12], [Alt], [Ctrl], [Shift], [↑], [Backspace], [Caps Lock], [한/영], [Tab] 등)에 이벤트를 발생시키지 않습니다. 또한 키보드 이벤트 핸들러에서 생성된 이벤트 객체의 속성을 이용하면 고유 키의 코드값을 구할 수 있습니다. 그리고 이를 사용하여 단축키 기능을 만들 수 있습니다.

keyup( ) 이벤트 메서드는 키보드에서 키를 눌렀다 떼면 이벤트를 발생시키거나 keyup 이벤트를 강제로 발생시킵니다. 다음은 keydown( ), keyup( ), keypress( ) 이벤트 메서드의 기본형입니다.

기본형
```
❶ keydown 이벤트 등록
$("이벤트 대상 선택").keydown(function( ) {자바스크립트 코드;});
$("이벤트 대상 선택").on("keydown", function( ) {자바스크립트 코드;});


❷ keydown 이벤트 강제 발생
$("이벤트 대상 선택").keydown( );
```

기본형
```
❶ keyup 등록
$("이벤트 대상 선택").keyup(function( ) {자바스크립트 코드;});
$("이벤트 대상 선택").on("keyup", function( ) {자바스크립트 코드;});


❷ keyup 이벤트 강제 발생
$("이벤트 대상 선택").keyup( );
```

기본형
```
❶ keypress 등록
$("이벤트 대상 선택").keypress(function( ) {자바스크립트 코드;});
$("이벤트 대상 선택").on("keypress", function( ) {자바스크립트 코드;});


❷ keypress 이벤트 강제 발생
$("이벤트 대상 선택").keypress( );
```

다음은 HTML 문서(document)에 keydown 이벤트를 등록하는 예제입니다. 이 예제로 keydown 이벤트 메서드의 사용법을 알아보겠습니다. 그리고 이벤트 객체로 방향키의 코드 값을 구해 〈input〉 요소에 출력해 보겠습니다.

</> 코딩해 보세요!　　　　　　　　실습 파일 jq_event2_4_test.html　　　완성 파일 jq_event2_4.html

```
07: <script>
08: $(function( ) {
09:   $(document).on("keydown", keyEventFnc);
10:   function keyEventFnc(e) {
11:     var direct = "";
12:
13:     switch (e.keyCode) {
14:     case 37:
15:       direct = "LEFT";
16:       break;
17:     case 38:
18:       direct = "TOP";
19:       break;
20:     case 39:
21:       direct = "RIGHT";
22:       break;
23:     case 40:
24:       direct = "BOTTOM";
25:       break;
26:     }
27:
28:     if (direct) $("#user_id").val(direct);
29:   }
30: });
31: </script>
32: </head>
33: <body>
34:   <p><input type="text" name="user_id" id="user_id"></p>
35: </body>
```

이벤트가 발생한 요소 추적하기

이번에는 웹사이트 방문자가 이벤트를 발생시킨 요소의 정보를 구해 오는 방법을 알아보겠습니다. 이벤트가 발생한 요소를 선택해 오는 선택자 $(this)의 사용법과 개념을 알아보고, 이벤트가 발생한 요소의 인덱스값을 반환하는 index( ) 인덱스 반환 메서드도 알아볼 것입니다. $(this) 선택자와 index( ) 인덱스 반환 메서드를 이용하면 이벤트를 발생한 요소를 다양하게 제어할 수 있습니다. 먼저 $(this) 선택자의 개념과 사용법을 알아보겠습니다.

$(this) 선택자

이벤트 핸들러에서 $(this)를 사용하면 이벤트가 발생한 요소를 선택하여 이벤트가 발생한 요소를 추적할 수 있습니다. 다음은 id 속성값이 'gnb'인 요소의 〈a〉 요소를 선택하여 click 이벤트를 등록하는 과정을 그림으로 나타낸 것입니다. 이때 [메뉴3]을 클릭하면 이벤트 핸들러에 사용된 $(this)는 이벤트가 발생한 〈a href="#"〉메뉴3〈/a〉를 선택합니다.

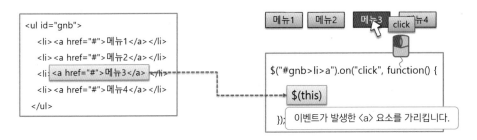

index( ) 인덱스 반환 메서드

index( ) 인덱스 반환 메서드는 이벤트를 등록한 요소 중 이벤트가 발생한 요소의 인덱스값을 반환합니다.

다음은 index( ) 인덱스 반환 메서드의 기본형입니다.

기본형
```
$("이벤트 대상 선택").on("이벤트 종류", function( ) {
    $("이벤트 대상 선택").index(this);
});
```

다음은 index( ) 메서드가 이벤트 대상인 〈a〉 요소 중 click 이벤트가 발생한 〈a〉의 인덱스값인 2를 변수 idx에 대입하는 과정을 그림으로 나타냈습니다.

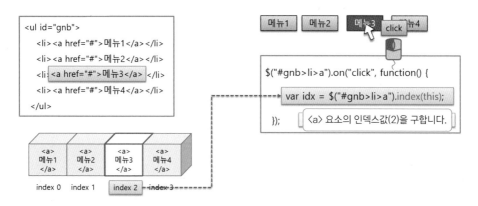

다음은 이벤트 핸들러에 $(this)와 index( ) 인덱스 메서드로 click 이벤트가 발생한 요소를 추적하여 배경색을 바꾸는 예제입니다. 이 예제로 $(this)와 index( ) 반환 메서드를 자세히 알아보겠습니다.

〈/〉 코딩해 보세요!　　　실습 파일 jq_event2_4_test.html　　　완성 파일 jq_event2_4.html

```
07:  <script>
08:  $(function( ) {
09:    $(".menuWrap_1 a").on("click", function(e) {
10:      e.preventDefault( );
11:
12:      $(".menuWrap_1 a").css({
13:        "background-color" : "#fff"
```

```
14:        });
15:
16:        $(this).css({
17:            "background-color" : "#ff0"
18:        });
19:    });
20:
21:    $(".menuWrap_2 a").on("click", function(e) {
22:        e.preventDefault( );
23:
24:        $(".menuWrap_2 a").css({
25:            "background-color" : "#fff"
26:        });
27:
28:        var idx = $(".menuWrap_2 a").index(this);
29:
30:        $(".menuWrap_2 a").eq(idx).css({
31:            "background-color" : "#0ff"
32:        });
33:
34:        $(".idxNum").text(idx);
35:    });
36: });
37: </script>
38: </head>
39: <body>
40:    <h2>$(this)</h2>
41:    <ul class="menuWrap_1">
42:      <li><a href="#">메뉴1</a></li>
43:      <li><a href="#">메뉴2</a></li>
44:      <li><a href="#">메뉴3</a></li>
45:    </ul>
46:    <h2>Index( )</h2>
47:    <ul class="menuWrap_2">
48:      <li><a href="#">메뉴4</a></li>
49:      <li><a href="#">메뉴5</a></li>
50:      <li><a href="#">메뉴6</a></li>
51:    </ul>
52:    <p class="idxNum"></p>
53: </body>
```

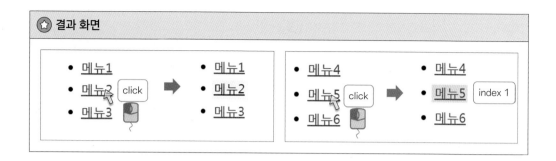

09~19행 class값이 'menuWrap_1'인 요소의 하위 요소 〈a〉의 배경을 흰색(#fff)으로 변경합니다. 그런 다음 선택한 〈a〉 요소의 배경만 노란색(#ff0)으로 변경합니다.

21~35행 class값이 'menuWrap_2'인 요소의 하위 요소 〈a〉의 배경을 흰색(#fff)으로 변경합니다. 그런 다음 선택한 〈a〉 요소의 배경만 아쿠아색(#0ff)으로 변경하고 인덱스값(1)을 반환합니다.

그룹 이벤트 등록 및 삭제하기

앞에서는 단독 이벤트를 등록하는 방법을 배웠습니다. 이번에는 단독이 아닌 그룹으로 여러 개의 이벤트를 등록하는 메서드를 살펴볼 것입니다. 그리고 이미 등록한 이벤트를 삭제하는 메서드도 알아보겠습니다.

그룹 이벤트 등록 메서드

그룹 이벤트 등록 메서드를 사용하면 이벤트를 한 번에 2개 이상 등록할 수 있습니다. 즉, 선택한 요소에 이벤트 등록 메서드를 한 번만 적용하여 '마우스 포인터를 올렸을 때'와 '포커스가 생성되었을 때'처럼 두 종류의 이벤트가 발생하도록 만들 수 있습니다.

다음은 그룹 이벤트 등록 메서드를 간단히 정리한 표입니다.

그룹 이벤트 등록 메서드의 종류

종류	설명
on( )	이벤트 대상 요소에 이벤트를 2개 이상 등록합니다. 사용 방식에 따라 이벤트를 등록한 이후에도 동적으로 생성되거나 복제된 요소에도 이벤트가 적용됩니다.
bind( )	이벤트 대상 요소에 이벤트를 2개 이상 등록합니다.
delegate( )	선택한 요소의 하위 요소에 이벤트를 등록합니다. 이벤트를 등록한 이후에도 동적으로 생성되거나 복제된 요소에도 이벤트가 적용됩니다.
one( )	이벤트 대상 요소에 이벤트를 1개 이상 등록합니다. 지정한 이벤트가 1회 발생하고 자동으로 해제됩니다.

on( ) 메서드

on( ) 메서드는 선택한 요소에 이벤트를 등록한 이후에도 새롭게 생성되거나 복제된 요소에 이벤트를 적용할 수 있습니다. 즉, 동적으로 생성되거나 복제된 요소에도 이벤트가 등록됩니다.

🔍 on( ) 메서드는 299쪽에서 이미 한 번 실습했습니다.

동적으로 생성되거나 복제된 요소에도 이벤트가 등록된다는 말이 무슨 뜻인지 잘 이해되지 않아 다음과 같은 의문이 생길 수도 있을 것입니다.

'앞에서 배운 이벤트 등록 방식으로는 객체 조작 메서드로 새롭게 생성, 복제된 요소에 이벤트를 등록할 수 없나요?'

네, 맞습니다. 앞에서 배운 on( ) 메서드의 등록 방식은 '라이브 이벤트 등록 방식'이 아닙니다. 즉, 이벤트를 등록한 다음에 새롭게 생성되거나 복제된 요소에는 이벤트를 등록할 수 없습니다. 다음은 동적으로 생성된 요소에도 이벤트가 등록되는 on( ) 메서드의 '라이브 이벤트 등록 방식'의 기본형입니다.

| 기본형 | `$([document ¦ "이벤트 대상의 상위 요소 선택"]).on("이벤트 종류", "이벤트 대상 선택", function( ) {`
`  자바스크립트 코드;`
`});` |

다음은 on( ) 메서드에 '라이브 이벤트 등록 방식'을 사용하여 동적으로 생성된 요소에도 이벤트가 등록되는지 알아보는 예제입니다.

</> 코딩해 보세요!　　실습 파일 jq_event2_6_test.html　　완성 파일 jq_event2_6.html

```
07:  <script>
08:  $(function( ) {
09:    $(".btn_1.on").on("mouseover focus", function( ) {
10:      alert("HELLO!");
11:    });
12:    $(".btn_1").addClass("on");
13:
14:    $(document).on("mouseover focus", ".btn_2.on", function( ) {
15:      alert("WELCOME!");
16:    });
17:    $(".btn_2").addClass("on");
18:  });
19:  </script>
20:  </head>
21:  <body>
22:    <div id="wrap">
```

> 이벤트를 등록하고 class값을 생성하면 이벤트가 정상으로 등록되지 않습니다. (09~12)

> 라이브 이벤트 등록 방식으로 이벤트를 등록한 다음 class값을 생성하면 이벤트가 정상으로 등록됩니다. (14~17)

```
23:        <p><button class="btn_1">버튼1</button></p>
24:        <p><button class="btn_2">버튼2</button></p>
25:    </div>
26: </body>
```

delegate( )/one( ) 이벤트 등록 메서드

제이쿼리 이벤트 등록 메서드에는 on( ) 메서드 외에도 bind( ), delegate( ), one( ) 메서드가 있
습니다. 이 메서드 중 delegate( )와 one( ) 메서드의 차이   🔍 delegate( )는 '대표자', '위임하다', '뽑다'
점과 사용법을 알아보겠습니다.   를 뜻합니다.

delegate( ) 이벤트 등록 메서드는 선택한 요소의 하위 요소에 이벤트를 등록합니다. 그리고
이벤트를 등록한 이후에도 동적으로 생성된 요소와 복제된 요소에도 이벤트를 등록합니다.

다음은 delegate( ) 이벤트 등록 메서드의 기본형입니다.

기본형
```
$([document ¦ "이벤트 대상의 상위 요소 선택"]).delegate("이벤트 대상 요소 선택",
"이벤트 종류", function( ) {
    자바스크립트 코드;
});
```

one( ) 이벤트 등록 메서드는 이벤트가 1회 발생하면 자동으로 등록된 이벤트가 제거됩니다.
즉, one( ) 이벤트 등록 메서드는 일회성 이벤트를 등록할 때 사용합니다. one( ) 이벤트 등록
메서드도 등록 방식에 따라 '라이브 이벤트'로 등록할 수 있습니다.

one( ) 이벤트 등록 메서드의 기본형은 다음과 같습니다.

❶ one( ) 기본 이벤트 등록 방식

```
$("이벤트 대상 선택").one("이벤트 종류", function( ) {
    자바스크립트 코드;
});
```

❷ one( ) 라이브 이벤트 등록 방식

```
$([document ｜ "이벤트 대상의 상위 요소 선택"]).one("이벤트 종류", "이벤트 대상 요소 선택",
function( ) {
    자바스크립트 코드;
});
```

다음은 delegate( ), one( ) 이벤트 등록 메서드를 사용한 예제입니다. 이 예제로 이벤트 등록 방법을 익히고 두 메서드의 차이점을 알아보겠습니다.

</> 코딩해 보세요! 　　　**실습 파일** jq_event2_7_test.html 　　**완성 파일** jq_event2_7.html

```
07:  <script>
08:  $(function( ){
09:      $(".btn_wrap").delegate(".btn_1.on",
10:      "mouseover focus", function( ) {
11:          alert("HELLO!");
12:      });
13:      $(".btn_1").addClass("on");
14:
15:      $(document).one("mouseover focus",
16:      ".btn_2.on", function( ) {
17:          alert("WELCOME!");
18:      });
19:      $(".btn_2").addClass("on");
20:  });
21:  </script>
22:  </head>
23:  <body>
24:      <div id="wrap">
25:          <p class="btn_wrap">
26:              <button class="btn_1">버튼1</button>
27:          </p>
28:          <p><button class="btn_2">버튼2</button></p>
29:      </div>
30:  </body>
```

> [버튼1]에 마우스 포인터(포커스)를 올리면 경고 창에 'HELLO!'라는 메시지가 출력됩니다. 또한 라이브 이벤트 방식으로 이벤트를 등록하므로 새로 생성한 요소에도 이벤트가 적용됩니다.

> [버튼2]에 마우스 포인터(포커스)를 올리면 경고 창에 'WELCOME!'이라는 메시지가 출력됩니다. 이벤트는 1회만 발생합니다.

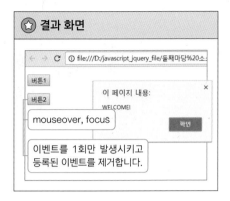

결과 화면

이벤트 제거 메서드

이벤트 제거 메서드를 사용하면 이전에 등록된 이벤트를 제거할 수 있습니다. 다음은 이벤트 제거 메서드의 종류를 간단히 정리한 표입니다.

이벤트 제거 메서드의 종류

종류	설명
off( )	on( ) 메서드로 등록한 이벤트를 제거합니다.
unbind( )	bind( ) 메서드로 등록한 이벤트를 제거합니다.
undelegate( )	delegate( ) 메서드로 등록한 이벤트를 제거합니다.

off( )/unbind( )/undelegate( )로 이벤트 해제하기

이벤트 등록 메서드에 따라 이벤트를 해제하는 방법도 달라집니다. on( ) 메서드는 off( ) 메서드로, bind( ) 메서드는 unbind( ) 메서드로, delegate( ) 메서드는 undelegate( ) 메서드로 이벤트를 해제합니다.

다음은 3가지 이벤트 해제 메서드의 기본형입니다. on( ) 이벤트 해제를 위한 off( ) 메서드는 다음과 같습니다.

기본형
 ❶ 기본 이벤트 제거 방식
 $("이벤트 대상 요소 선택").off("이벤트 종류");

 ❷ 라이브 이벤트 제거 방식
 $([document ¦ "이벤트 대상 상위 요소 선택"]).off("이벤트 종류", "이벤트 대상 요소 선택");

bind( ) 이벤트 해제를 위한 unbind( ) 메서드는 다음과 같습니다.

기본형	`$("이벤트 대상 요소 선택").unbind("이벤트 종류");`

delegate( ) 이벤트 해제를 위한 undelegate( ) 메서드는 다음과 같습니다.

기본형	❶ 기본 이벤트 제거 방식
	`$("이벤트 대상 요소 선택").delegate("이벤트 종류");`
	
	❷ 라이브 이벤트 제거 방식
	`$([document ¦ "이벤트 대상의 상위 요소 선택"]).undelegate("이벤트 대상 선택","이벤트 종류");`

이번에는 on( ) 메서드로 '기본 등록 방식'과 '라이브 이벤트 등록 방식'을 사용해 각각의 버튼에 이벤트를 등록해 보겠습니다. 이때 이벤트 해제 버튼을 클릭하면 이벤트가 해제됩니다. 다음 예제로 이벤트 제거 메서드의 사용법을 알아보겠습니다.

</> 코딩해 보세요!　　실습 파일 jq_event2_8_test.html　　완성 파일 jq_event2_8.html

```
07:  <script>
08:  $(function( ) {
09:    $(".btn_1").on("mouseover", function( ) {
10:      alert("HELLO!");
11:    });
12:    $(document).on("mouseover", ".btn_2", function( ) {
13:      alert("WELCOME!");
14:    });
15:    var btn_2 = $("<p><button class=\"btn_2\">버튼2</button></p>");
16:    $("#wrap").append(btn_2);
17:
18:    $(".del_1").on("click", function( ) {
19:      $(".btn_1").off("mouseover");
20:    });
21:    $(".del_2").on("click", function( ) {
22:      $(document).off("mouseover", ".btn_2");
23:    });
24:  });
25:  </script>
```

```
26:   </head>
27:   <body>
28:     <div id="wrap">
29:       <p><button class="btn_1">버튼1</button></p>
30:     </div>
31:     <p>
32:       <button class="del_1">버튼1 이벤트 해제</button>
33:       <button class="del_2">버튼2 이벤트 해제</button>
34:     </p>
35:   </body>
```

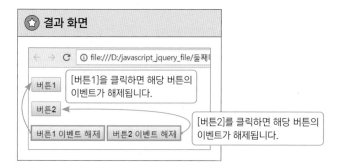

🎖 총정리 실습 글자 확대, 축소 버튼 만들기

실습 파일 event_last_test.html   완성 파일 event_last.html

다음 조건을 만족하는 글자를 확대하고 축소하는 버튼을 만들어 보세요.

❶ 글자 크기는 14px에서 시작하여 축소(⊟) 버튼을 누르면 1px씩 감소하고 확대(⊞) 버튼을 누르면 1px씩 증가합니다(최소 8px, 최대 20px).
❷ 기본 크기(100%) 버튼을 누르면 다시 14px이 됩니다.
❸ 글자 크기에 맞추어 아래 문장의 글자 크기를 변경합니다.

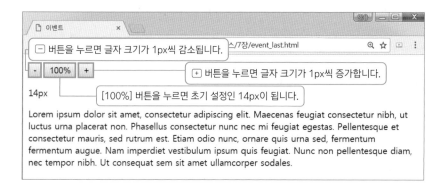

1. 실습 파일(event_last_test.html)을 열어 문단 태그를 분석해 보세요. 확대(⊞), 축소(⊟) 기본 크기(100%) 버튼에 각각 'zoomInBtn', 'zoomOutBtn', 'originBtn' class값을 입력합니다.

```html
HTML
 …    (... 생략 ...)
29:  </script>
30:  </head>
31:  <body>
32:    <p class = "zoomBtnZone">
33:      <button class = "zoomOutBtn">-</button>
34:      <button class = "originBtn">100%</button>
35:      <button class = "zoomInBtn">+</button>
36:    </p>
37:    <p class = "fontSize">14px</p>
38:    <div id = "wrap">
39:      Lorem ipsum dolor sit amet, consectetur adipiscing elit. Maecenas...
 …    (... 생략 ...)
40:    </div>
41:  </body>
42:  </html>
```

2. 확대(⊞), 축소(⊟) 버튼을 누르면 글자 크기가 바뀌도록 코드를 작성합니다.

```javascript
JS
12:  $(function( ){
13:    var baseFontSize = 14;
14:    $(".zoomBtnZone button").on("click", zoomInOut);
15:    function zoomInOut( ) {
16:      if ($(this).hasClass("zoomOutBtn")){
17:        if (baseFontSize <= 8) return false;
18:        baseFontSize--;
19:      } else if ($(this).hasClass("zoomInBtn")){
20:        if (baseFontSize >= 20) return false;
21:        baseFontSize++;
22:      } else{
23:        baseFontSize = 14;
24:      }
25:      $(".fontSize").text(baseFontSize + "px");
26:      $("body").css({fontSize:baseFontSize + "px"});
27:    }
28:  });
```

☆ 마무리 문제 ☆

Q1
★☆☆

다음 이벤트의 종류를 올바르게 연결해 보세요.

> 입력 요소의 값이 바뀌거나 포커스가 이동하면 발생하는 이벤트는 ＿＿＿ ⓐ ＿＿＿ 이고 포커스가 다른 요소로 이동하면 발생하는 이벤트는 ＿＿ ⓑ ＿＿ 입니다.

① ⓐ focus   ⓑ focusout

② ⓐ focus   ⓑ focusin

③ ⓐ blur   ⓑ focus

④ ⓐ change   ⓑ blur

⑤ ⓐ blur   ⓑ change

ⓔ ˙ㄱ

Q2
★★☆

not( ) 메서드를 이용하여 첫 번째 〈li〉를 제외한 나머지 요소의 글자색을 파란색으로 바꾸는 코드로 완성해 보세요.

> ❶ 메뉴 목록 〈a〉에 마우스 포인터를 올리거나 포커스를 이동하면 이벤트가 발생합니다.
> ❷ 이벤트가 발생한 〈a〉의 배경색을 #0ff로 바꾸고 활성화합니다. 활성화된 다른 메뉴는 비활성화 됩니다.
> ❸ 마우스 포인터가 class값이 'gnb'인 요소를 벗어나면 메뉴 전체를 원래 색으로 바꿉니다.

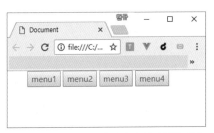

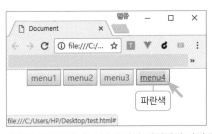

마우스 포인터가 요소에 올라가 있지 않은 경우   마우스 포인터가 요소에 올라가 배경색이 바뀐 경우

```
17:  $(function( ) {
18:    var beforeMenu = null;
19:
20:    $( _____①_____ ).on( _____②_____, function( ) {
21:      if (beforeMenu) beforeMenu.css({background:"none"});
22:      $(this).css({"background-color":"#0ff"});
23:      beforeMenu = $(this);
24:    });
25:
26:    $(".gnb").on( _____③_____, function( ) {
27:      if(beforeMenu) beforeMenu.css({background:"none"});
28:    })
29:  });
30:  (... 생략 ...)
31:  <body>
32:    <ul class = "gnb">
33:      <button><a href = "#">menu1</a></button>
34:      <button><a href = "#">menu2</a></button>
35:      <button><a href = "#">menu3</a></button>
36:      <button><a href = "#">menu4</a></button>
37:    </ul>
38:  </body>
39:  </html>
```

09 | 다양한 효과와 애니메이션

이 장에서는 요소를 숨기거나 노출시킬 때 단순히 스타일^{CSS}을 적용하는 것이 아니라 다양한 효과를 지원하는 메서드의 사용 방법을 살펴봅니다. 이 메서드를 사용하면 요소를 숨기거나 보이게 하는 과정을 좀 더 화려하게 연출할 수 있습니다. 그리고 선택한 요소에 동작이 발생하는 애니메이션 메서드 사용법도 알아보겠습니다.

효과 및 애니메이션 메서드

문서 객체를 보이게 했다가 안 보이게 하려면 스타일^{CSS}의 display 속성을 이용해야 합니다. 단, 스타일을 이용하는 방법은 객체를 단순하게 조절하는 정도의 효과만 기대할 수 있습니다. 하지만 이번에 살펴볼 효과^{Effect} 메서드를 이용하면 스타일을 이용하는 것보다 동작을 좀 더 역동적으로 조절하여 객체를 화려하게 숨기거나 보이게 만들 수 있습니다. 그리고 애니메이션 메서드까지 사용하면 선택한 요소에 다양한 동작^{Motion}까지 적용할 수 있습니다.

효과 메서드

효과 메서드에는 선택한 요소를 역동적으로 숨겼다가 보이게 만드는 메서드가 있습니다.

다음은 효과 메서드의 종류를 간략히 정리한 표입니다.

효과 메서드 종류

구분	종류	설명
숨김	hide( )	요소를 숨깁니다.
	fadeOut( )	요소가 점점 투명해지면서 사라집니다.
	slideUp( )	요소를 위로 접어 숨깁니다.
노출	show( )	숨어 있는 요소가 노출됩니다.
	fadeIn( )	숨어 있는 요소가 점점 선명해집니다.
	slideDown( )	숨어 있는 요소가 아래로 펼쳐집니다.
노출, 숨김	toggle( )	hide( ), show( ) 효과를 적용합니다.
	fadeToggle( )	fadeIn( ), fadeOut( ) 효과를 적용합니다.
	slideToggle( )	slideUp( ), slideDown( ) 효과를 적용합니다.
	fadeTo( )	지정한 투명도를 적용합니다.

효과 메서드의 기본형

다음은 효과 메서드의 기본형입니다. 효과 메서드는 효과 소요 시간, 가속도, 콜백 함수를 인잣 값으로 전달할 수 있습니다.

기본형	$("요소 선택").효과 메서드(효과 소요 시간, 가속도, 콜백 함수);
	❶ ❷ ❸

❶ 효과 소요 시간은 요소를 숨기거나 노출할 때 걸리는 시간입니다. 효과 소요 시간은 다음과 같이 적용할 수 있습니다.

> 방법1: "slow", "normal", "fast"
> 방법2: 1,000(1초), 500(0.5초)

❷ 가속도는 요소를 숨기거나 노출하는 동안의 가속도를 설정합니다. 가속도에 적용할 수 있는 값은 다음과 같습니다.

> 방법1: "swing"
> 시작과 끝은 느리게, 중간은 빠른 속도로 움직입니다(기본값).
>
> 방법2: "linear"
> 일정한 속도로 움직입니다.

❸ 콜백 함수는 노출과 숨김 효과가 끝난 후에 실행합니다. 콜백 함수는 생략할 수 있습니다.

다음은 id값이 'box'인 요소를 2초간 위로 접어 숨기는 예로, 가속도는 'linear'입니다. 요소를 숨기면 콜백 함수가 실행되어 'hello'라는 메시지가 나타납니다.

```
$("#box").slideUp(2000, "linear", function( ) {
  alert("hello");
});
```

fadeTo( ) 메서드

다음은 fadeTo( ) 메서드의 기본형입니다.

> 기본형 $("요소 선택").fadeTo(효과 소요 시간, 투명도, 콜백 함수);
>   ❶

❶ 투명도는 0 ~ 1까지의 값을 입력할 수 있습니다. 1에 가까울수록 선명하게 보입니다.

다음은 버튼을 누르면 문단 태그에 다양한 효과가 적용되는 예제입니다. 이 예제를 따라 하면서 효과 함수의 사용법을 살펴보겠습니다.

</> 코딩해 보세요!   **실습 파일** jquery_effect_1_test.html   **완성 파일** jquery_effect_1.html

```
07:  <script>
08:  $(function( ) {
09:    $(".btn2").hide( );
10:
11:    $(".btn1").on("click", function( ) {
12:      $(".box").slideUp(1000, "linear",
13:      function( ) {
14:        $(".btn1").hide( );
15:        $(".btn2").show( );
16:      });
17:    });
18:
19:    $(".btn2").on("click", function( ) {
20:      $(".box").fadeIn(1000, "swing",
21:      function( ) {
22:        $(".btn2").hide( );
23:        $(".btn1").show( );
24:      });
25:    });
26:
27:    $(".btn3").on("click", function( ) {
28:      $(".box").slideToggle(1000, "linear");
29:    });
30:
```

> [slideUp] 버튼을 클릭하면 class값이 'box'인 요소가 위로 접히며 숨겨집니다. 그런 다음 콜백 함수가 실행되어 [slideUp] 버튼은 숨겨지고 [fadeIn] 버튼이 나타납니다.

> [toggleSlide] 버튼을 클릭하면 class값이 'box'인 요소가 접히거나 펴집니다.

```
31:   $(".btn4").on("click", function( ) {
32:     $(".box").fadeTo("fast", 0.3);
33:   });
34:
35:   $(".btn5").on("click", function( ) {
36:     $(".box").fadeTo("fast", 1);
37:   });
```

fadeTo(0, 3)을 클릭하면 class값이 'box'인 요소가 70% 투명해집니다. 다시 클릭하면 투명화를 취소합니다.

```
38:
39: });
40: </script>
41: <style>
42:   .content{
43:     width:400px;
44:     background-color: #eee;
45:   }
46: </style>
47: </head>
48: <body>
49:   <p>
50:     <button class="btn1">slideUp</button>
51:     <button class="btn2">fadeIn</button>
52:   </p>
53:   <p>
54:     <button class="btn3">toggleSlide</button>
55:   </p>
56:   <p>
57:     <button class="btn4">fadeTo(0.3)</button>
58:     <button class="btn5">fadeTo(1)</button>
59:   </p>
60:   <div class="box">
61:     <div class="content">
62:       Lorem ipsum dolor sit amet, consectetur adipiscing elit. Ut...
63:       …
64:     </div>
65:   </div>
66: </body>
```

동작을 불어넣는 애니메이션 메서드

이번에 배울 애니메이션 메서드를 적용하면 스타일을 적용한 요소를 움직이게 할 수 있습니다.

animate( ) 메서드

animate( ) 메서드를 이용하면 선택한 요소에 다양한 동작 효과를 적용할 수 있습니다. 예를 들어 요소를 앞으로 이동시키거나 점차 커지게 하는 등 다양한 동작을 적용할 수 있습니다.

다음은 animate( ) 메서드의 기본형입니다.

기본형 $("요소 선택").animate({스타일 속성}, 적용 시간, 가속도, 콜백 함수)
                                       ❶   ❷

❶ 스타일 속성은 애니메이션으로 적용할 스타일 속성입니다.

❷ 적용 시간은 동작에 반응하는 데 소요되는 시간이며, 적용 시간의 옵션은 효과 메서드에 적용한 것과 같습니다.

🔍 가속도와 콜백 함수는 바로 앞 342쪽 효과 메서드에서 설명했습니다.

다음은 버튼을 클릭하면 지정한 요소에 애니메이션이 적용되는 예제입니다.

</> 코딩해 보세요!   **실습 파일** jquery_effect_2_test.html   **완성 파일** jquery_effect_2.html

```
07:  <script>
08:  $(function( {
09:    $(".btn1").on("click", function( ) {
10:      $(".txt1").animate({
11:        marginLeft:"500px",
12:        fontSize:"30px"
13:      },
14:      2000, "linear", function( ) {
15:      alert("모션 완료!");
16:    });
17:  });
18:
19:    $(".btn2").on("click", function( ) {
20:      $(".txt2").animate({
21:        marginLeft:"+=50px"
22:      },1000);
23:    });
```

> [버튼1]을 클릭하면 class값이 'txt1'인 요소가 2초 동안 오른쪽 방향으로 500px만큼 이동하고 글자의 크기가 30px 커집니다. 애니메이션이 완료되면 콜백 함수를 실행합니다.

> [버튼2]를 클릭할 때마다 class값이 'txt2'인 요소가 1초 동안 오른쪽 방향으로 50px씩 이동합니다.

```
24:    });
25:    </script>
26:    <style>
27:       .txt1{background-color: aqua;}
28:       .txt2{background-color: pink;}
29:    </style>
30:    </head>
31:    <body>
32:       <p><button class="btn1">버튼1</button></p>
33:       <span class="txt1">"500px" 이동</span>
34:       <p><button class="btn2">버튼2</button></p>
35:       <span class="txt2">"50px"씩 이동</span>
36:    </body>
```

⭐ 결과 화면

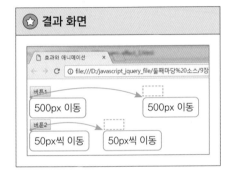

애니메이션 효과 제어 메서드

애니메이션 효과 제어 메서드란?

애니메이션 효과 제어 메서드란 '효과' 또는 '애니메이션'이 적용된 요소의 동작을 제어하는 메서드입니다. 애니메이션 효과 제어 메서드를 살펴보기 전에 애니메이션 메서드가 어떻게 적용되는지 알아보겠습니다.

애니메이션 적용 원리와 큐의 개념

애니메이션 메서드는 함수가 적용된 순서대로 큐^{Queue}라는 저장소^{Memory}에 저장됩니다. 큐는 ATM 기기로 은행 일을 보는 사람들을 생각하면 이해하기 쉽습니다. 사람들이 ATM 기기 앞에 줄을 서 있고 앞에 선 사람부터 일을 마치고 나옵니다. 큐도 마찬가지입니다. 큐에 저장된 애니메이션 대기열이 있다면 먼저 들어간 애니메이션부터 실행됩니다.

🔍 이렇게 먼저 들어간 데이터부터 처리되는 형식을 FIFO(First In First Out)라고 부릅니다.

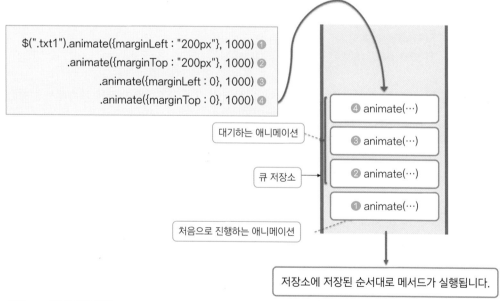

```
$(".txt1").animate({marginLeft : "200px"}, 1000) ❶
          .animate({marginTop : "200px"}, 1000) ❷
          .animate({marginLeft : 0}, 1000) ❸
          .animate({marginTop : 0}, 1000) ❹
```

대기하는 애니메이션

큐 저장소

❹ animate(⋯)

❸ animate(⋯)

❷ animate(⋯)

❶ animate(⋯)

처음으로 진행하는 애니메이션

저장소에 저장된 순서대로 메서드가 실행됩니다.

큐(Queue)의 구조와 원리

다음은 애니메이션 효과를 적용한 요소의 동작을 제어하는 메서드를 정리한 표입니다.

애니메이션 효과 제어 메서드의 종류

종류	설명
stop( )	현재 실행 중인 애니메이션을 모두 정지시킵니다.
delay( )	지정한 시간만큼 지연했다가 애니메이션을 진행합니다.
queue( )	큐에 사용자 정의 함수를 추가하거나 큐에 대기 중인 함수를 배열에 담아 반환합니다. 그리고 queue( ) 메서드 이후의 애니메이션 효과 메서드는 모두 제거합니다.
dequeue( )	queue( ) 메서드를 이용할 때 대기하는 애니메이션 메서드가 제거되지 않고 이어서 진행하도록 연결해 줍니다.
clearQueue( )	큐에서 처음으로 진행하는 애니메이션만 제외하고 대기 중인 애니메이션은 모두 제거합니다.
finish( )	선택한 요소에서 진행 중인 애니메이션을 강제로 완료 시점으로 보낸 후 종료합니다.

그러면 애니메이션 효과 제어 메서드를 하나씩 자세히 알아보겠습니다.

stop( )/delay( ) 메서드

stop( ) 메서드는 선택한 요소에 적용한 애니메이션을 정지시키고, delay( ) 메서드는 요소에 적용한 애니메이션을 지정한 시간만큼 지연시킵니다. 먼저 stop( ) 메서드를 알아보겠습니다. 다음은 stop( ) 메서드의 기본형입니다.

기본형
```
❶ $("요소 선택").stop( );
❷ $("요소 선택").stop(clearQueue, finish);
```

❶ 진행 중인 첫 번째 애니메이션만 정지시킵니다. 큐에 대기 중인 애니메이션은 계속해서 실행합니다.
❷ clearQueue, finish는 true나 false의 값을 입력할 수 있습니다(기본값은 false). clearQueue 가 true면 큐에서 대기 중인 애니메이션을 모두 제거합니다. finish가 true면 진행 중인 애니메이션을 강제로 종료합니다.

stop( ) 메서드를 좀 더 자세히 알아보기 위해 다음 2가지 경우를 예로 들어 보겠습니다.

```
❶ 진행 중인 애니메이션만 정지시키는 경우
$(".txt1").animate({opacity:0.5}, 1000)
.animate({marginLeft:"500px"}, 1000);
$(".txt1").stop( );
```

stop( ) 메서드는 첫 번째, 두 번째 인잣값(clearQueue, finish)에 따라 메서드 적용 방식이 달라집니다. ❶ 모든 인잣값을 생략한 stop( ) 메서드는 진행 중인 애니메이션만 정지시킵니다. ❷ 모든 인잣값에 true를 적용하면 대기 중인 애니메이션은 제거되고 진행 중인 애니메이션은 강제로 종료됩니다. 그래서 실제로는 애니메이션이 아닌 CSS 메서드를 적용한 것처럼 보입니다.

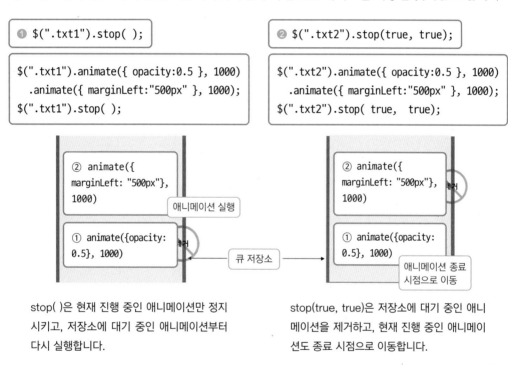

stop( )은 현재 진행 중인 애니메이션만 정지시키고, 저장소에 대기 중인 애니메이션부터 다시 실행합니다.

stop(true, true)은 저장소에 대기 중인 애니메이션을 제거하고, 현재 진행 중인 애니메이션도 종료 시점으로 이동합니다.

이번에는 애니메이션 실행을 지연시키는 delay( ) 메서드를 알아보겠습니다.

기본형 ｜ `$("요소 선택").delay(지연 시간).애니메이션 효과 메서드( );`

애니메이션 메서드 앞에 delay(3000) 메서드를 적용하면 3초 후에 애니메이션이 적용됩니다.

기본형 ｜ `$(".txt1").delay(3000).animate({marginLeft:"500px"}, 1000);`

다음은 stop( ) 메서드와 delay( ) 메서드를 적용한 예제입니다. 예제를 따라 하면서 stop( ) 메서드와 delay( ) 메서드의 사용법을 알아보겠습니다.

◇ 코딩해 보세요! 　　**실습 파일** jquery_effect_3_test.html　　**완성 파일** jquery_effect_3.html

```
07:  <script>
08:  $(function() {
09:    $(".txt1")
10:    .animate({marginLeft:"300px"},1000);
11:
12:    $(".txt2").delay(3000)       ─ 3초 후에 애니메이션이 적용됩니다.
13:    .animate({marginLeft:"300px"},1000);
14:
15:    $(".btn1").on("click", moveElement);
16:
17:    function moveElement( ) {
18:      $(".txt3")
19:      .animate({marginLeft:"+=50px"}, 800);
20:
21:      $(".txt4")
22:      .animate({marginLeft:"+=50px"}, 800);
23:      $(".txt4").stop( );
24:
25:      $(".txt5")
26:      .animate({marginLeft:"+=50px"}, 800);
27:      $(".txt5").stop(true, true);
28:    }
29:  });
30:  </script>
31:  <style>
32:    p{width: 110px;text-align: center;}
33:    .txt1{ background-color: aqua;}
34:    .txt2{ background-color: pink;}
35:    .txt3{ background-color: orange;}
36:    .txt4{ background-color: green;}
37:    .txt5{ background-color: gold;}
38:  </style>
39:  </head>
40:  <body>
41:    <p class="txt1">효과1</p>
42:    <p class="txt2">효과2<br>delay(3000)</p>
43:
```

- [버튼1]을 누를 때마다 class값이 'txt3'인 요소가 0.8초간 50px씩 이동합니다.

- stop( )이 실행되면 [버튼1]을 눌러도 애니메이션이 동작하지 않습니다.

- stop(true, true)가 실행되면 [버튼1]을 눌러도 애니메이션이 바로 종료 시점으로 이동합니다. 그래서 애니메이션 없이 css( ) 메서드를 적용한 것처럼 50px씩 이동합니다.

```
44:     <p><button class="btn1">50px 전진</button></p>
45:     <p class="txt3">효과3</p>
46:     <p class="txt4">효과4<br>stop( )</p>
47:     <p class="txt5">효과5<br>stop(true, true)</p>
48:   </body>
```

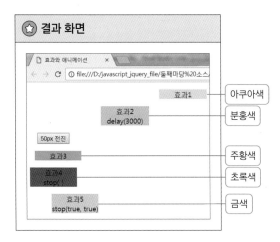

queue( )/dequeue( ) 메서드

queue( ) 메서드는 큐에 적용된 애니메이션 함수를 반환하거나 큐에 지정한 함수를 추가합니다. queue( ) 메서드를 실행하면 그 이후의 모든 애니메이션 메서드가 제거됩니다. 이와 달리 dequeue( ) 메서드는 queue( ) 메서드를 실행한 이후에 대기하는 애니메이션 메서드가 제거되지 않고 이어서 진행하도록 연결해 줍니다.

다음은 queue( ) 메서드와 dequeue( ) 메서드의 기본형입니다.

기본형
❶ 큐의 함수 반환
$("요소 선택").queue( );

❷ 큐에 함수 추가
$("요소 선택").queue(function( ) {자바스크립트 코드});

기본형
dequeue( ) 메서드
$("요소 선택").dequeue( );

다음은 애니메이션이 적용된 요소에 queue(function( ) { ⋯ })를 사용하여 새로운 함수를 큐에 추가하는 예제입니다. 여기에서 dequeue( ) 메서드를 사용해서 queue( ) 이후의 애니메이션이 취소되지 않습니다.

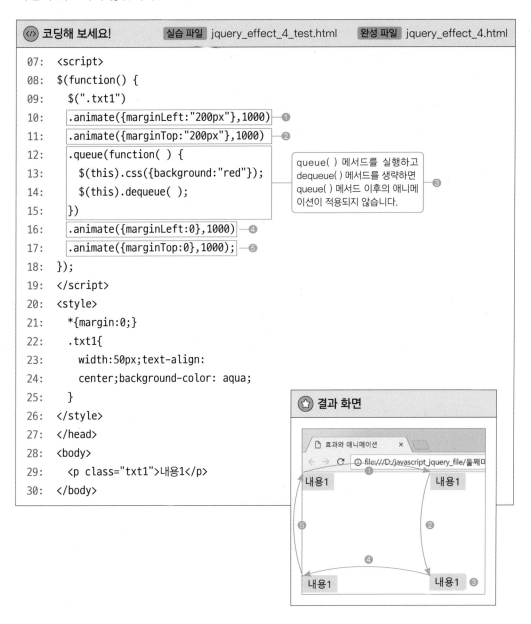

```
07:   <script>
08:   $(function() {
09:     $(".txt1")
10:     .animate({marginLeft:"200px"},1000)      ①
11:     .animate({marginTop:"200px"},1000)       ②
12:     .queue(function( ) {
13:         $(this).css({background:"red"});
14:         $(this).dequeue( );
15:     })
16:     .animate({marginLeft:0},1000)            ④
17:     .animate({marginTop:0},1000);            ⑤
18:   });
19:   </script>
20:   <style>
21:     *{margin:0;}
22:     .txt1{
23:         width:50px;text-align:
24:         center;background-color: aqua;
25:     }
26:   </style>
27:   </head>
28:   <body>
29:     <p class="txt1">내용1</p>
30:   </body>
```

queue( ) 메서드를 실행하고 dequeue( ) 메서드를 생략하면 queue( ) 메서드 이후의 애니메이션이 적용되지 않습니다. ③

실습 파일 jquery_effect_4_test.html 완성 파일 jquery_effect_4.html

⚙ 코딩해 보세요!

⭐ 결과 화면

clearQueue( ) 메서드

clearQueue( ) 메서드는 진행 중인(첫 번째) 애니메이션을 제외하고 큐에서 대기하는 모든 애니메이션 함수를 제거합니다.

다음은 clearQueue( ) 메서드의 기본형입니다.

| 기본형 | $("요소 선택").clearQueue( ); |

다음 예제로 clearQueue( ) 메서드의 사용법을 알아보겠습니다.

〈/〉 코딩해 보세요!　　**실습 파일** jquery_effect_5_test.html　　**완성 파일** jquery_effect_5.html

```
07:  <script>
08:  $(function( ) {
09:    $(".txt1")
10:    .animate({marginLeft:"100px"}, 1000)
11:    .animate({marginLeft:"300px"}, 1000)
12:    .animate({marginLeft:"400px"}, 1000);
13:
14:    $(".txt2")
15:    .animate({marginLeft:"100px"}, 1000)
16:    .animate({marginLeft:"300px"}, 1000)
17:    .animate({marginLeft:"400px"}, 1000);
18:    $(".txt2").clearQueue( );
19:  });
20:  </script>
21:  <style>
22:    .txt1, .txt2{width:50px; text-align:
23:    center; background-color: aqua;}
24:    .txt2{background-color: orange;}
25:  </style>
26:  </head>
27:  <body>
28:    <p class="txt1">내용1</p>
29:    <p class="txt2">내용2</p>
30:  </body>
```

> clearQueue( ) 메서드를 실행하면 현재 진행 중인 애니메이션을 제외하고 대기하는 애니메이션은 모두 제거됩니다.

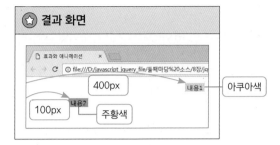

🎖 총정리 실습 │ **지정 구간에서 슬라이드 요소 만들기**

animate( ) 메서드를 사용하여 슬라이드 요소를 만들어 보겠습니다. [Go] 버튼을 누르면 요소가 오른쪽으로 이동하고 [Back] 버튼을 누르면 반대로 요소가 왼쪽으로 이동합니다.

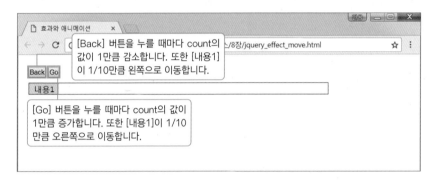

1. 슬라이드 요소의 문단 태그 영역을 다음과 같이 작성합니다.

</> **코딩해 보세요!** `완성 파일` jquery_effect_move.html

```
...     (... 생략 ...)
44:   <body>
45:     <p class="btnWrap">
46:       <button class="backBtn">Back</button>
47:       <button class="goBtn">Go</button>
48:     </p>
49:     <div class="wrap">
50:       <p class="txt1">내용1</p>
51:     </div>
52:   </body>
53:   </html>
```

2. 다음은 자바스크립트 코드입니다. hasClass( ) 메서드로 사용자가 누른 버튼이 [Go] 버튼인지, [Back] 버튼인지 구분합니다. [Go] 버튼을 누르면 count값이 1씩 증가하고, [Back] 버튼을 누르면 count값이 1씩 감소합니다.

</> 코딩해 보세요!　　　　　　　　　　　　　　　　　**완성 파일** jquery_effect_move.html

```
07:  <script>
08:  $(function( ){
09:    var txt1 = $(".txt1");
10:    var count = 1;
11:    $(".btnWrap button").on("click", function( ) {
12:      if(!txt1.is(":animated")) {
13:        if($(this).hasClass("backBtn")) {
14:          count--;
15:          if(count < 1) {
16:            count = 1;
17:            return false;
18:          }
19:          txt1.animate({marginLeft:"-=10%"}, 300);
20:        } else {
21:          count++;
22:          if(count > 10) {
23:            count = 10;
24:            return false;
25:          }
26:          txt1.animate({marginLeft:"+=10%"},3 00);
27:        }
28:      }
29:    });
30:  });
31:  </script>
```

> 12: [내용1]이 애니메이션을 진행 중이면 동작하지 않습니다.

> 13~19: class값이 'backBtn'인 경우에 동작합니다.

> 20~26: class값이 'backBtn'이 아닌 경우에 동작합니다.

☆ 마무리 문제 ☆

Q1 버튼을 눌렀을 때 효과(Effect) 메서드를 이용하여 <h1>이 점점 투명해지면서 사라지도록 만들어 보세요. 단, 사라지는 속도는 1초로 설정하세요.

> **실습 파일** jquery_effect_test1_a.html

```
17:  <body>
18:   <button id="btn">버튼</button>
19:   <h1>내용</h1>
20:  </body>
```

Q2 버튼을 누를 때마다 애니메이션 메서드를 이용하여 <p> 태그가 50px 단위로 오른쪽으로 이동하도록 만들어 보세요. 단, 이동 속도는 0.5초로 설정하세요.

> **실습 파일** jquery_effect_test2_a.html

```
16:  <style type="text/css">
17:  *{margin:0; padding:0;}
18:  #ctx{width:50px; height:50px; background:yellow;}
19:  </style>
20:  <body>
21:   <button id="btn">버튼</button>
22:   <p id="ctx">내용</p>
23:  </body>
```

완성 파일 Q1. jquery_effect_test1_b.html, Q2. jquery_effect_test2_b.html

10 | 제이쿼리
비동기 방식 연동

이 장에서는 사용자 컴퓨터에서 서버에 자료를 요청할 때 화면 전환 없이 현재 보는 페이지 그대로 전송받을 수 있는 Ajax 메서드 사용법을 알아보겠습니다. 또한 Ajax 메서드를 이용해 현재 페이지가 아닌 외부에서 제공하는 JSON 파일의 데이터를 불러오는 방법과 06장에서 배운 비동기 방식의 약속 객체를 대신하여 더 쉽고 간편하게 사용할 수 있는 디퍼드^{Deferred} 객체를 생성하는 방법도 알아보겠습니다.

Ajax란?

Ajax^{Asynchronous JavaScript and XML}란 비동기 방식의 JavaScript와 XML을 가리킵니다. 동기 방식과 비동기 방식의 차이점을 간단히 설명하겠습니다. 동기 방식은 서버에 신호를 보냈을 때 응답이 돌아와야 다음 동작을 수행할 수 있고, 비동기 방식은 그와 반대로 신호를 보냈을 때 응답 상태와 상관없이 다음 동작을 수행할 수 있다는 점이 다릅니다.

Ajax를 이용하는 이유는 화면 전환 없이 클라이언트(사용자 컴퓨터)와 서버(서비스를 제공하는 컴퓨터) 간에 XML, JSON^{JavaScript Object Notation}, 텍스트, HTML 등의 정보를 교환하기 위해서입니다. 다시 말해 Ajax를 이용하면 사용자가 서버에 자료를 요청할 때 화면 전환 없이 요청한 자료를 전송받을 수 있습니다. 또한 자료를 요청할 경우 어느 정도 시간이 소요되는 데 반해 Ajax를 이용하면 사용자가 기다릴 필요 없이 다른 작업을 바로 수행할 수 있습니다. Ajax를 사용하기 전과 후에 달라진 점을 그림을 보면서 살펴보겠습니다.

Ajax 사용 전 방식

다음 그림처럼 Ajax를 사용하지 않았을 경우 사용자^{Client}는 반드시 서버 컴퓨터를 거쳐야만 자료를 요청할 수 있었습니다. 즉, 이 방식으로 자료를 요청하면 페이지가 서버 스크립트^{Server Script} 페이지로 갱신되어 화면이 잠시 깜박거리는데 사용자는 그동안 어떤 작업도 할 수 없습니다.

사용자 컴퓨터　　　　　　서버 컴퓨터　　　　　　사용자 컴퓨터
(Client)　　　　　　　　　(Server)　　　　　　　　(Client)

Ajax 사용 후 방식

Ajax를 사용해 사용자가 서버에 자료를 요청할 경우에는 서버 스크립트 페이지를 거치지 않아도 자료를 받아올 수 있습니다. 즉, 사용자는 서버에 자료를 요청하는 사이에도 다른 작업을 할 수 있죠. 카페나 블로그에서 페이지 전환 없이 게시글에 바로 댓글을 달 수 있는 것도 Ajax를 사용했기 때문입니다. 그리고 페이스북의 댓글 기능과 구글 지도 등에도 Ajax를 사용하고 있습니다.

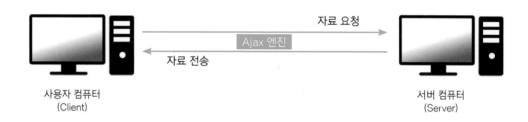

사용자 컴퓨터
(Client)

자료 요청

Ajax 엔진

자료 전송

서버 컴퓨터
(Server)

Ajax 관련 메서드

Ajax 관련 메서드들

Ajax는 클라이언트가 비동기 방식으로 자바스크립트를 이용하여 화면 전환 없이 서버에 자료 (XML, HTML, JSON, 텍스트 유형 등)를 요청할 때 사용합니다. 이번에 설명할 Ajax 관련 메서드는 모두 Ajax 기술을 기반으로 합니다.

다음 표에 Ajax 관련 메서드를 정리해 두었습니다. 여기에서는 사용하기 편리한 load( ) 메서드와 다음 표에 소개한 메서드의 모든 기능을 갖춘 $.ajax( ) 메서드를 알아볼 것입니다.

Ajax 관련 메서드의 종류

종류	설명
load( )	데이터를 전송하고 외부 콘텐츠를 요청하여 가져올 때 사용합니다.
$.ajax( )	데이터를 서버에 HTTP POST, GET 방식으로 전송할 수 있으며, HTML, XML, JSON, 텍스트 유형에 데이터를 요청할 수 있는 통합적인 메서드입니다. $.post( ), $.get( ), $.getJSON( ) 메서드의 기능을 하나로 합쳐 놓은 것이라고 보면 됩니다.
$.post( )	데이터를 서버에 HTTP POST 방식으로 전송한 후 서버의 응답을 받을 때 사용합니다.
$.get( )	데이터를 서버에 HTTP GET 방식으로 전송한 후 서버의 응답을 받을 때 사용합니다.
$.getJSON( )	데이터를 서버에 HTTP GET 방식으로 전송한 후 서버의 응답을 JSON 형식으로 받을 때 사용합니다.
$.getScript( )	Ajax를 이용하여 외부 자바스크립트를 불러옵니다. 예 $("button").click(function( ) { $.getScript("demo_ajax_script.js"); });
.ajaxStop(function( ){···})	비동기 방식으로 서버에 응답 요청이 완료되었을 때 함수를 실행합니다.
.ajaxSuccess(function( ){···})	ajax 요청이 성공적으로 완료되면 함수를 실행합니다.
ajaxComplete(function( ){···})	Ajax 통신이 완료되면 함수를 실행합니다.

load( ) 메서드

load( ) 메서드는 사용자가 지정한 URL 주소에 데이터를 전송하고 외부 콘텐츠를 요청하여 가져올 때 사용합니다. 요청한 콘텐츠를 이용해 선택한 요소의 내용을 바꿀 수 있습니다. load( ) 메서드의 기본형은 다음과 같습니다.

기본형 | `$(요소 선택).load(url, data, 콜백 함수)`
❶ ❷ ❸

❶ URL에는 외부 콘텐츠를 요청할 외부 주소를 입력하고, ❷ data에는 전송할 데이터를 작성합니다. 그리고 전송이 완료되면 ❸ 콜백 함수에 저장된 코드가 실행됩니다. 이때 전송할 데이터와 콜백 함수의 입력은 생략할 수 있습니다.

다음은 load( ) 함수로 외부 파일(jquery_ajax_news. html)의 콘텐츠를 불러온 후, 선택한 문단 태그에 추가하는 예제입니다.

🔍 이 예제는 05-6절 모듈 패턴 실습에서 사용한 Live Server를 사용해야 정상으로 실행됩니다.

</> 코딩해 보세요!   완성 파일 jquery_ajax_news.html

```
...    (... 생략 ...)
08:  <body>
       <p id="news_1">Contrary to popular belief, Lorem Ipsum is not simply random
       text. It has roots in a piece of classical Latin literature from 45 BC, making
       it over 2000 years old.</p>
       <p id="news_2">The standard chunk of Lorem Ipsum used since the 1500s is
09:  reproduced below for those interested. </p>
       </body>
10:  </html>
```

다음과 같이 문단 태그를 작성한 다음, 외부 파일 jquery_ajax_news.html에서 요소를 불러와 선택한 요소에 삽입해 보겠습니다.

</> 코딩해 보세요!   실습 파일 jquery_ajax_1_test.html   완성 파일 jquery_ajax_1.html

```
07:  <script>
08:  $(function( ) {
09:    $("#newsWrap_1")
10:    .load("jquery_ajax_news.html #news_1");
```

```
11:
12:    $("#newsWrap_2")
13:      .load("jquery_ajax_news.html #news_2");
14:  });
15:  </script>
16:  </head>
17:  <body>
18:    <h1>LOAD 1</h1>
19:    <div id="newsWrap_1"></div>
20:    <h1>LOAD 2</h1>
21:    <div id="newsWrap_2"></div>
22:  </body>
```

다음과 같이 외부 HTML의 일부 요소만 불러와 지정한 요소에 삽입합니다.

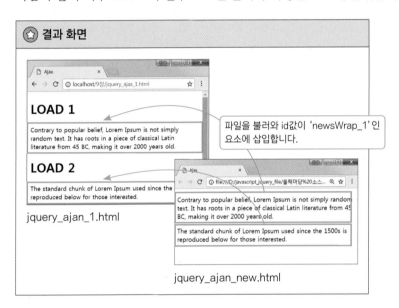

> ⭐ 결과 화면

파일을 불러와 id값이 'newsWrap_1'인 요소에 삽입합니다.

jquery_ajan_1.html

jquery_ajan_new.html

만일 완성한 파일을 서버나 웹 호스팅에 올리지 않고 테스트하면 다음과 같이 로드 실패 오류가 발생합니다.

> ⭐ 로드 실패

$.ajax( ) 메서드

$.ajax( ) 메서드는 사용자가 지정한 URL 경로에 파일의 데이터를 전송하고 입력한 URL 경로 파일로부터 요청한 데이터를 불러옵니다. 이때 불러올 수 있는 외부 데이터로는 텍스트, HTML, XML, JSON 형식 등이 있으며, 선택한 요소에 Ajax를 이용해 요청한 외부 데이터를 불러옵니다.

다음은 $.ajax( ) 메서드의 기본형입니다. 중괄호{ } 안에 다양한 옵션을 입력할 수 있으며, 옵션은 속성과 값으로 이루어집니다.

```
기본형   $.ajax({
            ❶ url: "전송 페이지"(action url),
            ❷ type: "전송 방식"(get, post 방식),
            ❸ data: "전송할 데이터",
            ❹ dataType: "요청한 데이터 형식"("html", "xml", "json", "text", "jsonp"),
            ❺ success: function(data){
                전송에 성공하면 실행할 코드;
            },
            error: function( ) {
                전송에 실패하면 실행할 코드;
            }
        });
```

❶ url에는 데이터를 전송하거나 요청한 데이터를 불러올 때 사용할 외부 주소를 입력합니다.
❷ type에는 전송 방식을 입력합니다.
❸ data에는 전송할 데이터를 입력합니다.
❹ dataType은 서버에서 받아 올 데이터 형식을 지정합니다. 데이터가 HTML이면 'html', XML이면 'xml', JSON이면 'json'이라고 입력합니다.
❺ 데이터를 전송·요청이 정상으로 이뤄지면 함수를 실행합니다. 이때 매개변수(result)에는 요청한 데이터가 저장됩니다.

다음은 $.ajax( ) 메서드의 다양한 옵션을 정리했습니다.

$.ajax( ) 메서드의 옵션 종류

종류	설명
async	통신을 동기 또는 비동기 방식으로 설정하는 옵션입니다. 기본값은 비동기 통신 방식인 true로 설정되어 있습니다. 만일 비동기 방식으로 설정되어 있다면 사용자 컴퓨터에서 서버로 데이터를 전송하고 요청하는 동안에도 다른 작업을 할 수 있습니다.

beforeSend	요청하기 전에 함수를 실행하는 이벤트 핸들러입니다.
cache	요청한 페이지를 인터넷에 캐시(저장)할지 여부를 설정합니다. 기본값은 true입니다.
complete	Ajax가 완료되었을 때 함수를 실행하는 이벤트 핸들러입니다.
contentType	서버로 전송할 데이터의 content-type을 설정합니다. 기본값은 application/x-www-form-urlencoded입니다.
data	서버로 전송할 데이터를 지정합니다.
dataType	서버에서 받아 올 데이터의 형식을 지정합니다. 생략하면 요청한 자료에 맞게 형식이 자동으로 설정됩니다.
error	통신에 문제가 발생했을 때 함수를 실행합니다.
success	Ajax로 통신이 정상으로 이뤄지면 이벤트 핸들러를 실행합니다.
timeout	통신 시간을 제한합니다. 시간 단위는 밀리초입니다.
type	데이터를 전송할 방식(get/post)을 설정합니다.
url	데이터를 전송할 페이지를 설정합니다. 기본값은 현재 페이지입니다.
username	HTTP 액세스를 할 때 인증이 필요할 경우 사용자 이름을 지정합니다.

또한 비동기 통신 방식으로 데이터를 전송하거나 요청하려면 데이터를 가공해야 합니다. 다음은 비동기 통신 방식으로 데이터를 전송하거나 요청할 때 사용하는 Ajax 전송 데이터 가공 메서드입니다.

Ajax 전송 데이터 가공 메서드의 종류

종류	사용법	설명
serialize( )	$("form").serialize( );	사용자가 입력 요소에 값을 입력한 데이터의 전송 방식을 'name1 = value1 & name2 = value2, …'와 같은 쿼리 스트링 형식의 데이터로 변환해 반환합니다.
serializeArray( )	$("form").serializeArray( )	사용자가 입력 요소에 값을 입력한 데이터의 전송 방식을 [{name1 : value1}, {name2 : value2}]와 같은 배열 객체로 변환해 반환합니다.
$.param( )	$.param(Object);	{name1 : value1, name2 : value2}와 같이 작성된 객체를 가공해 'name1 = value1 & name2 = value2, …'와 같은 쿼리 스트링 형식의 데이터로 변환해 반환합니다.
JSON.parse( )	JSON.parse('{"name" : "value"}');	객체 형태로 작성한 문자열 데이터를 객체로 가공하여 반환합니다.
JSON.stringify( )	JSON.stringify({"name1" : "value1", "name2" : "value2"})	객체를 문자열 데이터로 가공하여 반환합니다.

🔍 JSON.parse( ) 메서드는 입력하는 자료형이 '객체 형태'일 뿐 '문자열'의 데이터를 입력하여 객체를 반환합니다.

Ajax로 JSON 데이터 바인딩하기

바인딩^{Binding}은 '묶다'라는 의미입니다. 비동기 통신 기술을 이용하여 서버 데이터베이스^{DB}에 데
이터를 요청하고, 데이터베이스에 요청한 데이터를 받아 와   🔍 DOM은 Document object Model
HTML 문단 태그에 결합하는 것을 '바인딩'이라고 합니다.   의 줄임말로 문서 객체 모델을 뜻합니다.
   04-1절에서 배웠습니다.

다음은 바인딩 과정을 그림으로 나타낸 것입니다.

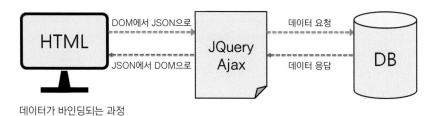

데이터가 바인딩되는 과정

데이터베이스에 데이터를 요청하려면 서버 언어의 지식이 필요합니다. 하지만 이 책의 실습
내용은 서버 언어를 사용하여 데이터베이스를 요청했다는 가정 아래 가상 회원 정보 데이터를
만들어 사용합니다.

1. 가상 회원 데이터베이스 생성하기

모카루^{mockaroo} 웹사이트(https://mockaroo.com/)를 이용하면 데이터베이스에 데이터를
요청하여 받은 것처럼 회원 정보 데이터 파일(JSON)을 생성할 수 있습니다.

❶ 회원 필드에서 id, first_name, last_name, email, gender 필드만 남겨 놓고 나머지 필드는 제거합니다.

❷ 데이터 파일의 저장 형식은 JSON으로 지정합니다.

❸ 클릭해서 데이터를 내려받습니다.

다음은 내려받은 MOCK_DATA.json 파일입니다. 가상 회원 1,000명의 데이터가 배열에 객체(JSON)로 저장되어 있습니다.

JSON 소스 10장\js\MOCK_DATA.json

```
[{"id":1,"first_name":"Hamil","last_name":"Urian","email":"hurian0@sfgate.
com","gender":"Male"},
{"id":2,"first_name":"Misty","last_name":"Simioni","email":"msimioni1@merri-
am-webster.com","gender":"Female"},
{"id":3,"first_name":"Marie","last_name":"Heys","email":"mheys2@nationalgeograph-
ic.com","gender":"Female"},
{"id":4,"first_name":"Walden","last_name":"Viant","email":"wviant3@woothemes.
com","gender":"Male"},
{"id":5,"first_name":"Carson","last_name":"Lesurf","email":"clesurf4@theglobeand-
mail.com","gender":"Male"},
{"id":6,"first_name":"Domeniga","last_name":"Tobin","email":"dtobin5@imgur.
com","gender":"Female"},
{"id":7,"first_name":"Simona","last_name":"Maudlin","email":"smaudlin6@cpanel.
net","gender":"Female"},
…
...]
```

🔑 한 걸음 더!

← → │ JSON이란?

자바스크립트의 객체 표기법을 JSON이라고 합니다. JSON은 데이터를 전달할 때 사용하는 표준 형식으로, 다음은 JSON 표기의 기본형입니다. JSON은 속성(Key)과 값(Value)이 쌍을 이룹니다.

기본형 {"속성1": 값1, "속성2": 값2, "속성3": 값3}

앞에서 내려받은 가상의 회원 정보 데이터 파일(JSON)을 '10장/js' 폴더에 저장합니다. 이때 ajax를 테스트하려면 서버를 설치해 파일을 올리거나 Live Server 플러그인을 이용해야 정상적으로 실행됩니다.

2. HTML에 가상 회원 데이터(JSON)를 불러와 바인딩하기

HTML(jquery_ajax_3.html)에서 $.ajax( ) 메서드로 1,000명의 가상 회원 데이터(JSON)를 불러옵니다. 그런 다음 가상 회원 데이터를 표(Table)로 가공하여 class값이 'wrap'인 문단 태그에 결합하여 출력합니다.

코딩해 보세요! **실습 파일** jquery_ajax_2_test.html **완성 파일** jquery_ajax_2.html

```
07:  <script>
08:  $(function( ) {
09:    $.ajax({
10:      url:"js/MOCK_DATA.json",
11:      dataType:"json",
12:      success:function( data )   ← MOCK_DATA.json이 참조됩니다.
13:        if(data.length > 0) {
14:          var tb = $("<table />");
15:          for(var i in data){
16:            var $id = data[i].id;
17:            var $first_name = data[i].first_name;
18:            var $last_name = data[i].last_name;
19:            var $email = data[i].email;
20:            var $gender = data[i].gender;
21:
22:            var row = $("<tr />").append(
23:                    $("<td />").text($id),
24:                    $("<td />").text($first_name),
25:                    $("<td />").text($last_name),
26:                    $("<td />").text($email),
27:                    $("<td />").text($gender)
28:            );
29:
30:            tb.append(row);
31:          }
32:          $(".wrap").append(tb);
33:        }
34:      }
35:    });
36:  });
37:  </script>
38:  </head>
39:  <body>
40:    <div class="wrap"></div>
41:  </body>
```

배열 객체(JSON)의 데이터가 테이블(⟨tr⟩…⟨/tr⟩)에 각각 한 행씩 출력됩니다.

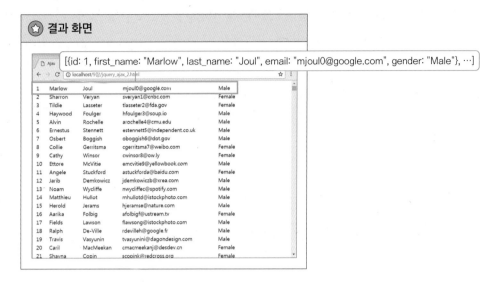

Ajax로 XML 데이터 바인딩하기

이번에는 $.ajax( ) 메서드를 사용하여 비동기 통신 방식으로 요청한 XML^{eXtensible Markup Language} 데이터를 바인딩하는 방법을 알아보겠습니다.

📋 한 걸음 더!

← → | XML이란?

XML은 확장할 수 있는 마크업 언어를 말하며 태그명을 사용자가 임의로 작성할 수 있습니다. 이렇게 사용자가 태그명을 만들어 사용할 수 있어서 관련 지식이 부족해도 됩니다. 즉, 서버의 데이터를 XML 데이터로 가공하는 것은 어렵지 않습니다. 그래서 XML은 주로 데이터를 배포할 목적으로 사용합니다.

XML의 기본형은 다음과 같습니다. 맨 위에는 버전과 인코딩 방식을 선언하고 사용자가 임의로 시작 태그와 종료 태그를 사용하여 구조화된 데이터를 만듭니다.

기본형
```
<?xml version="1.0" encoding="UTF-8"?>
<tag1>
  <tag2>내용</tag2>
</tag1>
```

---

1. 가상 회원 데이터베이스 생성하기

모카루 웹사이트에서 100명의 가상 회원 데이터를 생성하고 XML 형태로 내려받습니다. 내려받은 파일 dataset.xml은 '10장/js' 폴더에 저장합니다.

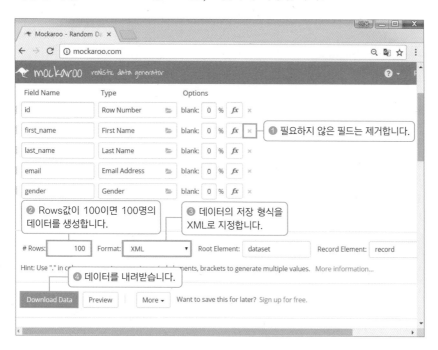

다음은 모카루에서 내려받은 파일로, 100명의 가상 회원 데이터가 〈record〉 태그에 한 명씩 작성되었음을 확인할 수 있습니다.

[예제 10-2-3] XML 소스　source\part_10\js\dataset.xml

```xml
<?xml version='1.0' encoding='UTF-8'?>
<dataset>
<record><id>1</id><first_name>Mariele</first_name><last_name>Thornewill</last_
name><email>mthornewill0@de.vu</email><gender>Female</gender></record>
<record><id>2</id><first_name>Kissiah</first_name><last_name>Genty</last_name><e-
mail>kgenty1@cbc.ca</email><gender>Female</gender></record>
<record><id>3</id><first_name>Hillel</first_name><last_name>Sawkin</last_name><e-
mail>hsawkin2@shop-pro.jp</email><gender>Male</gender></record>
…
</dataset>
```

2. HTML에 가상 회원 데이터(XML)를 불러와 바인딩하기

HTML(jquery_ajax_3.html)에서 $.ajax( ) 메서드를 사용하여 외부 데이터(XML)를 불러옵니다. 그런 다음 불러온 100명의 가상 회원 데이터를 표(Table)로 가공하여 class값이 'wrap'인 문단 태그에 결합해서 출력합니다.

코딩해 보세요!   실습 파일 jquery_ajax_3_test.html   완성 파일 jquery_ajax_3.html

```
07:  <script>
08:  $(function( ) {
09:    $.ajax({
10:      url:"js/dataset.xml",
11:      dataType:"xml",
12:      success:function(data) {
13:        var $data = $(data).find("record");
14:        if($data.length > 0) {
15:          var tb = $("<table />");
16:          $.each($data, function(i, o) {
17:            var $id =
18:            $(o).find("id").text( );
19:
20:            var $first_name =
21:            $(o).find("first_name").text( );
22:
23:            var $last_name =
24:            $(o).find("last_name").text( );
25:
26:            var $email =
27:            $(o).find("email").text( );
28:
29:            var $gender =
30:            $(o).find("gender").text( );
31:
32:            var row = $("<tr />").append(
33:              $("<td />").text($id),
34:              $("<td />").text($first_name),
35:              $("<td />").text($last_name),
36:              $("<td />").text($email),
37:              $("<td />").text($gender)
38:            );
39:
40:            tb.append(row);
```

> dataset.xml에서 find( ) 메서드를 사용해 얻어 낸 <record> 객체를 참조합니다.

```
41:              });
42:              $(".wrap").append(tb);
43:          }
44:      }
45:   });
46: });
47: </script>
48: </head>
49: <body>
50:   <div class="wrap"></div>
51: </body>
```

〈record〉…〈/record〉의 개수만큼 테이블(〈tr〉…〈/tr〉)에 한 행씩 각각 출력됩니다. 즉, 100 명의 가상 회원 데이터가 100행의 테이블에 출력됩니다.

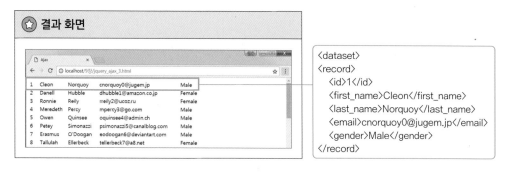

자바스크립트의 보안 정책과 외부 데이터 바인딩하기

자바스크립트의 보안 정책은 자바스크립트로 A 웹사이트(www.aaa.com)의 데이터를 B 웹사이트(www.bbb.com)로 불러오는 것을 허용하지 않습니다. 이 정책을 동일 출처 원칙Same-Origin Policy이라 합니다. 즉, ajax( ) 메서드로는 서로 다른 도메인의 데이터를 전송할 수 없을 뿐만 아니라 교차 도메인Cross-Domain도 허용하지 않습니다.

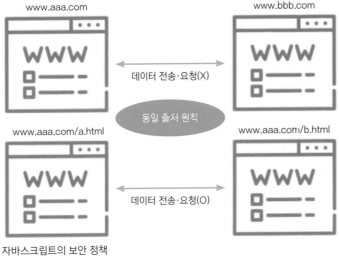

www.aaa.com   www.bbb.com

데이터 전송·요청(X)

동일 출처 원칙

www.aaa.com/a.html   www.aaa.com/b.html

데이터 전송·요청(O)

자바스크립트의 보안 정책

서로 다른 웹사이트에서 데이터를 주고받는 3가지 방법을 알아보겠습니다.

방법 1. 서버 쪽에서 교차 도메인을 허용해 데이터를 불러오기

다음 예시처럼 데이터를 제공하는 서버에서 설정하면 모든 도메인에 데이터를 요청할 수 있도록 허용합니다.

```
PHP 서버일 경우 header("Access-Control-Allow-Origin: *");를 설정합니다.
```

방법 2. 프록시 서버를 사용해 데이터를 우회하여 불러오기

클라이언트에서 요청한 데이터를 처리하는 중간 서버인 프록시 서버^{Proxy Server}를 구축하고, 이 서버에서 교차 도메인을 허용하는 방법입니다. 이 방법은 바로 뒤에 이어지는 'RSS 연동하기' 에서 실습해 보겠습니다.

방법 3. JSONP를 이용하여 데이터를 불러오기

API 쿼리 스트링의 콜백 매개변수로 함수명을 서버에 전달하여 클라이언트에서 해당 함수를 호출하고 인자로 데이터를 전달하는 방식입니다. JSONP는 보안에 취약하다는 단점이 있어서 최근에는 많이 사용하지 않으니 이런 사용 방법이 있다는 것만 알아 두세요.

다음은 php의 경우입니다.

```php
<?php
  $data = '[
    {"id": "1","name": "Choldcroft", "email": "dcroft0@hibu.com"},
    {"id": "2","name": "Axcell", "email": "laxcellc@ebay.co.uk"}
  ]';
  echo $_GET["callback"]."(".$data.")";
?>
```

다음은 자바스크립트의 경우입니다.

```javascript
<script>
  $(function() {
    var href = "http://localhost/sample.php?callback=myFnc";
    $.ajax({
      url: href,
      dataType: "jsonp"
    }).done(function myFnc(data){
      console.log(data);
    });
  });
</script>
```

자바스크립트의 경우 URL값인 API에 쿼리 스트링으로 매개변수와 값(?callback=myFnc)을 적용한 부분에 주목하세요. 서버 스크립트(php)에서는 callback에 myFnc가 전달되고 echo $_GET["callback"]."(".$data.");가 실행되어 myFnc($data)가 호출됩니다. 그 결과 클라이언트 스크립트인 done에는 콜백 함수가 호출되고 data 매개변수에는 데이터가 전달되어 콘솔 창에 정상으로 출력됩니다.

RSS 연동하기

이번에는 신문사 웹사이트에 접속하여 오늘의 주요 뉴스로 신문사 새 소식인 RSS^{Really Simple Syndication}를 불러오는 방법을 알아보겠습니다. 자바스크립트는 동일 출처 원칙에 따라 도메인이 다른 웹사이트는 서로 데이터를 요청할 수 없습니다.

← →   RSS란?

RSS^{Really Simple Syndication}란 '초간편 배포'를 의미합니다. 즉, 새로운 읽을거리가 자주 갱신되는 블로그나 뉴스에서 주로 사용하는 XML을 기반으로 하는 콘텐츠 배급 형식입니다. RSS를 사용하면 뉴스나 블로그에서 관심 있는 읽을거리만 모아서 볼 수 있디는 장점이 있습니다. 또한 웹사이트 연동할 수도 있습니다. 웹사이트에 RSS를 연동하면 자신이 운영하는 웹사이트의 내용이 풍부해져서 설치하기 선보다 방문자가 늘어나는 효과를 얻을 수 있습니다.

신문사 RSS의 XML URL 경로 복사하기

조선닷컴 RSS(https://rssplus.chosun.com)를 방문하여 '오늘의 주요뉴스' 오른쪽에 있는 [RSS]를 클릭한 다음, XML URL(https://myhome. chosun.com/rss/www_section_rss.xml) 경로를 복사합니다.

🔍 신문사 웹사이트 업데이트에 따라 카테고리나 기사가 변경될 수 있습니다.

그런 다음 $.ajax( ) 메서드를 사용해 신문사 RSS를 가져옵니다. 하지만 동일 출처 원칙에 따라 RSS를 불러오지 못하고 오류가 발생합니다.

```
07:  <script>
08:  $(function( ) {
09:    $.ajax({
10:      url:"http://myhome.chosun.com/rss/www_section_rss.xml",
11:      dataType:"xml",
12:      success:function(data) {
13:        console.log(data);
14:      }
15:    });
16:  });
17:  </script>
18:  </head>
19:  <body>
20:    <div class="wrap"></div>
21:  </body>
```

결과 화면

동일 출처 원칙에 따라 오류가 발생합니다.

프록시 서버를 이용해 교차 도메인 데이터(XML) 불러오기

중간 서버인 프록시 서버를 이용해 데이터를 불러와서 교차 도메인을 허용하는 방법을 알아보겠습니다. 먼저 데이터를 불러오는 중간 서버인 프록시 서버를 구축해 보겠습니다.

1. 노드 웹사이트(https://nodejs.org/en)에 접속해 Node.js를 내려받아 설치합니다.

2. 비주얼 스튜디오 코드에서 10장 폴더를 열고 프록시 서버를 구축할 폴더를 생성해서 이름 은 'server'로 지정합니다. 탐색기에서 server 폴더를 마우스 오른쪽 버튼으로 눌러 [Open in Integrated Terminal(통합 터미널에서 열기)]를 선택한 후, 터미널에 'npm init -y'를 입 력하고 실행하여 초기 노드제이에스 패키지 관리(npm) 파일을 생성합니다.

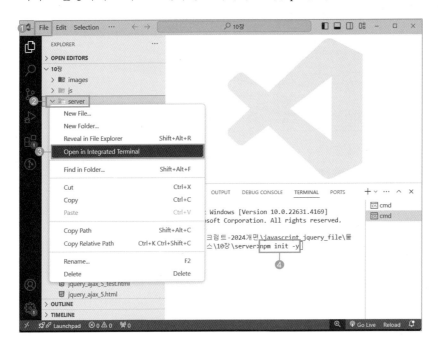

3. 다음 명령어를 터미널에 입력해 서버를 구축하고, 데이터를 요청하는 express, request 패키지와 교차 도메인을 허용하는 cors 패키지를 설치합니다.

🔍 패키지란 노드제이에스에서 특정 기능을 구현한 자바스크립트 모듈의 집합체입니다.

```
npm install express
npm install request
npm install cors
```

다음과 같이 입력해 패키지를 한 번에 여러 개 설치할 수도 있습니다.

```
npm install express request cors
```

4. server 폴더에 proxy.js 파일을 만들고 프록시 서버를 생성하는는 코드를 작성합니다.

</> 코딩해 보세요!　　　　　**실습 파일** proxy_test.js　　**완성 파일** proxy.js

```
07:  const express = require('express');
08:  const request = require('request');
09:  const cors = require('cors');
10:  const app = express();
11:  app.use(cors());
12:
13:  app.get('/proxy', function(req, res) {
14:      const url = req.query.url;
15:      if(!url) {
16:          return res.status(400).send('URL이 필요합니다.');
17:      }
18:      console.log(url);
19:      request(url).pipe(res);
20:  });
21:
22:  app.listen(3000, function() {
23:      console.log('3000 포트 프록시 서버가 실행 중입니다.');
24:  });
```

07~09행 서버를 구축하려고 설치한 모듈들을 가져와 변수에 각각 할당합니다.

10행 express를 사용해 프록시 서버를 구축할 함수를 호출하고 설정하는 데 필요한 객체를 app에 할당합니다.

11행 서버에 교차 도메인을 허용하도록 설정합니다.

13~19행 서버에 URL(http://localhost:3000/proxy)을 설정하고 클라이언트 요청과 응답에 필요한 콜백 함수를 작성합니다. 이때 데이터를 요청하는 데 필요한 API URL이 정상으로 전달되면 응답받은 데이터를 pipe로 전달하고, 그렇지 않으면 if 문을 수행해 'URL이 필요합니다.'라는 오류 메시지를 반환합니다.

22~24행 익스프레스 서버가 정상으로 실행되면 터미널 창에 '3000 포트 프록시 서버가 실행 중입니다.'라는 문구가 출력됩니다.

5. 프록시 서버를 실행합니다. 다음 명령어를 입력하고 Enter를 누르면 서버를 실행합니다. '3000 포트 프록시 서버가 실행 중입니다.'라는 메시지가 출력되면 http://localhost:3000/proxy 서버가 정상으로 동작하는 것입니다.

```
node proxy
```

6. 이제 프록시 서버를 이용해 RSS 불러오기를 테스트해 보겠습니다.

> **</> 코딩해 보세요!** **실습 파일** jquery_ajax_5_test.html **완성 파일** jquery_ajax_5.html

```
07:  <script>
08:  $(function() {
09:    const proxyServerUrl = 'http://localhost:3000/proxy';
10:    const xmlFileUrl = 'http://myhome.chosun.com/rss/www_section_rss.xml';
11:    $.ajax({
12:      url: proxyServerUrl,
13:      data: {url: xmlFileUrl},
14:      dataType:"xml",
15:      success: function(data) {
16:        let $items = $(data).find("item");
17:
18:        if($items.length > 0) {
19:          $items = $items.slice(0, 10);
20:          const $ulTag = $("<ul />");
21:          $.each($items, function(i, o) {
22:            const $title = $(o).find("title").text();
```

```
23:                const $link = $(o).find("link").text();
24:
25:                const $aTag = $("<a />")
26:                .attr({
27:                  "href":$link,
28:                  "target":"_blank"
29:                  })
30:                .text($title);
31:
32:                const $liTag = $("<li />")
33:                .append($aTag);
34:
35:                $ulTag.append($liTag);
36:            });
37:            $(".wrap").append($ulTag);
38:        }
39:    }
40:  });
41: });
42: </script>
43: </head>
44: <body>
45:   <div class="wrap"></div>
46: </body>
```

09~10행 변수 proxyServerUrl에는 프록시 서버 URL을 할당하고, 변수 xmlFileUrl에는 RSS URL을 할당합니다.

12~13행 데이터 요청 url로 프록시 서버 URL을 설정하고 전달할 data로 RSS URL을 url 키 값으로 설정합니다.

16행 응답받은 XML 데이터에서 item 태그를 찾아 배열로 반환합니다.

18행 배열에 담긴 item 객체가 0개 이하일 경우에는 이후 과정을 실행하지 않습니다.

19행 배열의 0부터 9까지 인덱스에 담긴 item만 잘라서 $items에 할당합니다.

21~36행 each를 사용해 배열에 있는 모든 item을 순서대로 반복합니다. 이때 매개변수 o에는 배열의 인덱스가 순서대로 할당됩니다. 반복할 때마다 매개변수 o에 해당하는 item에서 title 태그와 link 태그의 텍스트값을 가져와 각각 title과 link 변수에 할당합니다. 변수 link의 값은 〈a〉 태그에 href 속성으로 사용하며 text는 〈a〉 태그의 텍스트로 표시됩니다.

32~37행 생성된 〈a〉 태그를 〈li〉에 추가하고 이 〈li〉를 다시 〈ul〉에 추가하여 최종으로 생성된 〈ul〉을 〈wrap〉에 추가합니다.

위 예제를 실행하면 다음과 같이 오늘의 주요 뉴스 데이터 10개가 출력됩니다. 기사 제목을 클릭하면 기사의 상세 페이지로 이동합니다.

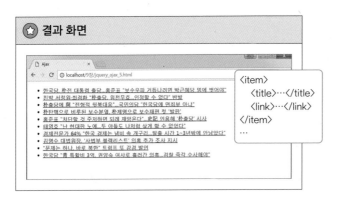

비동기 작업을 관리하는 디퍼드 객체

06-2절에서는 자바스크립트를 사용해 비동기 방식의 약속 객체 new Promise를 사용해 보았습니다. 제이쿼리에는 이 약속 객체처럼 약속의 성취 여부를 판단할 수 있는 디퍼드 객체가 있고, 이 객체를 생성할 수 있는 유틸 메서드인 '$.Deferred( )'가 존재합니다. 다음은 디퍼드 객체의 기본형과 예시입니다.

기본형

```
function 함수명(result) {
var deferred = $.Deferred();          //디퍼드 객체를 생성
if(result) {                          //result가 true이면 실행
예
❶ deferred.resolve('성공 메시지');      //약속 성취 여부 상태를 성취됨으로 설정
} else {
❷ deferred.reject('실패 메시지');       //약속 성취 여부 상태를 거부됨으로 설정
}
return deferred.promise();            //약속 성취 여부 상태를 반환
}
함수명([true, false])
.done((매개변수) => {…})
.fail((매개변수) => {…})
.then((매개변수) => {…})
.always((매개변수) => {…});
```

done은 약속 상태가 성취된 경우에 콜백 함수를 수행하고, fail은 약속 상태가 거부된 경우에 콜백 함수를 수행합니다. then은 done과 유사하게 약속이 성취된 경우 실행하지만 콜백 함수 내에서 체이닝 기법으로 추가 약속을 연결할 수 있습니다. 마지막으로 always는 약속 상태와 상관없이 항상 실행합니다.

🔍 체이닝(chaining)은 함수를 호출한 결과로 반환된 값을 이용해 연속해서 다른 함수를 호출하는 기법입니다. 07-2절 223쪽 [한 걸음 더!]를 참고하세요.

다음 예제를 따라 해보며 디퍼드 객체의 사용법을 자세히 익혀 보겠습니다. 디퍼드 객체를 생성한 후 약속 상태가 성취됨으로 설정되면 done, then, always에 설정한 콜백 함수를 실행하고, 반대로 거부된다면 fail, always의 콜백 함수를 수행합니다.

> ⟨/⟩ **코딩해 보세요!**　　**실습 파일** jquery_Deferred_1_test.html　　**완성 파일** jquery_Deferred_1.html

```
07:  <script>
08:    function deferredTest(result) {
09:      const deferred = $.Deferred();
10:
11:      setTimeout(() => {
12:        if(result) {
13:          deferred.resolve('성공');     //result가 true이면 수행
14:        } else {
15:          deferred.reject('실패');      //result가 false이면 수행
16:        }
17:      }, 1000);
18:
19:      return deferred.promise();
20:    }
21:
22:    deferredTest(true)
23:    .done((data) => {
24:      console.log('done: ', data);     //data에는 "deferred.resolve('성공');"에서 전달된 값('성공')
25:    })
26:    .fail((data) => {
27:      console.log(data);
28:    })
29:    .then((data) => {
30:      console.log('then1: ', data);    //data에는 "deferred.resolve('성공');"에서 전달된 값('성공')
31:      return $.ajax("https://jsonplaceholder.typicode.com/posts/1")
32:    })
33:    .then((data) => {
```

```
34:         console.log('then2: ', data);    //data에는 앞에 then에서 return된 값
35:     })
36:     .always(() => {
37:       console.log('항상 실행')
38:     });
39: </script>
```

22행 08행의 deferredTest( ) 함수를 호출하며 인잣값 true를 result 매개변수에 전달합니다.

08~20행 $.Deferred( );로 디퍼드 객체를 생성하고 이를 deferred 변수에 참조합니다.
setTimeout을 사용해 1초(1000ms) 후에 콜백 함수를 실행합니다. 이 콜백 함수에서 result
매개변수의 값에 따라 약속 상태가 결정되며 promise( ) 함수로 외부에서는 약속 상태를 변경
할 수 없도록 보호된 객체를 반환합니다.

23~37행 약속 상태를 성취됨으로 설정하면 23행의 done, 29행의 then, 36행의 always의 콜
백 함수를 실행합니다. 반대로 거부됨으로 설정하면 fail과 always의 콜백 함수를 실행합니다.

29~32행 약속 상태가 성취됨이면 첫 번째 then의 콜백 함수를 실행하고 여기서 $.ajax를 호
출하여 데이터를 요청합니다. 이때 요청을 성공하면 두 번째 then의 콜백 함수를 실행하고
data 매개 변수에는 요청한 데이터가 JSON 객체로 반환됩니다.

첫 번째 약속 상태를 성취됨으로 설정하면 done과 첫 번째 then을 수행하고, 콜백 함수에서
$.ajax로 요청한 데이터를 정상으로 불러오면 두 번째 then에 콜백 함수를 실행해 콘솔 창에
다음과 같이 결과가 출력됩니다.

총정리 실습 | Ajax로 로그인 프로그램 만들기

Ajax로 로그인 인증을 하는 프로그램을 만들어 보겠습니다. 이 프로그램을 만들려면 먼저 서버를 구축하고 토큰^{Token}의 기본 개념을 이해해야 합니다. 서버를 구축할 때 사용할 JWT^{JSON Web Token} 인증 방식을 살펴보겠습니다. 이 과정에서 노드제이에스와 백엔드 개발에 관한 내용을 다뤄서 조금 낯설 수도 있지만 회원 로그인 원리만 이해하면 되니 천천히 따라오세요.

🔍 JWT는 사용자 정보나 인증 정보를 담아 안전하게 주고받을 수 있는 토큰입니다.

먼저 회원 로그인을 위한 토큰 인증 방식을 알아보겠습니다. 회원 가입을 한 회원이 로그인 할 때 다음 4단계를 거칩니다.

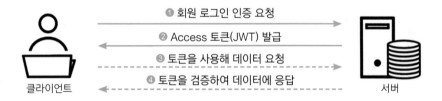

❶ 회원 로그인 인증 요청
❷ Access 토큰(JWT) 발급
❸ 토큰을 사용해 데이터 요청
❹ 토큰을 검증하여 데이터에 응답

클라이언트　　　서버

❶ 사용자가 아이디와 비밀번호를 입력하고 [로그인] 버튼을 누르면 서버에 로그인 인증 요청을 전송합니다.
❷ 서버는 인증을 요청한 아이디와 비밀번호가 일치하는지 검사하고, 일치한다면 Access 토큰(JWT)을 발급합니다.
❸ 이후 회원 검증이 필요한 데이터를 요청하는 경우에는 발급한 Access 토큰을 'Authorization' 헤더에 넣어 전달합니다.
❹ 유효한 토큰이면 서버는 요청한 데이터에 정상으로 응답합니다.

이제 실습으로 로그인 인증을 하는 프로그램을 자세히 알아보겠습니다. Access 토큰을 생성하는 데 필요한 jsonwebtoken 패키지와 클라이언트 쪽에서 보낸 데이터를 처리하는 데 필요한 body-parser 패키지를 설치하겠습니다.

1. 프록시 서버 실습에서 생성한 server 폴더를 선택하고 [통합 터미널에서 열기]를 클릭합니다. 통합 터미널 창에 다음을 입력해 패키지를 설치합니다.

🔍 앞에서 노드제이에스 서버를 구축하지 않았다면 375쪽 '프록시 서버를 이용해 교차 도메인 데이터(XML) 불러오기' 실습을 참고해서 서버를 구축할 때 필요한 express 패키지를 설치하세요.

```
npm install jsonwebtoken body-parser
```

2. 회원 가입을 한 방문자가 로그인을 시도했을 때 인증하는 서버를 구축해 보겠습니다. certification.js 파일을 생성하고 다음 코드를 입력하세요.

> **</> 코딩해 보세요!** **실습 파일** certification_test.js. **완성 파일** certification.js

```
01:  const express = require('express');
02:  const jwt = require('jsonwebtoken');
03:  const bodyParser = require('body-parser');
04:  const cors = require('cors');
05:  const app = express();
06:
07:  app.use(bodyParser.json());
08:  app.use(cors());
09:
10:  //토큰 생성 관리 키
11:  const SECRET_KEY = 'a1234';
12:
13:  //회원 DB
14:  const users = [
15:    {name: '홍길동', id: 'abcd1', password: '123456'},
16:    {name: '김갑수', id: 'abcd2', password: '568789'}
17:  ];
18:
19:  app.post('/login', (req, res) => {
20:    const {userid, password} = req.body;
21:    const user = users.find(u => u.id === userid && u.password === password);
22:
23:    if (user) {
24:        // 회원 정보가 일치하면 JWT 발급
25:        const token = jwt.sign({ userId: user.id }, SECRET_KEY, { expiresIn: '1m' });
26:        res.json({token});
27:    } else {
28:        res.status(401).json({message: '일치하는 아이디 비밀번호가 없습니다.'});
29:    }
30:  });
31:
32:  app.get('/token-valid', (req, res) => {
33:  const token = req.headers['authorization']?.split(' ')[1];
34:
35:    try {
36:        const decoded = jwt.verify(token, SECRET_KEY);
37:        res.json({message: '사용자 아이디 정보', userId: decoded.userId});
```

```
38:
39:     } catch (error) {
40:         res.status(401).json({message: '토큰이 유효하지 않습니다.'});
41:     }
42: });
43:
44: app.listen(3000, () => {
45:     console.log('http://localhost:3000 서버 실행 중');
46: });
```

01~05행 필요한 모듈을 불러옵니다. 04행의 cors는 로그인 URL과 인증 서버의 URL이 다를 때 교차 도메인 문제를 해결하는 데 사용합니다. express( )를 사용해 서버를 구축하며 이 서버는 HTTP 요청을 받거나 응답을 보냅니다.

07~08행 app.use(bodyParser.json( ))는 사용자(client)가 서버에 JSON 데이터를 보낼 때 서버가 쉽게 처리할 수 있게 도와줍니다. app.use(cors( ))는 서로 다른 도메인 간에 요청과 응답을 할 수 있도록 해줍니다. 사용자와 서버가 교차 도메인이더라도 요청과 응답을 할 수 있습니다.

11~17행 SECRET_KEY는 토큰을 생성할 때 사용하는 비밀번호입니다. users 배열에는 회원 가입을 한 사용자의 정보를 저장한 DB가 할당되어 있습니다.

19~30행 사용자(client)가 [Login] 버튼을 클릭하면 인증을 수행하는 미들웨어가 실행됩니다. If 조건문을 사용하여 일치하는 아이디와 비밀번호가 있으면 토큰을 발행합니다. { expiresIn: '1m' });은 토큰의 유효 만료 기간이고, '1m'은 1분을 의미합니다. 참고로 1시간은 '1h', 1일은 '1d'로 표기합니다. 인증에 실패하면 401 오류와 오류 메시지 응답을 보냅니다.

미들웨어는 클라이언트 쪽 요청을 검사하고 수정해서 응답해 주는 역할을 합니다.

32~41행 이 미들웨어는 사용자가 이전에 로그인한 경우 발행한 토큰이 유효한지 검사합니다. 토큰은 헤더의 Authorization에 Bearer Token 문자열로 전달됩니다. jwt.verify( )를 사용해 발급한 토큰을 확인하고 유효한 경우 인코딩된 토큰 JSON을 디코드합니다. 디코드한 토큰 JSON에서 사용자 아이디를 추출하여 응답합니다. 암호화된 토큰에 담긴 정보를 알아볼 수 있는 문자로 변환하여 전달한다고 생각하면 됩니다.

43~45행 서버가 정상으로 실행되면 콘솔 창에 실행 중임을 알리는 메시지를 출력합니다.

3. 아이디와 비밀번호를 입력하는 로그인 화면을 만들고. 로그인 버튼을 클릭했을 때 입력한 아이디와 비밀번호를 서버에 전송해서 인증해 보겠습니다.

</> 코딩해 보세요! **실습 파일** jquery_member_login_test.html   **완성 파일** jquery_member_login.html

```
07: <script>
08: $(function() {
09:   const loginWrap = document.querySelector('.login-wrap');
10:
11:   $("#loginForm").on('submit', function(e) {
12:     e.preventDefault();
13:
14:     const userid = $("#userid").val();
15:     const password = $("#password").val();
16:     try {
17:       $.ajax({
18:           url: 'http://localhost:3000/login',
19:           type: 'POST',
20:           contentType: 'application/json',
21:           data: JSON.stringify({userid, password}),
22:           success: function(response) {
23:               localStorage.setItem('token', response.token);
24:               loginWrap.innerHTML = `${userid} 님 환영합니다.`;
25:               alert("성공적으로 토큰이 발급되었습니다.");
26:           },
27:           error: function(xhr) {
28:               alert(xhr.responseJSON.message);
29:           }
30:       });
31:     } catch (error) {
32:       console.log(error.message)
33:     }
34:   });
35:
36:   const tokenValid = () => {
37:     const token = localStorage.getItem('token');
38:     if(!token) return;
39:
40:     $.ajax({
41:         url: 'http://localhost:3000/token-valid',
42:         type: 'GET',
43:         headers: {
```

```
44:                    'Authorization': `Bearer ${token}`
45:                },
46:                success: function(data) {
47:                    loginWrap.innerHTML = `${data.userId} 님 환영합니다`;
48:                },
49:                error: function(xhr) {
50:                    if(xhr.status == 401) {
51:                        console.log(xhr.responseJSON.message)
52:                    }
53:                }
54:            });
55:        }
56:
57:        tokenValid();
58:    });
59: </script>
60: </head>
61: <body>
62: <h1>로그인</h1>
63:    <div class="login-wrap">
64:      <form id="loginForm">
65: <p><input type="text" id="userid" placeholder="아이디 입력" required></p>
66:        <p><input type="password" id="password" placeholder="패스워드 입력" auto-
    complete="false" required></p>
67:          <button type="submit">Login</button>
68:      </form>
69:    </div>
70: </body>
```

63~69행 아이디와 비밀번호를 입력받고 [로그인] 버튼을 클릭하면 submit 이벤트가 발생하여 11~34행의 이벤트 핸들러가 실행됩니다.

11~34행 14~15행에서 사용자가 입력한 아이디와 비밀번호를 변수에 각각 할당합니다. ajax를 이용해 POST 방식으로 'http://localhost:3000/login'에 아이디와 비밀번호를 전달하고 인증을 요청합니다. 인증이 정상으로 처리되어 토큰을 발급하면 success에 콜백 함수가 실행되고 localStorage.setItem('token', response.token)을 통해 미들웨어에서 받은 토큰을 로컬 스토리지에 저장합니다. 저장한 토큰은 크롬 개발자 도구의 애플리케이션 탭에서 확인할 수 있습니다.

57행, 36~55행 페이지를 불러올 때 tokenValid( ) 함수가 호출됩니다. 이 함수는 로컬 스토리지에 저장된 토큰을 불러오고, 토큰이 없으면 return 문으로 실행을 중단합니다. 토큰이 있다면 'http://localhost:3000/token-valid'에 현재 발급된 토큰이 유효한지 확인하는 요청을 보냅니다. 이때 토큰은 headers에 객체 형식으로 Authorization 키에 Bearer 문자열과 함께 전달됩니다. 토큰이 유효하면 success의 콜백 함수가 실행되고 로그인 화면에 '(아이디)님 환영합니다.'라는 메시지를 출력합니다. 유효하지 않은 토큰이면 error의 콜백 함수가 실행되어 미들웨어에서 발행한 오류값이 401일 경우 '토큰이 유효하지 않습니다.'라는 메시지가 콘솔 창에 출력됩니다.

정상으로 로그인되었다면 다음처럼 '성공적으로 토큰이 발급되었습니다.'라는 메시지를 출력합니다.

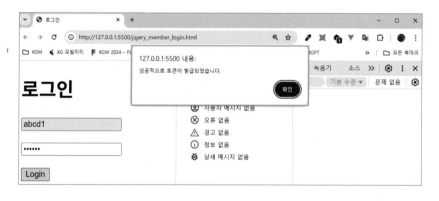

토큰은 발급받은 후 1분 동안 유효하므로 이 시간 동안 웹 브라우저에서 새로 고침 아이콘 ⟳ 을 클릭해도 로그인 인증 상태가 유지됩니다.

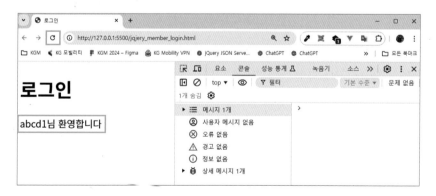

토큰을 발급받고 나서 1분 후에 새로 고침 아이콘을 클릭하면 다음처럼 콘솔 창에 401 오류가 발생하며 '토큰이 유효하지 않습니다.'라는 메시지를 출력합니다.

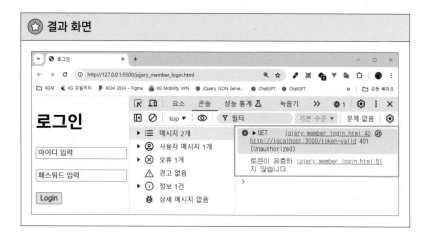

발급받은 토큰은 크롬 개발자 도구 [애플리케이션] 탭의 [로컬 스토리지]에서 확인할 수 있습니다.

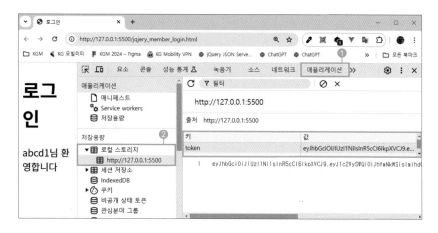

☆ 마무리 문제 ☆

 Q1 다음은 어떤 메서드를 설명한 내용인가요?

> 입력 요소의 이름과 값을 쿼리 스트링(query string) 형식의 데이터로 재가공하여 반환합니다.

① $.get( )
② $.getScript( )
③ serialize( )
④ serializeArray( )

 Q2 다음 중 JSON 데이터 입력 방식은?

① [key1 : value1, key2 : value2]
② value1, value2
③ [value1, value2]
④ { "key1" : value1, "key2" : value2 }

 Q3 다음 중 XML을 잘못 설명한 것은?

① 확장할 수 있는 구조화된 언어이다.
② 서버에 접근하지 못하는 프로그램도 데이터를 요청할 수 있다.
③ 반드시 지정한 태그를 사용해야 한다.
④ 파일을 저장할 때 확장자는 .xml이다.

1. ③, 2. ④, 3. ③

11 | 제이쿼리 플러그인

플러그인이란 다양한 기능을 구현해 놓은 제이쿼리 라이브러리입니다. 수많은 개발자가 만들어 놓은 플러그인이 여러 웹사이트에서 무료로 배포되고 있습니다. 제이쿼리 플러그인을 내려받아 연동하면 제이쿼리로 구현하기 어려운 다양한 기능을 쉽고 간단하게 사용할 수 있어서 웹사이트를 제작할 때 많이 애용합니다. 이 장에서는 플러그인의 개념과 플러그인을 웹사이트에 적용하는 방법을 알아봅니다. 그리고 사용 빈도가 높은 플러그인을 선정하여 실습해 보겠습니다.

제이쿼리 플러그인이란?

제이쿼리 플러그인이란?

제이쿼리 플러그인^{Plug-in}은 가전제품의 플러그를 연상하면 이해하기 쉽습니다. 예를 들어 전기 포트의 플러그를 콘센트에 꽂아야 전기 포트를 사용할 수 있겠죠. 제이쿼리 플러그인도 가전제품의 플러그 기능과 비슷한 역할을 합니다.

전기 포트를 사용하려면 플러그를 콘센트에 꽂아야 합니다.

제이쿼리 플러그인은 드래그&드롭, 슬라이드 배너, 툴 팁 등의 기능을 여러 개발자가 구현해 놓은 프로그램을 자바스크립트 파일로 제공하는 제이쿼리 라이브러리를 말합니다. 이 제이쿼리 플러그인도 가전제품의 플러그처럼 내 웹 문서에 연동하면 바로 사용할 수 있습니다.

제이쿼리 플러그인은 사용하고 싶은 기능의 플러그인을 검색하여 내려받아 웹 문서에 연동한 후 선택한 요소에 기능^{Method}만 적용하면 간단한 코드 삽입만으로도 복잡하고 어려운 기능을 쉽게 구현할 수 있습니다. 그리고 거의 모든 플러그인에는 예제^{Demo} 파일이 포함되어 있으므로 이 예제를 참고하면 누구나 웹 문서에 플러그인 기능을 어렵지 않게 적용할 수 있습니다. 만약 플러그인을 상업용으로 사용하려면 저작권^{License}을 잘 살펴봐야 합니다. 저작권 내용은 보통 플러그인 문서 상단에 있으며, 저작권 내용을 반드시 코드에 포함하여 사용해야 합니다. 다음은 무료로 사용할 수 있는 저작권의 종류입니다.

무료 저작권의 종류

구분	종류
자유 수정 가능	MIT, BSD, Apache, Public Domain, Free
수정 시 부분 공개	LGPL, MPL

← → 　제이쿼리 플러그인은 어디에서 내려받을 수 있나요?

제이쿼리 플러그인은 구글, 네이버 등 웹사이트에서 검색하거나 다음과 같이 다양한 제이쿼리 플러그인 오
픈 소스를 제공하는 HTML DRIVE와 Best jQuery 웹사이트에서 내려받을 수 있습니다.

HTMLDRIVE(http://www.htmldrive.net/)

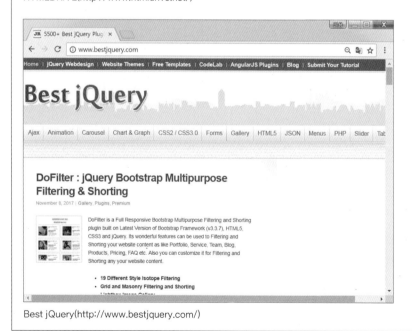

Best jQuery(http://www.bestjquery.com/)

플러그인 연동하기

플러그인은 제이쿼리를 이용하여 만든 소스이므로 내려받은 플러그인을 HTML에 연동할 때는 제이쿼리 라이브러리 연동 태그 아래에 작성해야 합니다.

플러그인 연동을 위한 태그의 위치와 순서

```
<head>
  <script>
      ❶ 제이쿼리 라이브러리 연동
      ❷ 플러그인 연동
  <script>
</head>
```

11-2
제이쿼리 UI 플러그인 활용하기

제이쿼리 UI 플러그인

UI^{User Interface} 플러그인은 사용자 환경을 개발하는 데 매우 유용한 메서드를 제공합니다. 예를 들어 선택한 요소를 마우스로 이동할 수 있는 드래그 기능, 요소가 펼쳐졌다가 오므라드는 아코디언 기능, 지정한 요소에 마우스를 올렸을 때 툴 팁(설명 정보 창)을 나타내는 기능 등 다양하고 편리한 기능을 사용자 환경에 쉽고 빠르게 적용할 수 있습니다.

더 다양한 제이쿼리 UI는 https://jqueryui.com/에서 내려받으세요.

여기서는 레이어 팝업에 드래그 기능을 적용해 마우스로 팝업을 이동할 수 있는 예제를 만들어 보겠습니다.

테마를 지정한 UI 플러그인 내려받기

다음 순서대로 자신의 개발 환경에 맞는 디자인 테마를 선택해 UI 플러그인을 내려받아 보겠습니다.

1. 먼저 JQuery UI 웹사이트인 제이쿼리 UI(https://jqueryui.com/)에 접속하여 자신이 제작하는 사용자 환경의 디자인과 잘 어울리는 디자인 테마^{Themes}를 선택합니다. 여기서는 [Themes → Gallery]를 선택하고 원하는 디자인 테마의 [Download] 버튼을 누릅니다.

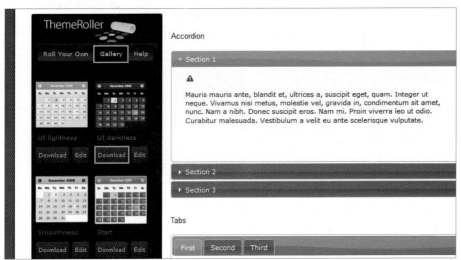

2. 다운로드 페이지로 이동한 후 자신에게 필요한 메서드만 체크하고 화면 왼쪽 아래에서
[Download] 버튼을 눌러 커스터마이징한 파일을 저장합 ⊕ 커스터마이징(Customizing)이란 자신
니다. 지금은 모두 체크된 기본 상태로 내려받습니다. 에게 필요한 기능만 체크하여 가져온 파일
을 말합니다.

3. 내려받은 파일의 압축을 풀면 CSS, HTML, JS 등의 파일로 구성된 것을 알 수 있습니다. CSS 파일에는 선택한 테마가 설정되어 있습니다. 스타일을 직접 작성할 경우라면 연동하지 않아도 됩니다. JS 파일은 jQuery UI의 다양한 함수가 작성된 라이브러리 파일입니다. 파일명에 'min'이 포함되어 있으면 압축한 파일을 의미합니다.

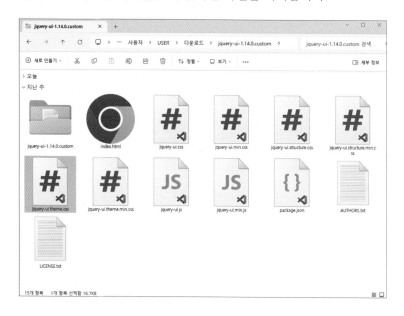

이번 실습에서는 플러그인을 개발하지 않으므로 용량이 가벼운 압축 파일을 사용하겠습니다. JS 파일은 css 폴더로, JS 파일은 js 폴더로 이동하고 images 폴더는 css 폴더에 넣습니다.

이번 실습에서 사용할 파일은 다음과 같습니다.

실습에서 사용할 파일의 종류

종류	설명
index.html	Jquery UI 기본 샘플 파일입니다.
jquery-ui.structure.css	제이쿼리 UI 컴포넌트의 구조 스타일만 정의한 파일입니다.
jquery-ui.structure.min.css	
jquery-ui.css	제이쿼리 UI 컴포넌트의 구조와 기본 테마 스타일을 정의한 파일입니다.
jquery-ui.min.css	
jquery-ui.js	제이쿼리 UI 컴포넌트의 핵심 기능을 정의한 스크립트 파일입니다.
jquery-ui.min.js	
images	제이쿼리 UI 컴포넌트의 스타일에 사용하는 여러 이미지입니다.

UI 플러그인으로 드래그 레이어 창 만들기

앞에서 내려받은 UI 플러그인 파일을 연 후 마우스로 드래그하여 이동할 수 있는 레이어 팝업을 만들어 보겠습니다. 먼저 제이쿼리 UI 웹사이트에서 완성한 예제Demo 미리 보기를 구경해 보세요.

1. 제이쿼리 UI 웹사이트의 위쪽 메뉴에서 ❶ [Demos]를 눌러 완성한 예제 미리 보기 페이지로 이동합니다. 예제를 만들 때 필요한 기능은 ❷ 'Draggable'입니다. 이동한 페이지에서 [Draggable] 예제를 선택하고 완성한 예제Demo를 보며 스크롤해서 아래로 내려가 ❸ [view source]를 클릭합니다. 소스 코드를 보며 Draggable 기능을 어떻게 적용했는지 분석해 보세요.

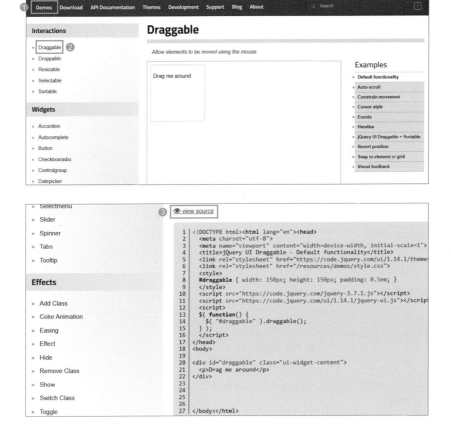

2. 이제 코드를 작성해 보겠습니다. 다음과 같이 레이어 팝업 창을 만들고 UI 플러그인의 드래그 기능을 적용합니다. 예제 코드를 참고하여 draggable( ) 메서드를 선택한 요소에 적용하면 됩니다.

```
06:   <script src="js/jquery.js"></script>
07:   <script src="js/jquery-ui.min.js"></script>
08:   <style>
09:     .layer_popup{
10:       position: absolute; left: 50px; top: 50px;
11:       cursor: move;
12:     }
13:   </style>
14:   <script>
15:     $(function() {
16:       $(".layer_popup").draggable();
17:     });
18:   </script>
19:   </head>
20:   <body>
21:   <div class="layer_popup">
22:   <img src="images/window_object_1.jpg" alt="">
23:   </div>
24:   </body>
```

마우스로 레이어 팝업을 드래그하면 레이어 팝업을 이동할 수 있습니다.

⭐ 결과 화면

UI 플러그인으로 날짜 설정 달력 만들기

이번에는 UI 플러그인으로 날짜를 설정할 수 있는 달력을 만들어 보겠습니다. 이러한 달력 기능은 호텔 예약이나 항공권 발권 시스템에 사용할 수 있습니다.

1. [Demos] 페이지에서 ❶ [Datepicker]를 선택하면 오른쪽 'Examples'에는 다양한 달력 예제 목록이 있습니다. 여기에서 운영자가 선택할 수 있는 날짜를 지정하는 ❷ [Restrict date range]의 달력 예제를 선택합니다. 그리고 ❸ [view source] 버튼을 눌러 소스 코드를 분석해 보세요.

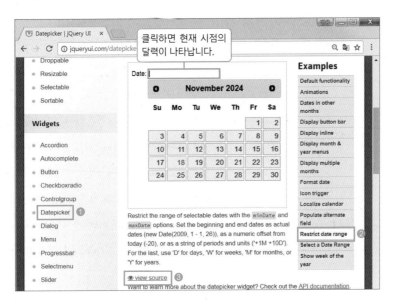

소스 코드를 분석해 보면 datepicker의 날짜 제한 설정을 위해 객체를 전달한다는 것을 알 수 있습니다. 다음과 같은 방법으로 달력 날짜를 설정하면 현재 날짜를 기준으로 20일 전부터 1개월 10일 후까지 선택할 수 있는 달력이 완성됩니다.

```
1  <!doctype html>
2  <html lang="en">
3  <head>
4    <meta charset="utf-8"
5    <meta name="viewport"        달력에 날짜 제한 설정하기
6    <title>jQuery UI Date          - 최소 날짜(minDate): 현재 날짜 - 20
7    <link rel="stylesheet          - 최대 날짜(maxDate): 현재 날짜 +1M + 10D   uery-ui.css">
8    <link rel="stylesheet
9    <script src="https://code.jquery.com/jquery-1.12.4.js"></script>
10   <script src="https://code.jquery.com/ui/1.12.1/jquery-ui.js"></script>
11   <script>
12   $( function() {
13     $( "#datepicker" ).datepicker({ minDate: -20, maxDate: "+1M +10D" });
14   } );
15   </script>
16 </head>
17 <body>
18
19 <p>Date: <input type="text" id="datepicker"></p>
20
21
22 </body>
23 </html>
```

2. 분석한 달력 예제 코드를 참고해 지정한 날짜 기간만 허용하는 달력을 만들어 보겠습니다.

</> 코딩해 보세요!　　　실습 파일 jquery_plugin_2_test.html　　　완성 파일 jquery_plugin_2.html

```
06:  <script src="js/jquery.js"></script>
07:  <script src="js/jquery-ui.min.js"></script>
08:  <link rel="stylesheet" href="css/jquery-ui.min.css">
09:  <script>
10:  $(function() {
11:    $("#startDate").datepicker({
12:      minDate:+1,
13:      maxDate:"+1M"
14:    });
15:  });
16:  </script>
17:  </head>
18:  <body>
19:    <p>
20:      <label for="startDate">날짜 선택</label>
21:      <input type="text" name="startDate" id="startDate">
22:    </p>
23:  </body>
```

12행 달력에서 현재 날짜를 기준으로 최소한 1일 이후부터 선택할 수 있습니다.

13행 달력에서 현재 날짜를 기준으로 최대한 1개월 이후까지 선택할 수 있습니다.

★ 결과 화면

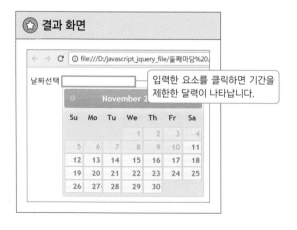

입력한 요소를 클릭하면 기간을 제한한 달력이 나타납니다.

Swiper JS 라이브러리 활용하기

Swiper JS 라이브러리

Swiper JS는 자바스크립트 라이브러리입니다. 플러그인은 반드시 제이쿼리 라이브러리와 함께 사용해야 하지만 자바스크립트 라이브러리는 제이쿼리에 의존하지 않고 독립해서 사용할 수 있습니다. 실무에서 터치 슬라이드 기능을 구현할 때에는 다른 플러그인보다 Swiper JS 라이브러리를 많이 사용합니다.   🔍 Swiper는 스와이퍼라고 읽습니다.

다음은 Swiper JS의 기본형입니다.

기본형	참조 변수 = new Swiper('선택자', {옵션 설정})

터치 슬라이드 기능을 구현하는 Swiper JS 준비하기

1. Swiper JS 웹사이트(https://swiperjs.com/)에서 [Get Started] 버튼을 클릭합니다.

2. Swiper JS는 CDN 방식을 이용해서 파일을 연동하거나 URL로 소스 코드를 내려받아 설치할 수 있습니다. CDN 방식은 다음과 같이 [Use Swiper from CDN]에서 〈link〉와 〈script〉 코드를 복사해서 사용할 HTML의 〈header〉 태그 사이에 붙여 넣으면 설치 준비가 끝납니다.

URL로 소스 코드를 내려받아 설치하려면 〈link〉 코드에서 URL을 복사해 인터넷 주소 창에 붙여 넣고 검색합니다. 다음 화면이 표시되면 [Ctrl] + [S]를 눌러 파일을 저장합니다.

그리고 HTML 문서의 〈head〉 태그에 파일을 연동하는 코드를 작성합니다.

```html
<link rel = "stylesheet" href = "css/swiper-bundle.min.css" />
<script src = "js/swiper-bundle.min.js"></script>
```

3. 이제 Swiper JS를 원하는 이미지에 적용할 차례입니다. 메뉴에서 [Add Swiper HTML Layout]를 클릭하고 제공하는 소스 코드를 복사한 후 코드에 붙여 넣습니다.

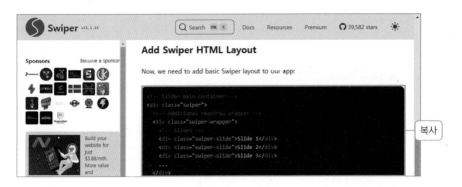

Swiper JS를 테스트할 때 swiper-wrapper와 swiper-slide 클래스의 속성값은 변경하지 않도록 주의해야 합니다. swiper 클래스와 그 밖의 클래스 속성값은 변경해도 되지만 스크립트 소스 코드에서 기능을 적용하려면 선택자가 변경한 클래스값과 일치해야 합니다.

4. 복사한 코드에서 direction 옵션값만 vertical에서 horizontal로 변경합니다. direction 옵션은 슬라이드의 방향을 설정합니다. horizontal로 설정하면 슬라이드가 가로 방향으로 진행됩니다.

</>코딩해 보세요!　　　**실습 파일** jquery_plugin_3_test.html　　　**완성 파일** jquery_plugin_3.html

```
06:  <script src="js/swiper-bundle.min.js"></script>
07:  <link rel="stylesheet" href="css/swiper-bundle.min.css">
08:  <style>
09:    *{margin: 0;padding: 0;}
10:    #gallery_wrap{
11:      position: relative; overflow: hidden;
12:      margin: 0 auto;
13:      width: 640px; height: 480px;
14:    }
15:  #gallery_wrap .swiper-scrollbar-drag {background: yellow;}
16:  </style>
17:  </head>
18:  <body>
19:  <div id="gallery_wrap" class="swiper">
20:    <div class="swiper-wrapper">
```

```
21:        <div class="swiper-slide"><img src="images/pic_1.jpg" alt="사진1"></div>
22:        <div class="swiper-slide"><img src="images/pic_2.jpg" alt="사진2"></div>
23:        <div class="swiper-slide"><img src="images/pic_3.jpg" alt="사진3"></div>
24:        <div class="swiper-slide"><img src="images/pic_4.jpg" alt="사진4"></div>
25:        <div class="swiper-slide"><img src="images/pic_5.jpg" alt="사진5"></div>
26:        <div class="swiper-slide"><img src="images/pic_6.jpg" alt="사진6"></div>
27:        <div class="swiper-slide"><img src="images/pic_7.jpg" alt="사진7"></div>
28:        <div class="swiper-slide"><img src="images/pic_8.jpg" alt="사진8"></div>
29:      </div>
30:      <div class="swiper-pagination"></div>
31:
32:      <!-- 이전, 다음 버튼이 필요한 경우에만 코드 삽입 -->
33:      <div class="swiper-button-prev"></div>
34:      <div class="swiper-button-next"></div>
35:
36:      <!-- 스크롤바 형식에 위치 표시가 필요한 경우에만 코드 삽입 -->
37:      <div class="swiper-scrollbar"></div>
38:    </div>
39:    <script>
40:      const swiper=new Swiper('.swiper', {
41:        // 슬라이드의 방향과 반복 설정
42:        direction: 'horizontal',    'vertical'에서 변경
43:        loop: true,
44:
45:      // 인디게이터가 필요한 경우에만 설정
46:        pagination: {
47:          el: '.swiper-pagination',
48:        },
49:
50:      // 이전, 다음 버튼이 필요한 경우에만 설정
51:        navigation: {
52:          nextEl: '.swiper-button-next',
53:          prevEl: '.swiper-button-prev',
54:        },
55:
56:      // 스크롤바 형식에 위치 표시가 필요한 경우에만 설정
57:        scrollbar: {
58:          el: '.swiper-scrollbar',
59:        },
60:    });
61:    </script>
62:  </body>
```

40~43행 direction 옵션은 슬라이드 방향을 설정하고, loop 옵션은 반복 여부를 결정합니다.

46~48행 pagination 옵션은 인디게이터를 생성할 때 설정하며, el 속성값으로 인디게이터를 표시할 태그에 선택자를 적용합니다.

51~54행 navigation 옵션은 이전 버튼과 다음 버튼을 생성할 때 설정합니다. nextEl 속성값에는 다음 버튼 태그의 선택자를, prevEl 속성값에는 이전 버튼 태그의 선택자를 적용합니다.

57~59행 scrollbar 옵션은 스크롤바 형식의 현재 위치를 표기할 때 설정합니다. el 속성값으로는 스크롤바를 표시할 태그의 선택자를 적용합니다.

이미지를 넘길 때에는 마우스로 드래그하거나 이전 또는 다음 버튼을 클릭하는데, 모바일에서는 화면을 터치한 채 왼쪽과 오른쪽으로 드래그하는 방법을 사용합니다.

Swiper JS의 다양한 옵션 알아보기

이제 Swiper JS 기능을 구현하는 옵션을 알아보겠습니다.

1. Swiper JS 라이브러리의 다양한 옵션을 알고 싶다면 Swiper JS 웹사이트의 위쪽 메뉴에서 [Docs]를 클릭하고 [Swiper Core / API]를 선택합니다.

2. 왼쪽 메뉴에서 [Parameters]를 클릭하면 활용할 수 있는 다양한 옵션을 살펴볼 수 있습니다.

Swiper JS 라이브러리에서 자주 사용하는 옵션은 다음과 같습니다.

Swiper JS 라이브러리 옵션의 종류

종류	타입	기본값	설명
slidesPerView	number | 'auto'	1	한번에 표시할 슬라이드 수량을 설정합니다.
spaceBetween	string | number	0	슬라이드와 슬라이드 사이의 간격을 설정합니다.
speed	number	300	슬라이드와 슬라이드 간에 변화되는 시간을 설정합니다. 단위는 밀리초(ms)이며, 300은 0.3초를 가리킵니다.
autoplay	any		자동 재생을 할 때 설정합니다. • delay: 슬라이드 자동 전환을 할 때 머물러 있는 시간을 설정합니다. • disableOnInteraction: 사용자가 슬라이드를 조작한 후 자동 재생 여부를 설정합니다.
breakpoints	object		반응형 웹에서 중단점마다 옵션 설정을 다르게 설정할 때 사용합니다.
autoHeight	boolean	false	슬라이드마다 높이가 다를 경우 슬라이드 각각의 높이에 맞춰 컨테이너 높이가 자동으로 조절되도록 설정합니다.
watchOverflow	boolean	true	슬라이드 수량이 slidesPerView보다 작을 때 스크롤과 내비게이션을 비활성화합니다.
freeMode	any		슬라이드를 연속해서 부드럽게 이어지도록 설정합니다. • freeMode를 true로 설정하면 슬라이드를 넘길 때 다음 슬라이드에서 멈추지 않고 부드럽게 이어집니다. • enabled을 true로 sticky을 true로 설정하면 슬라이드를 부드럽게 넘기지만 해당 슬라이드에 도착하면 고정 효과가 적용됩니다.
thumbs	any		메인 슬라이더와 섬네일 슬라이더를 연동하여, 섬네일 슬라이드를 클릭하거나 터치하면 메인 슬라이더가 이동하도록 설정합니다. thumbs에 swiper 속성값으로 섬네일 슬라이드의 참조 변수를 설정합니다.

🔍 중단점은 428쪽에서 설명합니다.

3. 위쪽 메뉴에서 [Resources → Demos]를 클릭하면 Swiper JS 라이브러리를 활용한 다양한 데모를 볼 수 있습니다. 데모마다 사용한 코드를 볼 수 있으니 Swiper JS 라이브러리를 학습할 때 참고해 보세요.

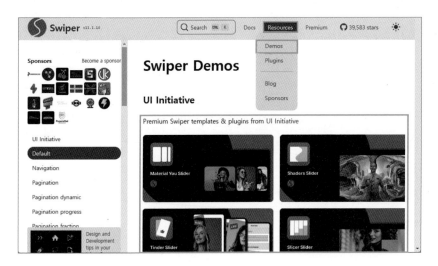

jquery-cookie 플러그인 활용하기

jquery-cookie 플러그인

jquery-cookie 플러그인을 사용하면 간편하게 쿠키^{Cookie}를 생성하고 쿠키 만료일을 설정할 수 있습니다. 쿠키란 '웹사이트를 방문한 사용자의 브라우저 정보를 저장할 수 있는 공간'을 말합니다. 소량의 데이터를 저장할 수 있는 저장소를 쿠키 조각에 비유한 것입니다. 쿠키는 도메인당 최대 20개를 생성할 수 있고 최대 4KB까지 저장할 수 있습니다. 쿠키를 사용하면 '오늘 하루 동안 이 창 열지 않기'나 '최근에 본 상품' 기능을 구현할 수 있습니다.

1. jquery-cookie 플러그인 설치하기

❶ cdnjs 웹사이트(https://cdnjs.com/)에서 'jquery-cookie'를 검색합니다. 그리고 ❷ URL 복사 아이콘 🔗을 눌러 jquery-cookie 1.4.1 버전의 소스 링크를 복사합니다.

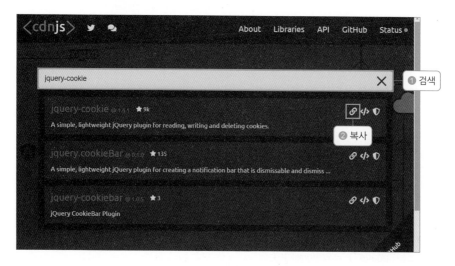

❶ 웹 브라우저의 주소 입력창에 복사한 주소를 붙여 넣습니다. 그러면 jquery-cookie 1.4.1 버전의 자바스크립트 소스 코드가 웹 브라우저에 출력됩니다. ❷ Ctrl + S를 눌러 코드를 js 폴더에 저장합니다.

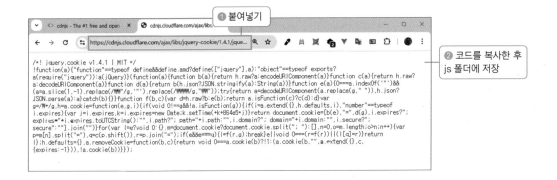

❶ 붙여넣기

❷ 코드를 복사한 후 js 폴더에 저장

다음은 쿠키 플러그인을 사용하여 쿠키를 저장하고, 가져오고, 삭제하는 방법을 정리했습니다.

쿠키 플러그인 사용법

종류	예시	설명
$.cookie("쿠키 이름", "쿠키값", {expires: 만료일, path: "저장 경로"});	$.cookie("myName", "hello", {expires: 3, path: "/"});	• 쿠키 이름: "myName" • 쿠키값: "hello" • expires값: 3(3일 후 자동 소멸) • path값: "/"(최상위 폴더에 저장)
$.cookie("쿠키 이름");	$.cookie("myName")	"myName"이라는 이름으로 저장된 쿠키의 값을 반환합니다.
$.removeCookie("쿠키 이름");	$.removeCookie("myName")	"myName"이라는 이름으로 저장된 쿠키를 제거합니다.

2. '3일 동안 이 창 열지 않기' 팝업 예제 만들기

이번에는 jquery-cookie 플러그인으로 '3일 동안 이 창 열지 않기'를 나타내는 팝업 예제를 만들어 보겠습니다.

🔍 크롬에서 쿠키를 생성하려면 서버를 사용해야 합니다.

> **◁/▷ 코딩해 보세요!** 실습 파일 jquery_plugin_4_test.html 완성 파일 jquery_plugin_4.html
>
> ```
> 06:  <script src="js/jquery.js"></script>
> 07:  <script src="js/jquery.cookie.js"></script>
> 08:  <script>
> 09:  $(function( ) {
> 10:    if($.cookie("popup") == "none") {
> 11:      $("#notice_wrap").hide( );
> 12:    }
> 13:
> ```
>
> 쿠키("popup")의 값이 'none'이면 id값이 'notice_wrap'인 요소를 숨깁니다.

```
14:    var $expChk = $("#expiresChk");
15:    $(".closeBtn").on("click", closePop);
16:
17:    function closePop( ) {
18:      if($expChk.is(":checked")) {
19:        $.cookie("popup","none",{expires:3, path:"/"});
20:      }
21:      $("#notice_wrap").fadeOut("fast");
22:    }
23:  });
24:  </script>
25:  </head>
26:  <body>
27:    <div id="notice_wrap">
28:      <img src="images/window_object_1.jpg" alt="공지사항">
29:      <p class="closeWrap">
30:        <input type="checkbox" name="expiresChk" id="expiresChk">
31:        <label for="expiresChk">3일 동안 이 창 열지않기</label>
32:        <button class="closeBtn">닫기</button>
33:      </p>
34:    </div>
35:  </body>
```

> class값이 'closeBtn'인 요소를 클릭하면 체크 박스의 체크 유무에 따라 쿠키를 생성하여 3일간 저장합니다.

3. 다음과 같이 ❶ [3일 동안 이 창 열지않기] 앞에 체크를 하고 ❷ [닫기] 버튼을 누르면 생성된 쿠키가 3일 동안 저장됩니다. 즉, 3일 동안 팝업 창이 열리지 않습니다.

4. 생성된 쿠키 확인하기

다음과 같이 개발자 도구를 열고 ❶ [애플리케이션]을 클릭하여 활성화하면 왼쪽에 여러 가지
항목이 나타납니다. 이 중 ❷ [쿠키]를 누르고 해당 도메인을 선택하면 ❸ 쿠키가 생성된 것을
확인할 수 있습니다.

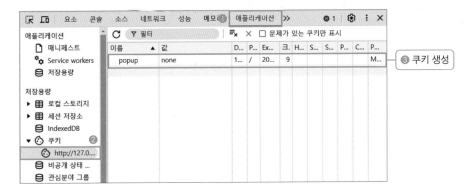

플러그인 직접 제작하기

앞에서는 다른 개발자가 만든 플러그인을 사용해 보았습니다. 이번에는 플러그인을 직접 제작해 보겠습니다.

플러그인을 제작하는 $.fn.extend( ) 메서드

$.fn.extend( ) 메서드는 개발자가 직접 제작한 함수를 제이쿼리에 확장해 주는 역할을 합니다.

다음은 $.fn.extend( ) 메서드의 기본형입니다. $.fn.extend( ) 메서드는 2가지 방법으로 사용할 수 있습니다.

```
기본형   ❶
        $.fn.extend({
           확장 함수명: function(매개변수1, 매개변수2, …) {
             $(this);  ──  $(this)는 플러그인을 적용한 요소를 가리킵니다.
             자바스크립트 코드;
           }
        });
        $("요소 선택"). 확장 함수명(인자값1, 인자값2);  ──  플러그인 적용

        ❷
        $.fn.확장 함수명 = function(매개변수1, 매개변수2, …) {
           …
        }
```

간단한 플러그인 제작하기

다음은 이벤트와 경고 창을 나타내는 open 플러그인을 제작하여 버튼 태그에 적용한 예제입니다.

```
06:  <script>
07:  $(function( ) {
08:    $.fn.open = function(eventType, message) {
09:      var ts = $(this);
10:      $.each(ts, function(i, o){
11:        $(o).on(eventType, function( ){
12:          alert(message);
13:        });
14:      });
15:    }
16:    $(".btn1").open("mouseover", "welcome!");
17:    $(".btn2").open("click", "hello!");
18:  });
19:  </script>
20:  </head>
21:  <body>
22:    <p><button class="btn1">버튼1</button></p>
23:    <p><button class="btn2">버튼2</button></p>
24:    <p><button class="btn3">버튼3</button></p>
25:  </body>
```

> 선택한 요소에 open 플러그인을 적용했습니다. 이벤트 타입(eventType)과 메시지(message)를 매개변수로 전달하면 해당 이벤트(eventType)가 발생할 때 지정한 메시지(message)를 경고 창으로 나타낼 수 있습니다.

플러그인 적용

[버튼1]에 마우스 포인터를 올리면 'welcome!'이라고 경고 창을 나타내고, [버튼2]를 클릭하면 'hello!'라고 경고 창을 나타냅니다.

★ 결과 화면

자주 묻는 질문 플러그인 제작하기

이번에는 자주 묻는 질문(FAQ)에 사용할 수 있는 플러그인을 만들어 보겠습니다.

1. 먼저 자주 묻는 질문을 2개 준비합니다. 그런 다음 플러그인을 제작하여 자주 묻는 질문에 적용해 보겠습니다.

코딩해 보세요!　　　실습 파일 jquery_plugin_6_test.html　　　완성 파일 jquery_plugin_6.html

```
12:  <link rel="stylesheet" href="css/faq.css">
13:  <script src="js/jquery.js"></script>
14:  <script>
...       //자바스크립트 코드를 여기에 작성
35:  </script>
36:  </head>
37:  <body>
38:    <h1>질문 제목1</h1>
39:    <div class="faq">
40:      <ul>
41:        <li>
42:          <p><button>Q1. 자주 묻는 질문 내용?</button></p>
43:          <div>
44:            <div class="cont">답변 내용1</div>
45:          </div>
46:        </li>
47:        <li>
48:          <p><button>Q2. 자주 묻는 질문 내용?</button></p>
49:          <div>
50:            <div class="cont">답변 내용2</div>
51:          </div>
52:        </li>
53:      </ul>
54:    </div>
55:    <h1>질문 제목2</h1>
56:    <div class="faq">
57:      <ul>
58:        <li>
59:          <p><button>Q1. 자주 묻는 질문 내용?</button></p>
60:          <div>
61:            <div class="cont">답변 내용1</div>
62:          </div>
63:        </li>
64:        <li>
65:          <p><button>Q2. 자주 묻는 질문 내용?</button></p>
66:          <div>
67:            <div class="cont">답변 내용2</div>
```

```
68:            </div>
69:        </li>
70:      </ul>
71:    </div>
72:  </body>
```

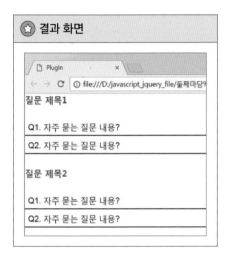

결과 화면

2. $.fn.extend( ) 메서드로 자주 묻는 질문 플러그인을 제작합니다. 플러그인 이름은 faq입니다.

코딩해 보세요! 실습 파일 jquery_plugin_6_test.html 완성 파일 jquery_plugin_6.html

```
12:  <script>
13:  $(function( ) {
14:    $.fn.extend({
15:      faq: function( ) {
16:        var ts = $(this);
17:        $.each(ts, function(i, o){
18:          $("button", o).on("click", tabmenu);
19:          function tabmenu( ) {
20:            if( $(this).parent( ).next( ).is(":hidden")) {
21:              $("li>div:visible", o).hide( );
22:              $(this).parent( ).next( ).show( );
23:            } else {
24:              $("li>div:visible", o).hide( );
25:            }
26:          }
27:        });
28:      }
```

> faq 플러그인을 적용한 요소의 개수만큼 함수를 실행합니다.

> faq 플러그인을 적용한 요소에 포함되어 있는 버튼에 클릭 이벤트를 등록합니다.

```
29:    });
30:
31:    $(".faq").faq( );
32:  });
33: </script>
```

[자주 묻는 질문 내용?]을 클릭하면 답변 요소(〈div〉)가 열립니다. 그리고 [답변 내용]을 클릭
하면 답변 요소가 닫힙니다.

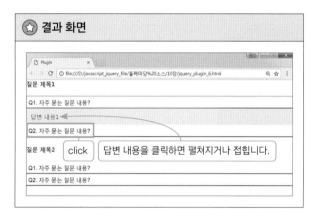

결과 화면

한 걸음 더!

← → 웹 개발에 유용한 플러그인 5가지

순번	종류	사이트	설명
1	TweenMax / TweenLight	https://greensock.com/tweenmax https://greensock.com/tweenlite	복잡한 애니메이션을 쉽게 구현해 주는 플러그인입니다. TweenMa는 풀 패키지, TweenLight는 기본 패키지입니다.
2	lazyload	https://appelsiini.net/projects/lazyload/	전체 이미지를 웹페이지에 한 번에 로딩하면 로딩 속도가 느려지는데, lazyload 플러그인은 스크롤바가 이미지 영역에 내려오면 이미지를 불러옵니다.
3	SVG Convert	https://github.com/madebyshape/svg-convert	이미지를 svg 벡터 이미지로 변환하는 플러그인입니다.
4	spin.js	https://spin.js.org/	스핀 로딩 바를 생성하는 플러그인입니다.
5	youtube-background	https://www.florian-chapon.fr/#background	유튜브 백그라운드 플러그인입니다.

Swiper JS 라이브러리를 사용해 다음처럼 이미지를 넘겨볼 수 있는 섬네일 슬라이드 갤러리를 만들어 보겠습니다.

섬네일 슬라이드 갤러리에 문단 태그를 작성하고 Swiper JS 라이브러리를 적용했습니다. 먼저 메인 갤러리 슬라이드의 문단 태그를 작성하고 gallery_main 클래스의 속성값을, 이어서 섬네일 갤러리 슬라이드의 문단 태그를 작성하고 gallery_thumb 클래스의 속성값을 적용합니다.

</> **코딩해 보세요!** | 실습 파일 jquery_plugin_6_test.html | 완성 파일 jquery_plugin_6.html

```
12:    <script src="js/swiper-bundle.min.js"></script>
13:    <link rel="stylesheet" href="css/swiper-bundle.min.css">
14:    <style>
15:    *{margin: 0; padding: 0; box-sizing: border-box;}
16:    *:after, *:before {box-sizing: border-box;}
17:    img {vertical-align: top;}
18:    .gallery_wrap{ position: relative; overflow: hidden; margin: 0 auto;
19:      width: 640px;}
20:    .gallery_thumb img {height: 119px;}
21:    .gallery_thumb .swiper-slide-thumb-active  {position: relative;}
22:    .gallery_thumb .swiper-slide-thumb-active:after {
23:      content: ''; position: absolute; left: 0; top: 0; width: 100%; height: 100%;
24:      border: 5px solid blue;
25:    }
```

```
26:   </style>
27:   </head>
28:   <body>
29:   <div class="gallery_wrap">
30:     <div class="swiper gallery_main">                                    메인 갤러리 슬라이드
31:       <div class="swiper-wrapper">
32:         <div class="swiper-slide"><img src="images/pic_1.jpg" alt="사진1"></div>
33:         <div class="swiper-slide"><img src="images/pic_2.jpg" alt="사진2"></div>
34:         <div class="swiper-slide"><img src="images/pic_3.jpg" alt="사진3"></div>
35:         <div class="swiper-slide"><img src="images/pic_4.jpg" alt="사진4"></div>
36:         <div class="swiper-slide"><img src="images/pic_5.jpg" alt="사진5"></div>
37:         <div class="swiper-slide"><img src="images/pic_6.jpg" alt="사진6"></div>
38:         <div class="swiper-slide"><img src="images/pic_7.jpg" alt="사진7"></div>
39:         <div class="swiper-slide"><img src="images/pic_8.jpg" alt="사진8"></div>
40:       </div>
41:       <div class="swiper-button-next"></div>
42:       <div class="swiper-button-prev"></div>
43:     </div>
44:     <div class="swiper gallery_thumb">
45:       <div class="swiper-wrapper">
46:         <div class="swiper-slide"><img src="images/pic_1.jpg" alt="사진1"></div>
47:         <div class="swiper-slide"><img src="images/pic_2.jpg" alt="사진2"></div>
48:         <div class="swiper-slide"><img src="images/pic_3.jpg" alt="사진3"></div>
49:         <div class="swiper-slide"><img src="images/pic_4.jpg" alt="사진4"></div>
50:         <div class="swiper-slide"><img src="images/pic_5.jpg" alt="사진5"></div>
51:         <div class="swiper-slide"><img src="images/pic_6.jpg" alt="사진6"></div>
52:         <div class="swiper-slide"><img src="images/pic_7.jpg" alt="사진7"></div>
53:         <div class="swiper-slide"><img src="images/pic_8.jpg" alt="사진8"></div>
54:       </div>
55:     </div>
56:   </div>
57:                                                                         섬네일 갤러리 슬라이드
58:   <script>
59:     //갤러리 섬네일 슬라이드
60:     var galleryThumb= new Swiper(".gallery_thumb", {
61:       spaceBetween: 1,
62:       slidesPerView: 4,
63:       //슬라이드가 부드럽게 넘어가고, 멈추면 슬라이드를 고정
64:       freeMode: {
65:         enabled: true,
66:         sticky: true,
67:       },
```

```
68:    });
69:    //메인 갤러리 슬라이드
70:    var galleryMain = new Swiper(".gallery_main", {
71:      spaceBetween: 10,
72:      navigation: {
73:        nextEl: ".swiper-button-next",
74:        prevEl: ".swiper-button-prev",
75:      },
76:      thumbs: {
77:        swiper: galleryThumb,
78:      },
79:    });
80:  </script>
81: </body>
```

60~62행 Swiper JS를 이용해 슬라이드가 한 번에 4개씩 노출되고, 슬라이드와 슬라이드 사이의 간격이 1px인 갤러리 섬네일 슬라이드를 설정합니다.

64~74행 Swiper JS를 이용해 슬라이드가 한 번에 1개씩 노출되고, 슬라이드 간의 간격이 10px인 메인 갤러리 슬라이드가 적용되도록 설정합니다. 이때 섬네일 슬라이드와 연동되도록 thumbs 옵션의 swiper 속성값에 섬네일 갤러리 슬라이드의 참조 변수를 적용합니다.

☆ 마무리 문제 ☆

 Q1 다음 중 플러그인에 대해 올바르게 설명한 것을 고르세요.

① 특정 기능을 구현하기 위한 재사용 가능한 코드 모음입니다.

② 독립적으로 사용할 수 있습니다.

③ 반드시 특정 호스트 애플리케이션에 종속되어 동작합니다.

④ Swiper JS는 캐러셀을 만드는 데 사용되는 제이쿼리 플러그인입니다.

③ .1

 Q2 다음 문제를 참고하여 코드를 완성해 보세요.

> 다음은 Swiper JS 라이브러리를 사용하여 만든 갤러리입니다. 결과 화면과 같이 출력되도록 괄호 안을 채워 완성해 보세요.
> ❶ 터치 시 이전 및 다음 슬라이드로 1장씩 이동합니다.
> ❷ 인디게이터를 이용하여 현재 보고 있는 갤러리가 몇 번째인지 구분하고 인디게이터를 클릭하면 해당하는 인디게이터에 맞는 갤러리로 슬라이드 됩니다.

실습 파일 asyncronous_4_test.html

```
78:  <script>
79:    var galleryMain = new Swiper(".gallery_main", {
80:      ❶  : 1,
81:      ❷  : {
82:        clickable: true,
83:        el: '.swiper-pagination',
84:      },
85:    });
86:  </script>
```

☆ **결과 화면**

완성 파일 asyncronous_4.html

셋째마당

자바스크립트 + 제이쿼리 실무 예제

셋째마당에서는 앞에서 배운 자바스크립트와 제이쿼리 기술을 응용하여 웹사이트에서 자주 구현되는 반응형 웹 UI의 구성 요소를 중심으로 실무에서 개발하듯이 웹페이지에 직접 사용해 보면서 실전 감각을 키워 보겠습니다. 셋째마당을 끝내고 나면 여러분은 UI 개발의 기본적인 동작 원리와 이를 응용할 수 있는 능력을 더 향상할 수 있을 것입니다.

12 | 반응형 웹 UI 만들기

지금까지 자바스크립트와 제이쿼리 사용법을 알아보았습니다. 이 장에서는 지금까지 배운 내용을 종합하여 '반응형 웹 UI 개발 예제'를 만들어 보겠습니다. 반응형 웹 UI는 스마트폰과 태블릿, 데스크톱 PC 등 모든 환경에서 동작하는 웹 UI를 말합니다. 이번 실습에서는 반응형 웹 UI를 어떻게 만드는지 알아보겠습니다. 이 장을 진행하려면 HTML5와 CSS3의 기본 지식을 갖춰야 합니다.

프로젝트 구성과 HTML 문서 설계하기

자바스크립트와 제이쿼리를 이용해 반응형 웹 UI를 개발하기 전에 개발할 웹사이트 메인 페이지의 기본 틀^{Layout}을 분석해 보고, 레이아웃마다 콘텐츠 구성 요소를 어떻게 설계했는지 알아보겠습니다.

데스크톱(PC)

태블릿

노트북

모바일

디바이스별 반응형 웹 UI를 개발한 예제의 화면

프로젝트 구성 요소 알아보기

다음은 프로젝트의 파일과 폴더의 구성을 보여 줍니다. 프로젝트는 images, css, js 폴더와 index.html 파일로 구성되어 있습니다.

구분	설명
images	• images 폴더 아래에는 common, main 폴더가 있습니다. • 공통 영역 이미지는 common 폴더에, 메인 콘텐츠 이미지는 main 폴더에 있습니다.
css	• css 폴더에는 reset.css, common.css, main.css 파일이 있습니다. • reset.css는 HTML 초기 스타일을, common.css는 공통 영역의 스타일을, main.css는 메인 콘텐츠의 스타일을 설정합니다.
js	• js 폴더에는 common.js, main.js 파일과 기타 js 파일이 있습니다. • common.js에는 공통 영역 코드가, main.js에는 메인 콘텐츠 영역 코드가 있습니다.
html	• index.html에서는 다양한 디바이스에서 사용할 화면을 반응형 웹으로 구현합니다.

HTML 레이아웃과 콘텐츠 구성

반응형 웹을 만들려면 먼저 HTML 문서의 레이아웃과 콘텐츠의 구성을 파악해야 합니다. 여기서 레이아웃은 문서의 뼈대를 말합니다. 한글이나 워드로 문서를 작업하기 전에 페이지 여백이나 출력할 용지 등을 지정하는 것을 생각하면 이해하기 쉽습니다.

다음은 앞으로 진행할 프로젝트의 웹사이트입니다. 이미지에 표시한 레이아웃과 콘텐츠를 어떻게 구성했는지 확인하세요.

개발 레이아웃과 콘텐츠 구성

레이아웃은 모든 문서^{HTML}에 반응형 웹 기술을 공통으로 적용할지의 여부에 따라 공통 문서와 비공통 문서로 나눌 수 있습니다. 이번 예제에서는 헤더 영역, 푸터 영역이 공통 문서이고 나머지는 비공통 문서입니다.

전체 내비게이션 바^{GNB}, 메인 비주얼 슬라이드 배너, 최근 게시물 탭 메뉴, BEST BOOK은 사용자와 상호 작용하는 동적인 요소입니다. 즉, UI 개발이 필요한 콘텐츠입니다. 이때 메인 비주얼 슬라이드 배너와 BEST BOOK은 자바스크립트 라이브러리를 사용하여 개발합니다.

HTML 레이아웃과 콘텐츠의 구성 요소

구분	종류	구성	동작	외부 요소
공통 (common)	헤더 영역	상단 로고	정적(Static)	
		유틸 메뉴	정적(Static)	
		GNB	동적(Dynamic)	직접 제작
	푸터 영역	저작권	정적(Static)	
비공통 (uncommon)	컨테이너 영역	메인 비주얼 슬라이드 배너	동적(Dynamic)	Swiper JS 라이브러리
		최근 게시물 탭 메뉴	동적(Dynamic)	직접 제작
		BEST BOOK	동적(Dynamic)	istope 플러그인

문서의 기본 구조

다음은 HTML 문서의 동적인 요소에 필요한 자바스크립트 파일을 연동한 코드입니다. 문서의 기본 구조와 코드를 어떻게 작성했는지 확인해 보세요.

🔍 플러그인을 등록하는 코드는 제이쿼리를 등록하는 코드 아래에 작성했습니다.

◁/▷ 코딩해 보세요!　　　　　　　　　　　　　**완성 파일** index.html

```
01:  <!DOCTYPE html>
02:  <html lang="ko">
03:  <head>
04:  <meta charset="UTF-8">
05:  <meta name="viewport" content="width=device-width, user-scalable=no, initial-scale=1.0, maximum-scale=1.0, minimum-scale=1.0">
06:  <title> 이지스 퍼블리싱 ┃ HOME </title>
07:  <link rel="stylesheet" href="css/common.css">
08:  <link rel="stylesheet" href="css/main.css">
09:  <link rel="stylesheet" href="css/swiper-bundle.min.css">
10:  <script src="js/swiper-bundle.min.js"></script>
11:  <script src="js/jquery.js"></script>
12:  <script src="js/jquery.bxslider.min.js"></script>
13:  <script src="js/isotope.pkgd.min.js"></script>
```

```
14:   <script src="js/common.js"></script>
15:   <script src="js/main.js"></script>
16:   </head>
17:   <body>
18:   <!--//헤더 영역-->
19:   <div id="header-wrap">
20:       <header class="header-inner">
 …           // 코드(유틸 메뉴, 상단 로고, GNB) 생략
94:       </header>
95:   </div>
96:   <!--//헤더 영역-->
97:   <!--//컨테이너 영역-->
98:   <div id="container" class="main">
99:       <section id="main-visual" class="rounded">
 …           // 코드(메인 비주얼 슬라이드 배너) 생략
146:      </section>
147:      <section id="notice-tab-wrap" class="rounded">
 …           // 코드(최근 게시물 탭 메뉴) 생략
161:      </section>
162:      <section id="best-book-wrap">
 …           // 코드(BEST BOOK) 생략
180:      </section>
181:  </div>
182:  <!--//컨테이너 영역-->
183:  <!--//푸터 영역-->
184:  <div id="footer-wrap">
185:      <footer id="footer">
 …           // 코드(저작권) 생략
188:      </footer>
189:  </div>
190:  <!--//푸터 영역-->
191:  </body>
192:  </html>
```

공통 UI 만들기

웹 브라우저의 너비 설정하기

반응형 웹은 기기 종류에 따라 최적화된 UI 디자인을 제공해야 합니다. 그러므로 디바이스 기기마다 너비를 감지하여 〈html〉 태그의 class값을 각각 'pc', 'tablet', 'mobile'로 설정해야 합니다. 이 값을 앞으로 중단점Break Point이라고 하겠습니다.

🔍 데스크톱은 1009px 이상, 태블릿은 801px 이상 1008px 이하, 모바일은 800px 이하로 설정했습니다.

디바이스 기기별 너비 설정하기

다음은 디바이스 기기와 웹 브라우저의 너비를 감지하고 〈html〉의 class값을 생성하여 중단점을 지정하는 예제입니다.

</> 코딩해 보세요!   완성 파일 common.js

```
01:  (function(win, $){
02:    var $html = $("html");
03:    var deviceSize = {
04:      pc:1009,
05:      tablet:801,
06:      mobile:800
07:    };
08:
```

반응형 웹의 중단점에 사용할 값을 객체 속성으로 등록합니다.

```
09:    function scrollShowHide(status) {
10:      $html.css({"overflow-y":status});          매개변수에 전달된 값이 'scroll'이면 스크롤바가
11:      return $html.width( );                      생성되고 너빗값을 반환합니다.
12:    }
13:
14:    var sc_w1 = scrollShowHide("hidden"),
15:      sc_w2 = scrollShowHide("scroll"),
16:      sc_w3 = sc_w1 - sc_w2;
17:
18:    if(sc_w3 > 0) {
19:      deviceSize.pc = deviceSize.pc -  sc_w3;
20:      deviceSize.tablet = deviceSize.tablet -  sc_w3;
21:      deviceSize.mobile = deviceSize.mobile -  sc_w3;
22:    }
23:    //console.log(deviceSize.pc);
24:
25:    $(win).on("resize", function( ) {            웹 브라우저의 창 너비가 변하면 창의
26:      var w_size = $(win).width( );               너비를 w_size에 저장합니다.
27:      if(w_size >= deviceSize.pc
28:      && !$("html").hasClass("pc")) {            웹 브라우저의 창 너비가 데스크톱의 너비보다
                                                     크거나 같으면 실행합니다.
29:        $html.removeClass("mobile tablet").addClass("pc");
30:        scrollShowHide("scroll");
31:      } else if(w_size < deviceSize.pc
32:      && w_size >= deviceSize.tablet
33:      && !$("html").hasClass("tablet")) {        태블릿 너비인 경우 실행합니다.
34:        $html.removeClass("mobile pc").addClass("tablet");
35:        scrollShowHide("scroll");
36:      } else if(w_size <= deviceSize.mobile
37:      && !$html.hasClass("mobile")) {            모바일 너비인 경우 실행합니다.
38:        $html.removeClass("pc tablet").addClass("mobile");
39:        var menu_pos = parseInt($(".mobile-menu-wrap").css("left"));
40:        if(menu_pos >= 0) {
41:          scrollShowHide("hidden");
42:        }
43:      }
44:    });
45:
46:    $(function( ){                               문서가 로딩될 때 resize 이벤트가 발생합니다.
47:      $(win).trigger("resize");                   이때 설정한 중단점에 맞는 class값을 생성합니다.
…      (... 생략 ...)
89:    });
90:  }(window, jQuery));
```

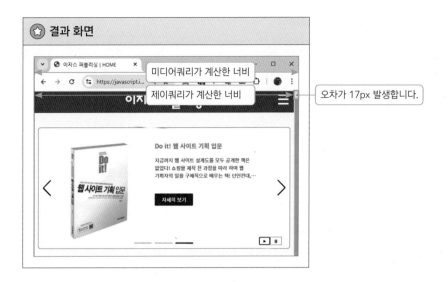

결과 화면

미디어쿼리가 계산한 너비

제이쿼리가 계산한 너비

오차가 17px 발생합니다.

그런데 자바스크립트의 웹 브라우저 너비 계산 방식에서는 스크롤바의 너비를 제외합니다. 하지만 미디어쿼리는 스크롤바를 포함한 웹 브라우저의 너비를 계산합니다. 즉, 자바스크립트와 미디어쿼리의 웹 브라우저 너비 계산 방식이 달라서 오차가 17px만큼 발생합니다. 따라서 자바스크립트로 중단점을 계산할 때는 미디어쿼리로 계산한 브라우저의 너비에서 17을 빼야 합니다.

🔍 태블릿과 모바일은 스크롤바가 웹 브라우저 위에 생성되므로 자바스크립트와 미디어쿼리의 중단점 오차가 발생하지 않습니다.

태블릿과 모바일의 스크롤바는 웹 브라우저 위에 생성되어 오차가 발생하지 않습니다.

태블릿과 모바일의 결과 화면

GNB 만들기

GNB^{Global Navigation Bar}는 웹사이트의 메인 메뉴입니다. GNB는 방문자가 직접 사용할 요소가
많아서 디바이스 기기별로 어떤 상호 작용을 하는지 하나씩 살펴보며 코드를 작성하겠습니다.

데스크톱, 태블릿에서의 상호 작용

데스크톱과 태블릿에서는 마우스 포인터를 상위 메뉴에 올리거나 [Tab] 키로 포커스를 다른 요
소로 이동시키면 이벤트가 발생합니다.

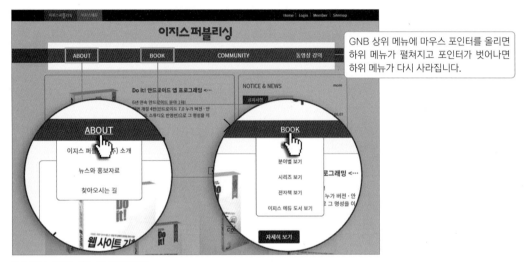

PC에서 GNB 메뉴의 인터랙션

모바일에서의 상호 작용

모바일에서는 화면 위 오른쪽에 있는 햄버거 메뉴바를 터치하면 GNB가 나타납니다. GNB의 상
위 메뉴를 터치하면 하위 메뉴가 펼쳐지고, 이 상위 메뉴를 다시 터치하면 원래대로 접힙니다.

모바일에서 GNB 메뉴의 인터랙션

다음은 GNB의 HTML 코드입니다. 4개(ABOUT, BOOK, COMMUNITY, 동영상 강의)의 상위 메뉴가 있고 상위 메뉴 [ABOUT]에는 하위 메뉴가 3개 있고 [BOOK]에는 5개 포함되어 있습니다.

```
20:  <header class="header-inner">
...      (... 생략 ...)
29:      <p class="mobile-menu-open">
30:        <button>
31:              <span class="blind">메뉴 열기</span>
32:              <span></span>
33:              <span></span>
34:              <span></span>
35:        </button>
36:      </p>
37:      <div class="mobile-menu-wrap">
38:        <div class="mobile-menu-scroll">
...          (... 생략 ...)
49:          <nav id="gnb">
50:            <h2 class="blind">메인메뉴</h2>
51:            <ul>
52:              <li class="m1">
53:                <a href="#">ABOUT</a>
54:                <ul>
55:                  <li><a href="#">이지스 퍼블리싱(주) 소개</a></li>
56:                  <li><a href="#">뉴스와 홍보자료</a></li>
57:                  <li><a href="#">찾아오시는 길</a></li>
58:                </ul>
59:              </li>
60:              <li class="m2">
61:                <a href="#">BOOK</a>
62:                <ul>
63:                  <li><a href="#">전체 보기</a></li>
64:                  <li><a href="#">분야별 보기</a></li>
65:                  <li><a href="#">시리즈 보기</a></li>
66:                  <li><a href="#">전자책 보기</a></li>
67:                  <li><a href="#">이지스 에듀 도서 보기</a></li>
68:                </ul>
69:              </li>
70:              <li class="m3">
```

```
71:                <a href="#">COMMUNITY</a>
72:                <ul>
73:                    <li><a href="#">공지사항</a></li>
74:                    <li><a href="#">뉴스</a></li>
75:                    <li><a href="#">이벤트</a></li>
76:                    <li><a href="#">자료실</a></li>
77:                    <li><a href="#">질문과 답변</a></li>
78:                </ul>
79:            </li>
80:            <li class="m4 no-sub">
81:                    <a href="#">동영상 강의</a>
82:            </li>
83:        </ul>
84:    </nav>
85:    </div>
86:    <p class="mobile-menu-close">
87:        <button>
88:            <span class="blind">메뉴닫기</span>
89:            <span></span>
90:            <span></span>
91:        </button>
92:    </p>
93:    </div>
94: </header>
```

다음은 GNB를 구현한 예제입니다. 데스크톱과 태블릿에서 GNB를 구현하는 방식과 모바일에서 GNB를 구현하는 방식은 다릅니다. 중단점으로 생성한 class값을 사용하여 라이브 방식으로 이벤트를 등록합니다.

코딩해 보세요! **실습 파일** common_test.js **완성 파일** common.js

```
...     (... 생략 ...)
49:  $(document).on("mouseover focus",
50:  ".pc #gnb>ul>li>a, .tablet #gnb>ul>li>a",
51:  gnbPlay);
52:
53:  $(document).on("click",
54:  ".mobile #gnb>ul>li:not(.no-sub)>a",
55:  gnbPlay);
56:
```

> 데스크톱, 태블릿은 마우스 포인터를 상위 메뉴에 올리면 gnbPlay를 호출합니다.

> 모바일은 상위 메뉴를 터치하면 gnbPlay를 호출합니다.

```
57:    function gnbPlay( ) {
58:      var $ts = $(this);
59:      if($("html").hasClass("mobile")) {
60:        $(".mobile #gnb>ul>li>a").removeClass("on");
61:        $("#gnb ul ul:visible").slideUp(300);
62:        if($ts.next( ).is(":hidden")) {
63:          $ts.addClass("on");
64:          $ts.next( ).stop(true, true).slideDown(300);
65:        }
66:      } else {
67:        $("#gnb ul ul:visible").slideUp(300);
68:        $ts.next( ).stop(true, true).slideDown(300);
69:      }
70:    }
71:
72:    $(document).on("mouseleave",
73:    ".pc #gnb, .tablet #gnb", gnbleave);
74:      function gnbleave( ) {
75:        $("#gnb ul ul:visible").slideUp(300);
76:        $("#gnb>ul>li>a").removeClass("on");
77:      }
78:
79:    $(".mobile-menu-open button").on("click", function( ) {
80:      $(".mobile-menu-wrap").animate({"left":0}, 200);
81:      scrollShowHide("hidden");
82:    });
83:
84:    $(".mobile-menu-close button").on("click", function( ) {
85:      $(".mobile-menu-wrap").animate({"left":"-1000px"}, 200);
86:      scrollShowHide("scroll");
87:      gnbleave( );
88:    });
89:    });
90:  } (window, jQuery));
```

메인 콘텐츠 영역 UI 만들기

메인 콘텐츠 영역 UI에서 필요한 요소는 '메인 비주얼 슬라이드 배너'와 '최근 게시물 탭 메뉴' 그리고 'BEST BOOK'입니다. 메인 콘텐츠 영역은 공통 문서가 아니어서 main.js 파일에 코드를 작성한 다음, HTML 문서에 연동하여 불러옵니다.

메인 비주얼 슬라이드 배너 만들기

메인 비주얼 슬라이드 배너는 이전, 다음 제어 버튼과 현재 페이지를 보여 주는 인디게이터로 구성됩니다. 이때 현재 페이지를 보여 주는 요소는 자동으로 슬라이드됩니다. 메인 비주얼 슬라이드 배너는 Swiper JS 라이브러리를 사용합니다.

🔍 Swiper JS 라이브러리는 https://swiperjs.com/get-started에서 예시 URL을 이용해 저장하세요.

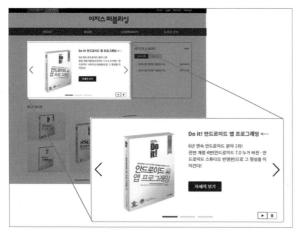

메인 비주얼 슬라이드 배너

다음은 메인 비주얼 슬라이드 배너의 HTML 코드입니다. Swiper JS 라이브러리를 적용하기 위해 〈div〉 태그의 class 속성값에 'main-visual-slide'를 설정합니다.

```
 98: <div id="container" class="main">
 99:   <section id="main-visual" class="rounded">
100:     <h3 class="blind">HOT BOOK</h3>
101:     <div class="swiper-wrapper main-visual-slide">
102:       <div class="swiper-slide">
103:         <div class="visual-item-wrap item1">
 …              // 슬라이드1 내용 생략
110:         </div>
111:       </div>
112:       <div class="swiper-slide">
113:         <div class="visual-item-wrap item2">
 …              // 슬라이드2 내용 생략
121:         </div>
122:       </div>
123:       <div class="swiper-slide">
124:         <div class="visual-item-wrap item3">
 …              // 슬라이드3 내용 생략
130:         </div>
131:       </div>
132:     </div>
133:
134:     <!-- 인디게이터 -->
135:     <div class="swiper-pagination"></div>
136:
137:     <!-- 이전, 다음 슬라이드 버튼 -->
138:     <div class="swiper-button-prev"></div>
139:     <div class="swiper-button-next"></div>
140:
141:     <!-- 자동 슬라이드 재생/정지 버튼 -->
142:     <div class="auto-controls">
143:       <button class="play active"><img src="./images/main/icon-play.
   pngpek160114_273" alt="자동 슬라이드 재생"></button>
144:       <button class="stop"><img src="./images/main/icon-stop.pngpek160114_273"
   alt="자동 슬라이드 정지"></button>
145:     </div>
146:   </section>
```

다음은 Swiper JS 라이브러리를 이용해 메인 비주얼 슬라이드 기능을 구현한 예제입니다.

```
01:  /**
02:  * 메인 비주얼 슬라이드 함수
03:  */
04:  function mainVisualSlide() {
05:    const swiper = new Swiper('#main-visual', {
06:      direction: 'horizontal',      //방향은 수평 슬라이드
07:      speed: 1000,                  // 현재 슬라이드에서 다음 슬라이드로 변화할 때 시간은 1초
08:      autoplay: {                   // 자동 재생 설정
09:        delay: 4000,                // 자동 슬라이드를 할 때 정지하는 시간은 4초
10:        disableOnInteraction: false, // 사용자가 자동 슬라이드를 조작한 후에도 계속 작동하도록 설정
11:      },
12:      loop: true,                   // 슬라이드가 계속 반복하도록 설정
13:
14:      // 인디게이터
15:      pagination: {
16:        el: '.swiper-pagination',
17:      },
18:
19:      // 이전, 다음 제어 버튼
20:      navigation: {
21:        nextEl: '.swiper-button-next',
22:        prevEl: '.swiper-button-prev',
23:      },
24:    });
25:
26:    return swiper;
27:  }
28:
29:  $(function(){
30:    // 메인 비주얼 슬라이드 함수 실행
31:    const swiper = mainVisualSlide();
32:
33:    // 메인 비주얼 자동 슬라이드 재생/정지 버튼
34:    $('#main-visual  .auto-controlls button').on('click', (e) => {
35:      const self = $(e.currentTarget);
36:      if(self.hasClass("play") && !self.hasClass("active")) {
37:      //비활성화된 play 버튼을 누를 경우
38:        $("#main-visual  .auto-controlls .stop").removeClass("active");
39:        swiper.autoplay.start();
```

```
40:        } else if(!self.hasClass("play") && !self.hasClass("active")) {
41:          //비활성화된 stop 버튼을 누를 경우
42:            $("#main-visual .auto-controls .play").removeClass("active");
43:            swiper.autoplay.stop();
44:        } else {
45:            return false;
46:        }
47:        self.addClass("active");
48:    });
…         (… 생략 …)
67:    });
```

31행 mainVisualSlide 함수를 호출합니다. 이 함수는 Swiper 자바스크립트 라이브러리를 이용해 id 속성값이 main-visual인 요소에 슬라이드 기능을 적용합니다. 함수 정의문 26행에서는 생성된 Swiper 객체가 반환되어 31행의 const swiper 변수를 참조합니다. swiper 변수는 자동 슬라이드 재생/정지 등 기능이 다양한 Swiper 객체를 참조합니다.

34~48행 자동 슬라이드 재생/정지 버튼을 클릭하면 이벤트가 발생하도록 설정합니다. 이벤트 핸들러 내에는 익명 함수가 정의되어 있으며, 매개변수 e에는 이벤트가 발생할 때마다 이벤트 객체를 참조합니다. 35행에서 e.currentTarget을 이용해 사용자가 클릭한 버튼 요소를 가져와 self 변수에 저장합니다.

36~40행 조건문을 사용하여 클릭한 버튼에 play 클래스 속성값이 있고 active 클래스 속성값이 없으면 중괄호 블록 내 스크립트 문장을 수행합니다. 중괄호 블록 내 정지 버튼의 active 클래스 속성값을 삭제하고 Swiper 객체는 swiper 변수를 이용해 참조하여 객체의 자동 플레이가 실행되도록 swiper.autoplay.start( )를 수행합니다.

39~44행 조건문을 사용해 클릭한 버튼에 play 클래스와 active 클래스의 속성값이 없으면 재생 버튼의 active 클래스 속성값을 삭제하고 swiper.autoplay.stop( )을 이용해 자동 재생을 정지합니다.

44~46행 자동 재생 중에 [재생] 버튼을 누르거나 정지한 상태에서 [정지] 버튼을 클릭하면 return false를 이용해 다음 줄이 수행되지 않고 함수가 중단되도록 설정합니다.

47행 이벤트가 발생한 클릭 버튼에는 active 클래스의 속성값을 추가합니다.

최근 게시물 탭 메뉴 만들기

최근 게시물 탭 메뉴는 '공지사항'과 '새소식' 탭 메뉴로 구성됩니다. 탭 메뉴를 클릭하면 버튼이 활성화되어 최근 게시물 내용이 나타납니다. 활성화된 탭의 class값으로 'on'을 적용합니다.

다음은 최근 게시물 탭 메뉴의 HTML 코드입니다. 처음에는 '공지사항' 탭 메뉴가 활성화되어 있습니다. 활성화된 〈a〉의 class값을 확인해 보세요.

```
147: <section id="notice-tab-wrap" class="rounded">
148:   <h3 class="sec-tit-1">NOTICE &amp; NEWS</h3>
149:   <h4 class="tab-btn-1"><a href="#" class="on">공지사항</a></h4>
150:   <div class="tab-container-1">
151:     <ul>
   ...        // 공지사항 목록 내용 생략
154: </ul>
155:     <p class="icon-more"><a href="#">more</a></p>
156:   </div>
157:   <h4 class="tab-btn-2"><a href="#">새소식</a></h4>
158:   <div class="tab-container-2">
159:     <p class="no-write">등록된 내용이 없습니다.</p>
160:   </div>
161: </section>
```

완성 파일 index.html

코딩해 보세요!

다음은 탭 메뉴(⟨a⟩)에 클릭 이벤트를 등록하는 예제입니다.

```
29:  $(function(){
…       (... 생략 ...)
48:    $("#notice-tab-wrap h4 a").on("click", tabmenu);
49:    function tabmenu(e) {
50:      e.preventDefault();
51:      var $ts = $(this);
52:      var $next = $ts.parent().next();
53:      if($next.is(":hidden")) {
54:        $("#notice-tab-wrap h4 a").removeClass("on");
55:        $ts.addClass("on");
56:        $("#notice-tab-wrap > div:visible").hide();
57:        $next.show();
58:      }
59:    }
…       (... 생략 ...)
66:  });
```

BEST BOOK 만들기

BEST BOOK은 인기 목록을 나열한 코너입니다. 인기 목록 코너는 isotope 플러그인을 사용하면 데스크톱에서 모바일로 바뀔 때 애니메이션이 적용되어 좀 더 역동적인 웹사이트를 만들 수 있습니다.

🔍 isotope 플러그인은 https://isotope. metafizzy.com에서 내려받으세요.

🔍 모바일 중단점은 800px 이하입니다.

다음은 BEST BOOK의 HTML 코드입니다. isotope 플러그인을 적용하려면 ⟨ul⟩ 태그의 class값으로 'grid'를, ⟨li⟩ 태그의 class 값으로 'grid-item'을 적용해야 합니다.

```
162:  <section id="best-book-wrap">
163:    <h3 class="sec-tit-1">BEST BOOK</h3>
164:    <ul class="best-book-list grid">
165:      <li class="grid-item">
166:        <p><a href="#"><img src="images/main/main-best-1.jpg" alt=""></a></p>
167:        <p><a href="#"><img src="images/main/main-best-2.jpg" alt=""></a></p>
168:      </li>
169:      <li class="grid-item">
```

```
170:        <a href="#"><img src="images/main/main-best-3.jpg" alt=""></a>
171:     </li>
172:     <li class="grid-item">
173:       <p><a href="#"><img src="images/main/main-best-4.jpg" alt=""></a></p>
174:       <p><a href="#"><img src="images/main/main-best-5.jpg" alt=""></a></p>
175:     </li>
176:     <li class="grid-item">
177:         <a href="#"><img src="images/main/main-best-6.jpg" alt=""></a>
178:     </li>
179:   </ul>
180: </section>
```

다음은 isotope( ) 메서드를 사용하여 isotope 플러그인을 적용하고 객체 형태로 옵션을 설정하는 예제입니다.

<table>
<tr><td>📝 코딩해 보세요!</td><td>실습 파일 main_test.js</td><td>완성 파일 main.js</td></tr>
</table>

```
29:  $(function(){
…      (… 생략 …)
61:    $('.grid').isotope({
62:      // 옵션
63:      itemSelector: '.grid-item',
64:      layoutMode: 'fitRows'
65:    });
66:  });
```

스페셜

크롬 브라우저로 디버깅하기

프로그램을 작성하다 보면 코드를 잘못 입력하거나 숫자를 0으로 나누는 등 실수할 수 있습니다. 이런 실수를 바로잡는 방법을 '디버깅'이라고 합니다. 크롬에 내장된 개발자 도구를 사용하면 디버깅을 편리하게 할 수 있습니다. 크롬 개발자 도구에는 요소, 콘솔, 소스 등의 패널이 포함되어 있습니다. 그러면 콘솔과 소스 패널을 먼저 알아보겠습니다.

준비된 예제를 열어 다음과 같이 작성합니다. 그런 다음 고의로 오류가 발생하도록 코드를 작성해서 디버깅하는 방법을 알아보겠습니다.

</> 코딩해 보세요!　　　　　　　　　　　　　　　　　　**실습 파일** ex_1.html

```
07:  var num1 = 100,
08:      num2 = 200,
09:      num3;
10:  var txt1 = "hello",
11:      txt2 = "javascript";
12:
13:  document.write(num1 + num2, "<br />");
14:  document.write(txt1, "<br />");
15:  document.write(txt2);
```

🔍 만약 디버깅이 제대로 되지 않는다면 크롬 브라우저를 업데이트하거나 다시 설치해 보세요.

콘솔 패널을 이용한 디버깅

1. 다음과 같이 뒤쪽 큰따옴표를 삭제하면 어떻게 될까요? Alt + B 를 눌러 크롬 브라우저로 확인하면 웹 브라우저에 아무것도 출력되지 않습니다. 오류가 발생한 것입니다.

```
10:  var txt1 = "hello,    //뒤쪽 큰따옴표가 없어서 오류가 발생
```

2. 크롬 브라우저에서 F12 키를 눌러 개발자 도구를 열고 [콘솔] 패널을 활성화합니다. 그러면 오류를 표시한 문장과 함께 오류가 발생한 파일명과 행을 나타냅니다. 이 내용을 참고하여 예제 파일 ex_1.html의 10행 코드를 수정하면 오류를 해결할 수 있습니다.

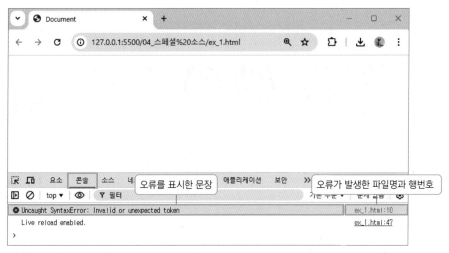

개발자 도구의 콘솔 패널

소스 패널을 이용한 디버깅

1. 앞에서 사용한 예제 파일(ex_1.html)을 열어 10행에서 뒤쪽 큰따옴표를 삭제해 보겠습니다.

```
10:   var txt1 = "hello,
```

2. 크롬 브라우저의 개발자 도구를 열어 ❶ [소스] 패널을 클릭합니다. 그런 다음 현재 실행한 ❷ HTML 파일(ex_1.html)을 찾아 선택하면 개발자 도구의 오른쪽 창에 코드가 나타납니다. 이때 ❸ [새로 고침] 버튼을 누르면 오류 문장이 나타납니다. 즉, 해당 위치에서 오류가 발생한 것입니다. 이렇게 소스 패널을 활용하면 오류를 쉽게 수정할 수 있습니다.

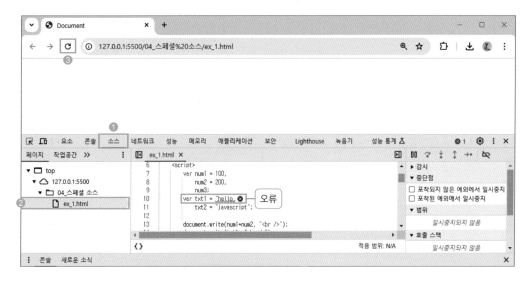

소스 패널의 중단점을 이용한 디버깅

1. 앞에서 사용한 예제 파일(ex_1.html)을 열고 15행의 'write'에서 e 자를 빼고 'writ'라고 잘못 작성하겠습니다.

```
15:    document.writ(txt2);
```

2. ① 소스 패널의 소스 탐색 창을 열어 ② 예제 파일(ex_1.html)을 선택합니다. 그러면 오른쪽 창에 코드가 나타납니다.

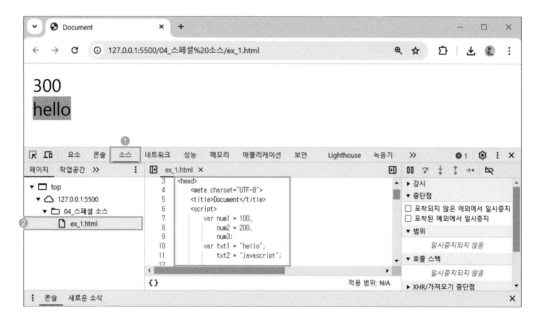

3. 이제 행 번호를 클릭하여 중단점을 생성합니다. 생성한 중단점은 BreakPoints 창 영역에 추가됩니다.

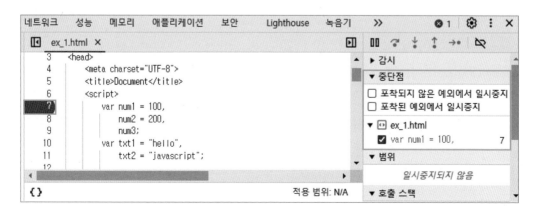

4. [새로 고침]을 눌러 파일을 다시 로딩합니다.

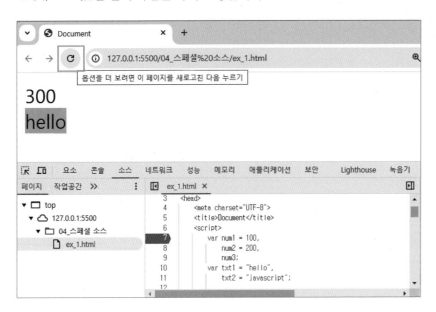

5. 설정한 중단점 위치에서 프로그램이 정지해 있음을 확인할 수 있습니다.

6. 이때 F11 키를 누르면 프로그램이 한 줄씩 실행됩니다. 만약 나머지를 한 번에 실행하려면 F8 키를 누르면 됩니다. 이 기능은 프로그램의 오류를 찾거나 실행 과정을 확인할 때 매우 유용하니 반드시 알아 두세요.

소스 패널의 중단점과 감시를 이용한 변수 체크

앞에서는 소스 패널의 중단점 기능을 알아보았습니다. 여기에서는 좀 더 나아가 감시^{Watch}와 중단점을 함께 사용하는 방법을 알아보겠습니다. 감시에는 관찰하고 싶은 변수를 등록할 수 있습니다. 그리고 중단점부터 프로그램을 한 줄씩 실행하면 감시에 등록한 변수의 값을 관찰할 수 있습니다.

1. ① [소스] 패널에서 행 번호를 클릭해 중단점을 등록합니다. 그런 다음 ② 감시 탭의 ➕ 버튼을 눌러 변수를 등록합니다.

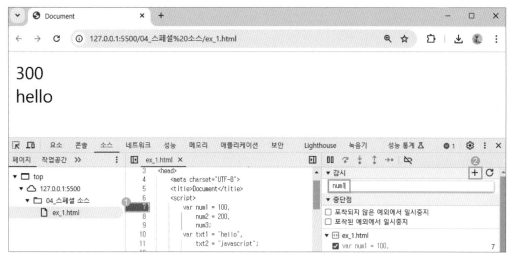

감시에 변수를 등록하기

2. 그리고 F5 키를 눌러 HTML 문서를 새로 고침 합니다. 이때 F11 키를 누르면서 Watch에 등록된 변수가 어떻게 변화하는지 살펴보세요. 감시를 사용하면 변수를 실시간으로 관찰할 수 있습니다.

코딩해 보세요!   실습 파일 t1_1.html   완성 파일 t1_2.html

```
01:  <!DOCTYPE html>
02:  <html lang="ko">
03:  <head>
04:    <meta charset="UTF-8">
05:    <title>Document</title>
06:    <script>
07:      var num1 = 100,
08:         num2 = 200;
09:
10:      var txt1 = "hello",
11:         txt2 = "javascript";
12:
13:      document.write(num1 + num4, "<br />");
14:      document.write(txt1, "<br />");
15:      documen.write(txt2);
16:    </script>
17:  </head>
18:  <body>
19:  </body>
20:  </html>
```

기초
단계

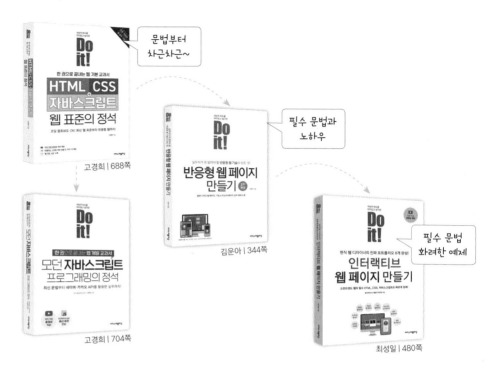

문법부터
차근차근~

필수 문법과
노하우

고경희 | 688쪽

김운아 | 344쪽

고경희 | 704쪽

필수 문법
화려한 예제

최성일 | 480쪽

응용
단계

고경희 | 560쪽

박응용 | 408쪽

이성용, 김태곤 | 640쪽

나는 어떤
코스가
적합할까?

A 프런트엔드 개발자가 되고 싶은 사람

- Do it! HTML + CSS + 자바스크립트
  웹 표준의 정석
- Do it! 모던 자바스크립트 프로그래밍의 정석
- Do it! 반응형 웹 페이지 만들기
- Do it! 인터랙티브 웹 페이지 만들기
- Do it! 자바스크립트 + 제이쿼리 입문
- Do it! Vue.js 입문

B 백엔드 개발자가 되고 싶은 사람

- Do it! HTML + CSS + 자바스크립트
  웹 표준의 정석
- Do it! 모던 자바스크립트 프로그래밍의 정석
- Do it! Node.js 프로그래밍 입문
- Do it! 점프 투 장고
- Do it! 점프 투 스프링 부트 3
- Do it! 장고 + 부트스트랩 파이썬 웹 개발의 정석

기초 단계

박응용 | 432쪽

김성엽 | 576쪽

김동형 | 856쪽

시바타 보요 저, 강민 역 | 408쪽

시바타 보요 저, 강민 역 | 452쪽

시바타 보요 저, 강민 역 | 424쪽

응용 단계

김창현 | 384쪽

강성윤 | 720쪽

김종관 | 564쪽

나는 어떤 코스가 적합할까?

 A 파이썬 개발자가 되고 싶은 사람

- Do it! 점프 투 파이썬
- Do it! 점프 투 파이썬 — 라이브러리 예제 편
- Do it! 파이썬 생활 프로그래밍 with 챗GPT
- Do it! 점프 투 장고
- Do it! 장고 + 부트스트랩 파이썬 웹 개발의 정석
- Do it! 챗GPT + 파이썬으로 AI 직원 만들기

B 자바·코틀린 개발자가 되고 싶은 사람

- Do it! 점프 투 자바
- Do it! 자바 완전 정복
- Do it! 자바 프로그래밍 입문
- Do it! 점프 투 스프링 부트 3